UM LEGADO DE FÉ

NOSSAS HISTÓRIAS COM DEUS ENVOLVENDO A FAMÍLIA, MISSÕES E O MINISTÉRIO

Debra Tunney

Worldwide Publishing Group
8830 Distant Woods Dr
Houston, Texas 77095

ISBN:

TODO LOUVOR A DEUS!

A oração de Jesus registrada em João 14 diz: "Em verdade, em verdade vos digo: quem crê em mim fará as mesmas obras que eu fiz, e ainda maiores, porque eu vou estar com o Pai". Vemos o cumprimento da oração que Jesus fez escrita nas páginas deste livro de memórias. Doug e Debi viveram uma vida de fé radical e devoção autêntica. Eles vivem as palavras que pregam. Eles deram suas vidas para andar no caminho que lhes foi proposto, e o fruto de seu sacrifício é evidente. Como parte de sua comunidade há décadas, ouvi essas histórias compartilhadas várias vezes. Eu até morei em algumas destas comunidades. Essas experiências nunca perderam seu impacto. As histórias já inspiraram milhares de pessoas em todo o mundo e sei que continuarão a impactar mais pessoas por gerações através destas páginas.

Jessi Cieply
Missionário, líder de louvor

"Ide, portanto, e fazei discípulos de todas as nações..."

Debra Tunney traçou uma jornada que todo cristão pode e deve seguir. De incrédula a crente, de discípula a evangelista, ela captura os medos e alegrias de aprender a ouvir a voz de Deus e confiar NEle. Seu testemunho dos milagres de Deus em sua vida e na vida de outras pessoas praticamente gritam o amor de Deus por nós, dando toda a glória a Ele!

Cristina St Cyr
Central New Hampshire Employment Services – Presidente

Este livro narra a vida de Doug e Debi Tunney, duas vidas entregues a Deus. Doug e Deb fundaram as bases da JOCUM (Jovens Com Uma Missão) em Pittsburgh, Boston e Filadélfia, nos Estados Unidos. Eles tiveram experiências suficientes, se contadas em detalhes, para encher dez livros. A história é real; eles contam sobre seus triunfos e suas quedas. Eles revelam seu quebrantamento e a cura de Deus. Quando penso neles sempre me vem à mente uma citação do apóstolo Paulo: "Não me envergonho do Evangelho". Eles me lembram do "creme no topo do leite". Cada vez que eram derrubados, eles voltavam ao topo, demonstrando a fidelidade de Deus. Eu recomendo fortemente que você leia este livro. Se fizer isso, você será encorajado a andar com Deus, desafiado a ter um coração que ama aqueles que estão perdidos sem Cristo, e motivado a nunca desistir de seus sonhos.

Ken Barnes
Autor dos Livros: The Chicken Farm and Other Sacred Places and Broken Vessels
(A granja e outros lugares sagrados; e Vasos Quebrados)
Foi missionário da JOCUM

Este livro é um dos livros mais encorajadores que você já leu. Doug Tunney é o evangelista "mais puro" que já conheci ou li. Doug, obrigado por escrever sobre sua caminhada com o Senhor durante todos esses anos.

Pastor João Derrico
Christian Center Church

As histórias de fé de Doug e Debi são alguns dos testemunhos mais incríveis que já ouvi. O simples fato de estar perto deles ao longo dos anos me inspirou a compartilhar mais o evangelho e confiar em Deus para coisas maiores. A leitura de seu livro, "Legado de fé", nos traz a esperança daquilo que Deus pode fazer por meio de pessoas comuns quando entregamos nossas vidas a um Deus Extraordinário!

Gwen Bergquist
JOCUM – Destiny by Design

Experimente fazer grandes coisas para Deus e você realizará grandes coisas para Deus. Doug Tunney compartilhou esta mensagem comigo quando eu era um jovem iniciante no ministério. Doug e Debi Tunney viveram essa mensagem de muitas maneiras diferentes e em muitos cenários diferentes. Um *Legado de Fé* compartilha a incrível história de um jovem casal ouvindo e seguindo a voz de Deus, colocando o Evangelho de Jesus Cristo acima de tudo. Enquanto você lê, VOCÊ mesmo vai se sentir desafiado a fazer grandes coisas para Deus!

Tom Hollis
COO, Cornerstone Television Network

Doug e Debbie são praticantes da Bíblia! Eles são exceções à norma de viver a vida nominal. Existem poucas pessoas que conheço pessoalmente e que exibem uma vida de princípios aplicada. Doug e Debi estão entre essas poucas pessoas! Muitas vezes desejei secretamente ser como eles, pois eles são como Jesus para as pessoas. Eles estão entre os primeiros a admitir seus erros e os primeiros a se alinhar com a palavra de Deus literalmente sem concessões. Este livro nos desafiará a viver a vida com um valor mais elevado, como eles fazem tão bem.

Sam Dharam
Equipe de Presbíteros da JOCUM Ásia-Pacífico

Ao refletir sobre este perspicaz livro de memórias ganho uma compreensão mais profunda dos magníficos planos de Deus para seus filhos e seu poder ilimitado de mudar o mundo por meio daqueles que o seguem. Também sou abençoado com um sentimento mais profundo de gratidão e respeito por Deb e Doug Tunney, meus eternos amigos.

Dr. Nick Palmieri
Autor do Livro: Strength Renovation: Rebuilding Faith Communities
(Renovação de Força: Reconstruindo Comunidades de Fé)
É professor aposentado

Qualquer pessoa que teve o prazer de conhecer Doug e Deb Tunney sabe que eles são verdadeiros. Suas vidas refletem uma fé com aventura, amor altruísta e uma profunda paixão por Jesus. As histórias deste livro irão encorajá-lo e inspirá-lo a aprofundar sua caminhada com Cristo. Como pessoas, Deus nos preparou para histórias. As histórias que Deb compartilha nos atraem e nos fazem querer dizer: "Mais, por favor". Aproveite e prepare-se para uma ótima leitura.

Becky Toews
Autora dos Livros: Between the Lamp Posts e Keep Your Lamp
Burning
(Entre os postes de luz e mantenha sua lâmpada acesa)

UM LEGADO DE FÉ

NOSSAS HISTÓRIAS COM DEUS ENVOLVENDO A FAMÍLIA, MISSÕES E O MINISTÉRIO

Debra Tunney

Grupo de publicação mundial
HOUSTON, TEXAS

www.WorldwidePublishingGroup.com
7710-T Cherry Park Dr., Ste 224
Houston, Texas 77095
(713) 766-4271

Layout de capa e interior @ 2023 Harvest Creek Publishing and Design

Informações para pedidos: Descontos especiais estão disponíveis em compras em quantidade por igrejas, associações e outros. Para obter detalhes, entre em contato com o autor no endereço listado.

Um Legado de Fé/Debra Tunney – 1ª ed.

ISBN 979-8-9995694-7-9

Impresso nos Estados Unidos da América

Um agradecimento especial.

Estendo minha mais sincera gratidão a Gizele Benitz, uma amiga querida e parceira dedicada em nosso trabalho missionário. Sua tradução meticulosa da minha história para o português garantiu que cada página fosse representada com precisão, possibilitando que os leitores de língua portuguesa tivessem acesso ao meu livro. Oro para que seus esforços diligentes despertem em muitos a paixão por aprofundar seu relacionamento com Deus e compartilhar ativamente Seu amor com os outros.

CONTEÚDO

DEDICATÓRIA
&
PALAVRA PARA A NOSSA FAMÍLIA

Queremos dedicar esta história à nossa família. Todos vocês trazem alegria e propósito para nossas vidas todos os dias. Suas vidas nos inspiram quando vemos esses valores vividos ao máximo: família, integridade, trabalho duro, coragem e amor sacrificial.

Nossos filhos:
- Raquel e Aarão
- Bethany e Chuck
- Douglas e Amanda
- Jeremy e Kandia
- Brian e Jennifer

Aos nossos netos: Emily Estelle, Anna Olivia, Ethan Hutton, Owen Harrison, Ellie Jane, Charles Warren, Luke Coleman, Schenley Lydia, Adalyn Felicity, Levi Patrick, Layna Elise, LilliAnne Mackenzie, Maycee Evalyn Joy, Maggie Caelan, Evan Henry e Miranda Isabel.

Cada pessoa ao começar sua própria caminhada com Jesus já tem um legado de fé que é só seu. Paulo encorajou Timóteo a atiçar a chama do dom de Deus. Ele o lembrou do legado de fé incutido por sua avó Lóide e sua mãe Eunice (2 Timóteo 1:6).

> *Porque desde criança você conhece as sagradas letras, que são capazes de torná-lo sábio para a salvação mediante a fé em Cristo Jesus.*
> *2 Timóteo 3:15 NVI*

> *Lembro-me das suas lágrimas e desejo muito vê-lo, para que a minha alegria seja completa.*
> *Recordo-me da sua fé não fingida, que primeiro habitou em sua avó Lóide e em sua mãe Eunice, e estou convencido de que também habita em você.*
> *Por essa razão, torno a lembrar-lhe que mantenha viva a chama do dom de Deus que está em você mediante a imposição das minhas mãos.*
> *2 Timóteo 1:4-6*

Começamos este livro com a intenção de capturar histórias de nossas vidas para vocês. Nossa jornada de fé é o maior tesouro que poderíamos lhes dar. Queríamos mostrar como é abandonar sua vida pelos propósitos de Deus e fazer da tarefa de conhecê-lo a maior prioridade de sua vida.

Cape Ann Camping foi onde trouxemos nosso trailer para o fim de semana e relembramos nossas vidas. O que queríamos que vocês soubessem sobre Deus e a vida?

Sabíamos que às vezes vocês enfrentariam desafios que os assustariam. Às vezes, se perguntariam se tinham forças para continuar; e às vezes, vocês se perguntariam se Deus estava lá ou se Ele cuidou de você enquanto dirigia o universo.

Enquanto tentávamos caminhar com vocês através de suas vidas e fazer o que Deuteronômio diz — falar sobre o Senhor nos momentos cotidianos da vida — percebemos que esses momentos um dia passariam e vocês poderiam esquecer.

> *Gravem estas minhas palavras no coração e na mente; amarrem-nas como símbolos nas mãos e prendam-nas na testa. Ensinem-nas a seus filhos, conversando a respeito delas quando estiverem sentados em casa e quando estiverem andando pelo caminho, quando se deitarem e quando se*

levantarem. Escrevam-nas nos batentes das portas de suas
casas, e nos seus portões.
Deuteronômio 11:18-20 NVI

Ensine-as com persistência a seus filhos. Converse sobre elas
quando estiver sentado em casa, quando estiver andando
pelo caminho, quando se deitar e quando se levantar.
Deuteronômio 6:7

Com isso em mente, fizemos uma lista – "Isso é importante" – contendo histórias da fidelidade de Deus e Sua absoluta confiabilidade. Era uma lista do que sabíamos com certeza sobre o caráter de Deus e as lições que havíamos aprendido nos últimos cinquenta anos.

Era importante que diséssemos a verdade, o melhor que pudéssemos lembrar, percebendo que o tempo distorce um pouco nossas memórias. Então, contatamos amigos e companheiros de viagem ao longo do caminho e verificamos os detalhes quando possível. Nossa lista era de 453 momentos, pessoas ou lições de vida, e trabalhamos para trazer este livro até vocês.

Nós nos certificamos de não adoçar ou encobrir as lutas. Vocês precisam ver a fé autêntica, e isso inclui tropeços, superação de obstáculos e momentos em que tomamos decisões que não foram as melhores. Não podemos impedir que vocês cometam seus próprios erros, mas sempre há uma segunda chance, há redenção e perdão. É importante ter conselheiros sábios que lhes dirão a verdade e estarão com vocês quando a vida ficar confusa.

Nem todos esses 453 momentos chegaram aqui, mas os que chegaram refletem a verdadeira narrativa de nossa história. No Livro de Josué, capítulo 4, da Bíblia, Deus instruiu Josué a construir um memorial de doze pedras na terra e doze pedras no leito do Rio Jordão. Eles haviam acabado de cruzar quando começaram sua jornada para a

Terra Prometida, onde gigantes os esperavam. Uma geração fracassada os precedeu. O Senhor queria dar-lhes um lembrete de sua fidelidade. Ele disse que, no futuro, seus filhos iriam perguntar o que significava a pilha de pedras. Esses momentos de aprendizado seriam a maneira pela qual a geração de Josué poderia transmitir coragem, paixão e fé para a próxima geração.

A pilha de pedras no leito do rio só seria visível em momentos de necessidade, quando a seca baixaria o nível da água e os recursos seriam mínimos. Mesmo assim, Deus queria que eles se lembrassem de sua jornada pelo deserto do Egito até a Terra Prometida. Lembrar é poderoso. As Escrituras nos encorajam a lembrar centenas de vezes.

Vocês são o mais importante de tudo que valorizamos em nossas vidas. Nunca acumulamos muito tesouro terreno. Poppy tem seus muitos relógios e eu tenho alguns pratos de família. Mas na parede do hall de nossa casa, temos suas fotos. É um lembrete diário do que é mais importante para nós. Quando os convidados chegam, nem sempre mostramos vocês a eles. Se eles ouvissem, contaríamos a eles breves histórias sobre vocês, o quanto os amamos e as coisas especiais que vocês estão fazendo.

Poppy e eu esperamos que vocês leiam estas palavras. Esperamos que algum dia seus filhos, e os filhos dos seus filhos perguntem o que essas histórias significam, e vocês terão seus próprios tesouros para adicioná-los.

UMA NOTA AO LEITOR

Kate Motaung escreveu isso para seu livro de memórias, *A Place to Land: A Story of Longing and Belonging*. E eu não poderia ter dito melhor.

Toda a escrita é um desafio, mas o livro de memórias revela-se um gênero particularmente escorregadio simplesmente por causa da natureza e fragilidade da memória humana. Fiz o possível diante de Deus para oferecer uma reflexão precisa dos eventos descritos nas páginas a seguir, percebendo, é claro, que minha lembrança é falível e vacilante. Alguns nomes foram alterados por respeito e privacidade das pessoas mencionadas.

Motaung, Kate. Um lugar para pousar: uma história de saudade e pertencimento (p. 8). Casa da Descoberta. Edição Kindle.

INTRODUÇÃO

O homem bom deixa herança para os filhos de seus filhos
Provérbios 13:22

AS PEDRAS LISAS COMUNS nas mãos de Deus podem alcançar uma geração?

As manhãs de sábado costumam ser cheias de aventura para nós. Nosso hobby de procurar tesouros em bazares frequentemente nos leva a lugares interessantes e a conhecer histórias de pessoas. Observamos os sinais que nos direcionam para as vendas enquanto dirigimos pelos bairros. Certa manhã, chegamos a uma casa que estava sendo vendida. Uma família estava fechando uma bela propriedade para um ente querido. Eles estavam vendendo alguns itens e preservando os tesouros para os herdeiros. Andar por uma casa que está sendo dissolvida é preocupante. Você se sente um intruso.

Eu me perguntei: "Quem eram essas pessoas? Como eram suas famílias? Quais eram os sonhos deles? Eles resolveram seus arrependimentos? O que eles deixaram para trás?

Tudo que havia naquela casa dava pistas sobre o que gostavam, os tesouros que colecionavam, os bens que valorizavam e as pessoas que amavam. Havia fotos nas paredes. Fotos de bebês, formaturas e reuniões familiares com pessoas sorridentes. As histórias permaneceram aqui – vestígios do que tornou suas vidas significativas.

Espero que este livro seja como uma caminhada por nossas vidas e conte uma história de fé — a rendição de nosso coração a Deus e nossa busca incansável de Seu destino para nossas vidas. É uma coleção intencional de quem amamos, o que valorizamos e histórias da fidelidade de Deus. Estes são nossos tesouros, guardados para a próxima geração. Nosso amor por Deus tem sido a motivação que define nossas vidas. Nosso relacionamento com Ele tem sido o centro. Jesus é o nosso maior tesouro, e nossa busca por conhecê-lo deu propósito e direção à nossa história.

Este legado é a maior herança que podemos deixar aos filhos de nossos filhos. O maior professor dos nossos filhos foi o que eles viram e testemunharam em nós.

Em 2 Timóteo 1:5–6, Paulo encoraja Timóteo e o exorta a atiçar a chama da fé que há nele e que também estava em sua avó, Lóide, e em sua mãe, Eunice. Trazer nossa fé para a próxima geração é um presente e um desafio. Nossa vida pode significar um sinal que ajuda nossos filhos a abrir o coração para conhecer o Senhor.

Toda história de vida inclui luta. Queremos compartilhar as lutas que enfrentamos, a fidelidade do Senhor em nos encontrar nos momentos mais sombrios e como crescemos na adversidade. Nossas vidas foram testadas e nossa fé cresceu. Enfrentamos decepções e desvios, injustiças e nossos próprios limites e falhas. Ao verem o amor e a graça de Deus para conosco, esperamos que isso fortaleça outros.

Os cristãos estão se afastando do compromisso com uma igreja local e dos relacionamentos com outros crentes. Às vezes, as pessoas saem das igrejas por causa da mágoa e da hipocrisia.

Mas, em vez de ir embora, podemos encontrar a graça de perdoar e ser perdoado. A Igreja não tem guardas solitários. Também experimentamos o amor e o apoio de outros crentes e a força que vem de viver com um propósito, visão e serviço compartilhados. Aqui estão razões profundas por trás de nosso compromisso com a santidade da vida.

Escolhemos ser ativistas e mostrar compaixão e verdade para aqueles que lutam com gravidez não planejada. Frequentemente, as respostas a gestações não planejadas são raivosas, duras e encerram a comunicação ao invés de iniciar. Preferimos uma resposta tranquila e gentil, que leve à compreensão e ao apoio prático.

Nosso envolvimento na fundação de centros de gravidez nasceu em nossos corações. Estávamos preocupados com as mulheres, os homens e os bebês. Queremos deixar uma herança de esperança e vida enquanto continuamos a defender os nascituros. Nossa escolha foi ser uma resposta positiva convincente a uma cultura de morte que deixou milhões de corações partidos e arrependidos. Perdeu-se uma geração de crianças porque eram uma inconveniência.

Nosso desejo mais profundo é deixar uma herança espiritual para nossos filhos e para os filhos deles, para que depositem sua esperança no Senhor, lembrem-se de Suas obras e guardem Seus mandamentos. O Livro de Deuteronômio nos diz como envolver nossa família. Devemos falar sobre isso, vivê-lo diante deles e convidá-los a estar juntos enquanto vivemos nossa fé nos momentos cotidianos de nossas vidas. Devemos enfrentar nossos erros e confiar na graça de Deus para superá-los. Algumas coisas fizeram uma grande diferença para nós e nossos filhos.

Recentemente, caminhei com duas de minhas netas ao longo de um riacho. As bordas eram alinhadas com pedras bem lisas; gastas com as estações da vida. O aumento da água da nascente, as secas do verão e as neves do inverno. A passagem do tempo deixou algumas pedras lisas.

As meninas correram para a beira da água e começaram a jogar pedras no riacho.

"Venham ver o que vocês podem fazer com essas pedras", eu disse.

Juntei um punhado de pedras perfeitamente moldadas, prontas para serem lançadas nas águas. Eu disse a elas: "Segure as pedras em suas mãos e jogue-as na água; observe como elas pulam e como cada toque no fluxo cria um respingo e ondulações".

Elas aceitaram o desafio com alegria e começaram a lançar as pedras na água. Isso encheu o riacho com ondulações e me fez pensar sobre nossas vidas. Percebi que temos sido pedras nas mãos de Deus, lançadas com propósito e fazendo muitas ondas que tocaram milhares de vidas. Este livro irá mostrar algumas de nossas histórias e esperamos inspirar outras pessoas a passarem suas vidas fazendo ondulações para a glória de Deus.

UMA PEDRA LISA

Uma pedra lisa na mão de um Deus poderoso

Um lago, calmo e tranquilo

De manhã cedo, o sol nasce sobre ela, atingindo o pico sobre os pinheiros que a rodeiam

A superfície da água começa a vaporizar

Antes que o mundo desperte para o dia

Antes que os insetos comecem a zumbir

Antes que os patos saiam de seus ninhos

Antes que os pássaros cantem sua canção matinal

Um homem se aproxima da costa

Ele pega uma pedra e a joga sobre a água calma, parada e vítrea

A pedra é lisa, perfeitamente arredondada e se encaixa perfeitamente na mão do arremessador para fazer exatamente o que Ele pretendia que ela fizesse.

A pedra olha para a água uma vez, duas vezes, três vezes, quatro, depois cinco

Não desacelera

Continua...

Seis, sete, oito, nove e dez

Então, finalmente, a energia na pedra morre

Ela cai no lago, para nunca mais ser vista acima da água

Mas a cada pulo, a pedra deixava uma marca, uma ondulação, de longo alcance e inesquecível

A cada golpe, ia mais longe

Fez um novo impacto, uma nova aventura

E cumpriu o propósito pretendido do lançador

Ele fica na praia, olha para a água e observa como as ondulações se estendem até a costa

Com um sorriso de aprovação, Ele olha para a água e o mundo ao redor ganha vida

---

Sejamos aquela pedra lisa nas mãos de Deus, prontos para fazer Sua obra de acordo com Sua vontade, sem medo de onde Ele nos enviará, mas confiando nEle em obediência para fazer a obra e seguir o caminho que Ele tem em mente para nós.
-Colin Lockwood

PARTE UM

Comunhão na Universidade
Cidade da Califórnia, estado da Pensilvânia

CAPÍTULO 1

HAIR, DEIXE A LUZ DO SOL ENTRAR

Meus pais me deixaram no *Kitt Hall,* um dormitório de calouros, com uma mala de roupas e alguns brownies caseiros. Então, depois de um abraço apertado e um adeus emocionado, eles foram embora, deixando-me sozinha aos dezessete anos.

Eu estava no *California State College* com milhares de outros calouros durante um período de agitação social. O ano de 1969 foi de agitação e significado histórico. Richard Nixon era o presidente dos Estados Unidos da América, a Guerra do Vietnã estava no auge e os homens estavam pousando na lua pela segunda vez. Muitos alunos estavam "na escola" para evitar o recrutamento. Os assassinatos de Robert Kennedy e Martin Luther King no ano anterior abalaram profundamente nossa nação.

Desde o meu primeiro momento no campus da universidade, eu sabia que havia entrado em um mundo radicalmente diferente daquele em que cresci. Música psicodélica alta e fumaça de maconha enchiam os corredores. Meu pai insistiu que eu fizesse faculdade lá, apesar de eu ter escolhido o *Geneva College.* Eu tinha ido com raiva. O ambiente hostil do campus alimentou meu ressentimento em profunda amargura.

Minha fé começou quando eu tinha oito anos. Frequentei a escola dominical na *Webster Presbyterian Church,* onde ouvi histórias da Bíblia e memorizei as escrituras. Dora Ritchie era minha professora de escola dominical. Ela era uma idosa bondosa, fiel e dedicada à igreja e à nossa classe da Escola Dominical. Sempre fiz perguntas, mas muitas ficaram sem resposta. Infelizmente, minhas perguntas sem respostas se transformaram em descrença.

Anti-guerra, anti-autoridade e anti-religião eram os gritos da minha geração em 1969. Meus professores, que frequentemente vinham para as aulas com drogas e ideias de revolução social, expandiram essa visão de mundo. Foi muita pressão para minha mente intelectual de dezessete anos. Depois de algumas semanas, me encaixei no ritmo da mudança social. Uma nova religião sufocou minha fé infantil, uma rejeição total dos "velhos modos". Troquei o Deus distante e antiquado dos mitos e restrições bíblicas por um novo deus do existencialismo.

No entanto, este novo mundo não trouxe o fruto da paz para minha vida. Pelo contrário, me senti mais confusa e perdida. Todos em torno de mim estavam muito confusos. Meu pai era alcoólatra. Meus professores estavam vivendo suas filosofias, e muitos deles eram divorciados ou estavam no meio de relacionamentos rompidos. Freqüentemente, eles estavam drogados. O caminho em que eles estavam levou muitos a mais confusão ainda.

Meus novos amigos no campus entraram de cabeça nessa atmosfera selvagem. Alguns frequentavam pouco as aulas, outros estavam vivendo o dia a dia nas festas ou protestos. Nenhum deles tinha nada que parecesse paz. Corações partidos e sonhos substituíram o idealismo que os acompanhavam.

Era Led Zeppelin e calças boca de sino, cartazes de protesto e conversas noturnas sobre o que havia de errado no mundo. Eu quase fiz algumas coisas que poderiam ter trazido muita dor à minha vida. Mas, o Senhor me protegeu dessas consequências. Eu fui de honras acadêmicas no ensino médio para quase perder o primeiro ano da faculdade. Minha raiva e confusão encobertas afetaram todas as áreas da minha vida.

"Este é o alvorecer da Era de Aquário. Deixe o sol entrar". A música tocava enquanto eu estava sentada no *Nixon Theatre* em Pittsburgh, na primavera de 1971, em uma apresentação da peça da Broadway "Hair". A fumaça da maconha enchia o salão. A peça "Hair" ultrapassou os limites do que era aceitável para o entretenimento moral. Foi uma declaração de rebelião em um momento de agitação política e crise internacional, com a Guerra do Vietnã em fúria e estudantes universitários protestando contra a situação que o país vivia naquele momento.

Jeff, o namorado com quem eu tinha ido assistir ao musical, estava perdido naquela vida confusa. À medida que a apresentação prosseguia, pensei na minha vida. Quem tinha as respostas para a vida? Foi muito claro! Ninguém em volta da minha vida naquele momento tinha respostas. A única paz que eu conhecia vinha da minha caminhada com Deus. A única sabedoria que eu conhecia estava nas Escrituras. A única esperança que eu conhecia estava na vida dos crentes. Enquanto a "Era de Aquário" estava explodindo, eu devolvi minha vida ao Senhor. Sussurrei: "Senhor, se você é real, por favor, me ajude, me perdoe e me leve de volta para você". Era isso! Uma simples oração em um lugar improvável reacendeu o compromisso que assumi quando era uma criança de oito anos.

Foi um passo de fé, mas não fé cega. Foi uma decisão simples sair da confusão e da escuridão para "aquele" novo caminho, mas que eu já conhecia desde criança.

Na volta para o meu dormitório, fiz uma profissão de fé para Jeff. "Eu decidi esta noite sobre a minha vida". Ele pareceu surpreso. "E o que isso significa?", ele perguntou. "Eu decidi seguir Jesus!". Fiquei surpresa com a confiança que senti. Minhas palavras pareceram fortalecer a determinação que eu sentia.

"Ok, eu posso entrar nisso também, sem problemas". A resposta de Jeff não foi sobre convicção, mas sobre como manter nosso relacionamento. "Tenho certeza de que não vai funcionar assim.

Espero que você queira seguir a Jesus. Mas isso não vai funcionar para o nosso relacionamento continuar", eu disse a ele.

Rompimentos nunca são fáceis. Este era o certo para mim. Quando fechei a porta do carro, sabia que nunca mais o veria. Ele fazia parte da vida da qual eu estava me afastando.

Eu falei sobre o Senhor com meus amigos no dia seguinte. Eu sabia que tinha encontrado a verdade novamente. Eu queria contar a todos que faziam parte do meu mundo sobre isso. Meu dormitório estava sempre cheio de amigos que apareciam para conversar. O foco dessas conversas agora era Jesus.

"O que aconteceu com você no Hair?". Essa era uma pergunta que eu diariamente respondia para meus amigos nas nossas conversas. Toda a confusão e a inquietação que eu sentia se foram, e em seu lugar havia uma paz estabelecida. Aquela oração que sussurrei em meu coração era real e uma transformação havia ocorrido. Eu não tinha respostas para todas as minhas perguntas, mas decidi seguir a Jesus. Agora, era um caminho sem volta para mim.

Algumas coisas eu tinha certeza. Era preciso fechar a porta para todos os pensamentos e relacionamentos que podiam me levar à antiga vida; e todas as coisas que pertenciam àquela vida – livros, música, lugares. Inclusive, o que me ligava ao meu ex-namorado. Eu sabia que, nesse novo caminho, teria que me livrar de lembretes e distrações.

Meses antes, eu tinha parado para ver Ginny Keteles, que era a líder do grupo *Intervarsity*. Embora eu ainda não estivesse seguindo a Jesus, me sentia atraída por cristãos e queria me envolver em conversas baseadas na fé e no Reino de Deus. Naquele momento, na maioria das vezes, resistia à fé daquelas pessoas, mas mesmo assim era atraída para me conectar com elas. Uma colega de quarto de Ginny não era crente e disse a ela que eu era "um caso perdido" e que nunca me tornaria crente.

Alguns dias após minha decisão de seguir Jesus eu procurei por Ginny. Ela me convidou para uma reunião do Intervarsity. A maioria dos alunos era do último ano e iriam embora no final do semestre. Eu não simpatizei com eles. Aquele era o único grupo de crentes que eu conhecia no campus.

Quando chegou o outono eu estava em um novo dormitório com novos amigos. Muitas vezes minhas conversas eram sobre minha fé. As meninas costumavam se reunir no meu quarto antes de sair para se divertir. A maioria das conversas acabaria falando sobre Jesus. Logo, havia novos crentes no grupo. Fomos para *The California Fellowship* (agora *Intervarsity*). Nossa fé era contagiante.

Donna morava em Stanton Hall. Ela passou por mim uma tarde quando eu estava no saguão com alguns de meus amigos. Ela disse: "Ei, ouvi dizer que você gosta de Jesus. Devíamos conversar sobre isso algum dia". Ela não parecia o tipo de pessoa interessada. Mas lembrei-me do comentário da amiga de Ginny de que eu nunca me tornaria crente. Percebi que Deus conhece o coração das pessoas, e nunca podemos saber o que Ele está fazendo na vida de alguém.

Algumas semanas depois, Donna se juntou a nossa comunidade cristã da faculdade. Eu era uma assistente residente e, tarde da noite, ela entrava e ficava sentada comigo por horas conversando sobre Jesus. Logo depois, ela decidiu segui-Lo. Isso aconteceu repetidas vezes quando as meninas que eu nunca pensei que estariam interessadas em Jesus se tornaram crentes sólidas.

Não te maravilhes de te ter dito: Necessário vos é nascer de novo.
O vento assopra onde quer, e ouves a sua voz, mas não sabes de onde vem, nem para onde vai; assim é todo aquele que é nascido do Espírito.
João 3:7-8

CAPÍTULO 2

POVO DE JESUS

"Jesus está bem comigo".

Pude ouvir as palavras da canção assim que abri a porta do carro. Olhei para o meu bloco de notas onde o nome da família "The Millers" estava escrito em negrito. O nome "The Millers" na caixa de correio era o endereço certo para a reunião do Povo de Jesus.

Marie nos recebeu na porta com um sorriso gentil e acolhedor e nos convidou a entrar. Ken, outro novato, e eu encontramos lugares para sentar no chão. As pessoas se espremeram para abrir espaço para nós.

"Um copo de chá?" ela perguntou.

Eu balancei a cabeça dizendo que sim.

Chá de especiarias, música de Jesus e uma sala de estar lotada são minhas memórias poderosas daquela primeira noite na residência dos Millers. O pastor Dan Sommers era professor. Mesmo que ele se sentasse no chão como todos nós, ele obviamente era de outra geração. A calça boca de sino e o povo de Jesus de cabelo hippie junto com um pregador batista, com corte de cabelo curto e clássico, formavam uma reunião estranha.

Ricky largou o violão. A sala estava silenciosa. O pastor Dan começou a ler 1 João 2. Como se orquestrado, todos se inclinaram para ouvir enquanto ele lia. A Bíblia estava viva; cada palavra estava cheia de sabedoria e clareza.

Minha mãe fez uma promessa a Deus quando eu estava gravemente doente antes do meu segundo aniversário. Ela jurou que, se Deus poupasse minha vida, ela me dedicaria a Ele e faria o possível para me ajudar a conhecê-Lo. Ela cumpriu essa promessa e, onde quer que morássemos, ela me levava para a escola dominical. Como resultado cresci memorizando as Escrituras e cantando canções cristãs. Eu tinha a Palavra de Deus plantada no fundo do meu coração, e esperava o momento em que o Espírito Santo tornaria as Escrituras em "água viva" para mim.

"Que bom que você veio!", disse Marie me abraçando. "Quando você começou a seguir Jesus? Vamos sentar para que você possa me contar sua história. Quer outra xícara de chá?

"Quando eu tinha oito anos, meu pai e minha avó estavam discutindo muito alto. Eu estava tentando adormecer. A briga deles me manteve acordada", comecei a dizer a Marie. "Eles estavam discutindo se a idade de responsabilidade era oito ou vinte. Eu não sabia por que eles estavam discutindo esse assunto, mas meu coração se comoveu e pensei: 'Tenho oito anos. E se oito for quando você deve entregar sua vida a Deus?'".

"Muito legal!" Marie afirmou. "E o que aconteceu que te trouxe até aqui?". Essa resposta ficou para ser respondida numa visita mais longa. E Ken e eu nos comprometemos a voltar na semana seguinte.

O pastor Dan aparecia toda semana com o próximo capítulo de 1 João. As Escrituras de minha infância estavam se tornando um alicerce de fé para mim. Toda a minha vida estava sendo transformada pelo Espírito Santo.

CAPÍTULO 3

ESTOU BEM COM JESUS

"Uau, esta é uma escultura tão legal!"

Levantei os olhos do meu livro de Ensino de Leitura. Aquela voz ressoou na biblioteca silenciosa.

"Obrigada, mas não sou artista", sussurrei timidamente. "Estou estudando como ensinar arte para crianças".

Enquanto aquele desconhecido se afastava, algo permaneceu comigo. Alguma coisa em sua expressão, em seus olhos, sugeria a saudade de um amigo. Ele não se apresentou; no entanto, houve uma impressão duradoura. Eu me lembraria dele.

Semanas depois, nosso pequeno grupo universitário se reuniu num quarto do andar superior da Igreja Presbiteriana. Por meses, estivemos nos reunindo para estudo da Bíblia e comunhão. Os mesmos alunos se reuniam todas as semanas. Novos visitantes não chegaram porque de alguma forma nos tornamos pessoas "isoladas e irrelevantes". Deus não chamou a igreja para se esconder debaixo do alqueire, dizia a canção *Pequena Luz Minha* e o texto de **Mateus 5:15 "nem se acende uma candeia para colocá-la debaixo do alqueire, mas no velador, e alumia a todos os que se encontram na casa".**

Houve uma agitação em nossos espíritos para levar o Evangelho ao nosso campus. Os anos setenta do Século XX foram uma época de inquietação no mundo; a guerra, a tensão racial, o movimento hippie, as drogas e a revolução sexual marcaram essa época. Todas essas coisas refletiam o estado caído do homem. Nossa resposta foi sair de nosso pequeno grupo e nos aventurar em nosso campus para compartilhar o Evangelho. Aquele primeiro dia foi intimidador e monótono, e com um pouco de perseguição.

Nick, um cara do grupo, teve um longo dia de portas fechadas, mentes e corações fechados, junto com algum tipo de rejeição cínica. Isso o deixou exausto e sem entusiasmo para repetir a experiência. No caminho de volta para o dormitório, ele refletiu sobre o dia e especulou sobre o que poderia ter feito melhor. Nick notou um cara caminhando em sua direção.

"Que diabos, mais um!", falou Nick.

No momento seguinte ele fez uma oração e disse para o estranho: "Louve o Senhor!". Essa não foi uma saudação sutil e não houve resposta. O estranho desviou o olhar e caminhou mais rápido.

"Ei, o que você vai fazer hoje à noite?, perguntou Nick. " Você quer vir para um estudo bíblico que estamos tendo na Igreja Presbiteriana?".

Aquelas palavras pararam o estranho no meio do caminho. "Vou tentar fazer!", respondeu. Ele não estava interessado em estudar a Bíblia ou ir à igreja, mas alguém o procurou e o convidou para se conectar.

Naquela noite, nosso grupo relatou como foi o primeiro dia de evangelismo no campus. Os dias seguintes ocorreram sem problemas. Nick contou sobre o cara estranho que ele tinha abordado e convidado para o estudo bíblico. Nick disse que teve uma conversa amigável e esperava ver o cara naquela noite. Nossa reunião foi interrompida quando a porta foi aberta e, para minha surpresa, o cara que conheci na biblioteca espiou e perguntou: "É aqui o local de estudo da Bíblia? Eu sou Doug".

Nós o cumprimentamos com boas-vindas. Agora eu sabia o nome dele. Talvez ele fosse um crente. Nas semanas seguintes, Doug apareceu para o estudo bíblico. Ele foi o primeiro a chegar e nos cumprimentar. Ele interagiu bem na conversa e parecia muito à vontade. Quando Nick lhe pediu para arrumar as cadeiras na semana seguinte, Doug hesitou. Ele sempre chegava cedo e parecia ansioso para ajudar. Não sabíamos o que se passava na cabeça dele. Doug estava começando com cuidado, mas demonstrava interesse, e queria ter amizade.

Doug percebia que algo estava acontecendo. Estávamos tratando-o como se ele fosse um cristão comprometido. Mas, algo estava faltando. E algo tão simples quanto arrumar cadeiras trouxe a pergunta à tona. Ele estava pronto para assumir um compromisso mais profundo?

Havia uma luta em sua mente. Havia uma grande diferença entre parecer um cristão e ser um crente convertido verdadeiramente. A Primeira Igreja Cristã em Brownsville, Pensilvânia, uma pequena igreja comunitária, era onde a família de Doug congregava todos os domingos. Doug não faltava à Escola Bíblica Dominical e, inclusive, servia a comunhão no culto de domingo. Tudo parecia perfeito. No entanto, sua fé parava aí. Sua vida pessoal era tudo menos perfeita. Era uma verdadeira catástrofe.

"Eu tive esse pensamento: o que fiz da minha vida?", foi o que Doug disse quando percebeu que era um pecador. E ele continuou: "Minha vida tem sido um desastre. Eu machuquei muitas pessoas; eu estraguei tudo. Estou deprimido e muitas noites acabo em bares, bebendo e brigando. Então veio o pensamento: 'Por que não experimentar Deus?'. Então, ajoelhei-me ao lado da cama e entreguei minha vida a Jesus. Algo incrível aconteceu: a paz tomou conta de mim, fluiu sobre mim, e adormeci com um sorriso no rosto, contente. Então, arrumei as cadeiras essa noite", Doug concluiu. Percebi que esse foi o primeiro fruto de um coração sendo transformado.

CAPÍTULO 4

EU QUERO SEGUIR JESUS, MAS...

O motor do carro ainda estava funcionando. Houve um silêncio constrangedor enquanto eu esperava que Doug falasse. Suas palavras pareciam estar presas em sua garganta.

"Obrigado pela carona para casa. Foi um grande estudo bíblico esta noite", eu disse tentando quebrar o gelo. Havia seriedade em seu rosto, assim como dor e raiva.

"Deb, eu quero seguir Jesus. Eu tenho, mas..." Houve outra pausa. Eu poderia dizer que as memórias o pertubava, sobrecarregando-o. E Doug continuou: "Há um homem que eu odeio. Eu o odeio tanto que sonho em matá-lo. Eu sonho tanto com isso que pensei em como poderia fazer isso".

Aquele não era o final da noite que eu esperava. Nós dois olhamos para a frente; o motor do carro ainda estava funcionando. Como faço para que esse momento se encaixe nos meus planos?, pensei. Eu esperava ter um relacionamento com ele - o cara amigável que aceitou o Evangelho, se juntou à nossa comunhão, organizou as cadeiras para a nossa reunião e falou sobre Jesus mais do que qualquer outra coisa. Pensamentos de assassinato são desqualificantes quando você está pensando em um futuro marido.

"Minha vida antes de entrar na faculdade era um desastre. A vida para mim parou com um telefonema de uma garota com quem eu estava namorando. Ela me disse que estava grávida. Contra o conselho dos meus pais, não; contra as exigências deles, me casei. Eu tenho um filho, Brian". Se essa conversa podia ficar pior, eu nem conseguia imaginar. Eu entendi o outro lado da vida de Doug. Havia tanta dor. Ele estava escondendo uma vida secreta e sombria.

"Fred é irmão da minha ex-esposa", continuou ele. "Fred me assediou, me humilhou e zombou de mim. Um dia, fui trabalhar de manhã. Quando cheguei em casa à noite, ele estava lá. Estava carregando a última peça de mobília para um caminhão de mudança. Eles vinham assim que eu saía para o trabalho e passavam o dia esvaziando minha vida. Tudo o que eu possuía se foi. Meu filho se foi".

Lágrimas brotavam dos olhos de Doug e sua voz falhava. "A polícia veio e separou a briga entre nós. Foi uma briga sem esperança para mim. Ele tem o dobro do meu tamanho. Nas semanas seguintes, fiquei naquela casa vazia, dormindo no chão. Nem uma única coisa estava lá - nem um prato ou uma colher. Não sobrou nada da minha vida".

Doug recostou-se no banco, relaxando um pouco. Uma espécie de alívio tomou conta dele. Essa dor era tão profunda e eu tinha certeza de que Jesus era a resposta. Mas as perguntas e o quebrantamento de sua vida eram algo que eu não esperava.

"Por que você ficou lá sozinho?". Eu não tinha certeza se era útil perguntar, mas estava tentando trazer um pouco de compreensão e compaixão para o momento.

"Meu pai me disse que eles não me receberiam em casa se eu me casasse com ela. Meu corpo explodiu em furúnculos com tudo isso. Eu bebia quase todas as noites e me metia em brigas. Meus pais reconsideraram e me convidaram de volta para casa. Voltar para o meu antigo quarto reforçou o fato de que eu havia perdido tudo e era o único lugar para descansar minha cabeça".

Lembro-me de Doug compartilhando em nosso estudo bíblico sobre orar de joelhos neste quarto, o lugar onde sua avó havia se ajoelhado antes e orado por ele quando menino. Seu pai havia lhe dado o livro de Nicky Cruz, "Run Baby Run" (Corre bebê corre) e essa história o inspirou a ir para a faculdade. Ele queria ajudar as pessoas; portanto, ele decidiu se tornar um assistente social. Pensei comigo mesma: "Ele precisa de um assistente social – não se tornar um".

Esse livro está cheio de testemunhos sobre Jesus e como Ele pode mudar uma vida. É incrível como Deus pode trabalhar em alguém. Mesmo que Doug não tivesse lido todas as partes que falavam sobre Jesus e Seu agir, algo naquele livro deu a ele esperança para sua vida.

"Tudo isso aconteceu antes de eu conhecer você Deb e antes de conhecer Jesus. Eu causei toda essa dor e perdi tudo. Parei de ver meu filho, embora tenha havido muitas decisões judiciais a meu favor desde o meu divórcio. Toda vez que vou vê-lo, é uma batalha. Meu filho diz que me odeia. Ele tem apenas quatro anos!".

"Jesus vai ajudá-lo a entender sua vida, Doug. Ele pode restaurar todos os pedaços quebrados. Eu estou certa disso". Eu lhe dei um abraço e, enquanto ele se afastava, fiquei pensando sobre a obra de Deus na vida de uma pessoa. Também me perguntei se meus pensamentos sobre um futuro com Doug não eram um pouco prematuros.

CAPÍTULO 5

CORRIE TEN BOOM

Minhas orações por Doug tinham um foco diferente agora. A pergunta: "Senhor, é ele mesmo?" deu lugar a um pedido: "Senhor, por favor, ajude-o a perdoar e encontrar a cura". Eu ainda tinha alguma esperança de um futuro com ele. Mas você não pode esperar construir um relacionamento quando há tanta amargura.

Nosso relacionamento mudou depois que ouvi sua história. Eu estava mais cautelosa. Ele parecia menos confiante. Eu esperava que algo acontecesse e que o transformasse. Pude ver que sua vergonha e ódio por Fred eram o pano de fundo de tudo em sua vida, até mesmo de sua vida como seguidor de Jesus.

"Corrie Ten Boom está falando em uma reunião do Evangelho Pleno neste fim de semana", eu disse a Doug. "Você quer ir comigo e ouvi-la? Ela é uma holandesa que esteve em Ravensbruck, um campo de concentração na Segunda Guerra Mundial, e tem um testemunho incrível. Ela escreveu um livro sobre isso chamado 'The Hiding Place' (O esconderijo). Ele concordou em me acompanhar e minha esperança era de que a mensagem de perdão de Corrie Tem Boom o ajudasse.

O salão de reuniões do Sheridan Hotel estava lotado e com muitas pessoas de pé. Depois de uma música e alguns anúncios, eles apresentaram Corrie. Ela era de aparência frágil, com seu coque grisalho característico, e vários recepcionistas acompanharam ela ao palco em frente ao público. A sala estava silenciosa, sem nenhum sussurro. Ela era uma campeã da fé, uma serva do Senhor, sobrevivente do inferno e uma portadora de esperança.

"Fraulein, você se lembra de mim?". Ela começou a compartilhar sua história de encontro com o guarda que havia assassinado sua irmã no campo de concentração.

Corrie contou sobre a escuridão daquele lugar de morte e a luz de Jesus que trouxe esperança e salvação aos prisioneiros. Eu sabia que Deus tinha uma mensagem para Doug. Mas será que ele seria capaz de ouvi-Lo em meio aquele ódio em seu coração?

"Eu me lembro de você, Fraulein", disse Corrie ao narrar sua história. Este guarda cruel agora estava pedindo perdão por um ato de violência imperdoável e impensável que tirou a vida de sua irmã.

"Mesmo quando a raiva e os pensamentos vingativos ferviam através de mim, eu via o pecado neles", disse ela. "Jesus Cristo morreu por este homem". Orei a Jesus: 'Não posso perdoá-lo sozinho; dá-me o teu perdão. Do meu ombro, ao longo do meu braço e através da minha mão, uma corrente parecia passar de mim para ele, enquanto em meu coração brotava um amor por esse estranho que quase me dominou. Descobri que não é do nosso perdão ou da nossa bondade que a cura do mundo depende, mas Dele. Quando Jesus nos diz para amar nossos inimigos, Ele dá, junto com o comando, o próprio amor".

"Então, eu disse a ele: 'Irmão, eu te perdôo'. Obrigada, Senhor, pela tua Palavra em Romanos 5:5 *(Ora, a esperança não confunde, porque o amor de Deus é derramado em nosso coração pelo Espírito Santo, que nos foi outorgado)*. Obrigada por trazer o amor de Deus ao meu coração através do Espírito Santo que me foi dado. Obrigada, Pai, porque Teu amor em mim é mais forte do que meu ódio e amargura. Naquele momento, eu sabia que poderia perdoar", continuou Corrie Tem Boom.

Muitas pessoas na sala estavam chorando. Você podia ouvir os soluços silenciosos enquanto ela continuava sua mensagem de perdão.

"Jesus o ajudará a perdoar se você puder confiar Nele para ajudá-lo. Seu amor é mais forte que seu ódio e dor". Com o canto da minha visão, eu podia ver Doug, seus olhos fechados, seus lábios fazendo a oração para perdoar Fred, perdoar a si mesmo e confiar em Jesus.

Conversamos um pouco na volta para casa. Nós dois sabíamos que aquele era um momento decisivo em sua vida. O perdão é a chave para abrir as prisões do ódio e uma porta aberta para a redenção e a liberdade. Jesus é o vencedor; Ele é realmente forte o suficiente.

CAPÍTULO 6

CONTE A HISTÓRIA DELE

"Vamos compartilhar nossa fé no campus amanhã", disse Nick. "Vejo você lá!". Quando Doug hesitou, Nick continuou com uma pergunta. "Você vem, não é?".

Houve um longo silêncio e Nick falou com autoridade: "Doug, se você acredita em Jesus, então você tem a responsabilidade de compartilhar sua fé com os outros. Isso é o que os cristãos fazem. Nós contamos a história de Jesus para as pessoas".

O dia seguinte foi estranho. Doug tropeçou em suas palavras e foi arrastado para discussões. Quando ele estava testemunhando para um estudante budista, quase foi convencido de que havia muitos caminhos para Deus. Era essencial ter Nick ao seu lado, ajudando ele a pensar no que havia acontecido naquele dia. Isso deu início a sua busca diligente das Escrituras Sagradas para acrescentar conhecimento à sua nova fé. Todos os dias, Doug lia a Bíblia por três horas ou mais. Logo ele poderia manter suas próprias conversas, e sua confiança cresceu.

Aquele primeiro dia de testemunho foi a última vez que Doug precisou ser estimulado a compartilhar sua fé. Ele tinha uma nova história para contar sobre como Jesus havia mudado sua vida. Havia uma paixão profunda em seu coração que as pessoas precisavam ouvir.

CAPÍTULO 7

EVANGELISMO NO STANTON HALL

Meu dormitório era um ponto de encontro. Meninas parando para conversar, fazer perguntas ou apenas observar o que estava acontecendo. Muitos creram em Jesus e frequentavam o estudo da Bíblia na Igreja Presbiteriana.

Desde o início do relacionamento entre Doug e eu compartilhamos essa paixão comum de falar sobre Jesus. Foi natural, convincente e vivificante ver Deus usar nossas vidas para influenciar na mudança de vida de outras pessoas.

CAPÍTULO 8

ANDANDO EM LIBERDADE

Na minha infância, minha casa sempre estava cheia de dois cheiros distintos: fumaça de cigarro e cerveja. Um pacote aberto do cigarro Camels estava sempre na mesa da cozinha, cinzeiros em todos os cômodos e latas de cerveja Iron City ocupavam uma prateleira na geladeira. Tenho certeza de que havia um cheiro persistente em minhas roupas quando ia para a escola pela manhã - o cheiro de um bar. Eu odiava aqueles cheiros. Eles se intensificavam a cada noite, quando meu pai voltava para casa do Chick's Bar, perto do rio Monongahela.

Eu odiava isso. Eu odiava a atmosfera. Às vezes, as coisas que você odeia se tornam tentações poderosas em sua vida. E assim foi para mim quando cheguei ao meu dormitório da faculdade como caloura. Não demorou muito para o cheiro de fumaça e álcool encher aquele lugar. A fumaça do cigarro estava misturada com a fumaça da maconha.

Cheguei no campus com raiva. Fiquei com raiva porque meu pai me fez ir para a cidade chamada Califórnia, na Pensilvânia, para cursar a faculdade. Eu estava com raiva por não ter escolha. Eu estava fazendo novos amigos, e meus novos amigos me ensinaram a fumar. Eu tinha certeza de que era o pior uso do fogo que a humanidade já havia sonhado. Felizmente, meu desejo de me encaixar e ser legal foi completamente superado pela forma como eu me sentia mal toda vez que respirava a fumaça de um cigarro.

Aprendi a superar o gosto e o cheiro do álcool. Eu bebia refrigerante de cereja. E por um ano, eu me vi como uma pessoa que bebe socialmente, apesar de muito amargurada assistindo meu pai se afundando no alcoolismo.

Depois que entreguei minha vida a Jesus, durante o Musical Hair, nunca mais me senti condenada por beber. Eu julgava minha própria vida e a comparava com a dos outros. Eu senti que estava no controle disso, e não tão mal quanto meu pai. Meu quarto era o ponto de encontro de Jesus.

Isso terminou uma tarde enquanto eu estava sentada em meu dormitório conversando com uma amiga sobre Jesus.

"Deb, você está bebendo?". Ela me questionou e ficou chateada.

"Bem, eu bebo aqui, mas não estou bêbada".

"Eu não entendo. Isso não é algo que destrói a vida das pessoas? Por que você continuaria a beber se suas escolhas pudessem prejudicar outras pessoas e dar-lhes licença para se prejudicarem? Eu pensei que os cristãos tinham um padrão mais elevado do que isso. Não estou interessada em ouvir mais nada sobre o seu Deus se você não estiver interessada em mudar a maneira como vive".

E era isso: uma porta muito fechada, uma oportunidade perdida. Eu poderia ter defendido minha escolha de tomar uma bebida socialmente com uma defesa bem hipócrita. Afinal, Jesus transformou água em vinho em um casamento.

Mas o impacto da minha amiga me questionando mudou minha perspectiva. O que ganhei bebendo socialmente comparado com o que perdi com a porta fechada tornou isso irracional para mim. Não havia comparação. Na verdade, eu não ganhei nada. Acredito que foi a proteção de Deus sobre minha vida e minha família. O alcoolismo de meu pai poderia ter se tornado meu alcoolismo também em tempos difíceis se eu não tivesse Jesus para me consolar quando quisesse anestesiar minha dor diante dos momentos difíceis da vida.

Também sei que foi a proteção Dele para a minha família. Muitos cristãos comprometidos que bebem se arrependem. A escolha de beber socialmente pode se tornar um excesso na vida dos filhos. Portanto, a liberdade para mim nessa área consistia em abrir mão de uma escolha social desnecessária e potencialmente prejudicial, removendo os obstáculos para o meu testemunho e as influências negativas que eu poderia ter sobre outras pessoas e, com isso, fazê-las tropeçar por causa de minhas escolhas.

Nos Estados Unidos, 85 por cento dos adultos já beberam álcool em suas vidas, e a maioria o faz com moderação. No entanto, 25 por cento dos adultos se envolvem em algum tipo de bebedeira a cada mês.

A maioria de nossos amigos bebe casualmente, mas, sendo sensível à influência que meu exemplo exerce sobre os outros, não posso me juntar a eles.

Mas a comida não nos aproxima de Deus: não somos piores se não comermos, nem melhores se o fizermos.

"Ora a comida não nos faz agradáveis a Deus, porque, se comemos, nada temos de mais e, se não comemos, nada nos falta. Mas vede que essa liberdade não seja de alguma maneira escândalo para os fracos.
Porque, se alguém te vir a ti, que tens ciência, sentado à mesa no templo dos ídolos, não será a consciência do que é fraco induzida a comer das coisas sacrificadas aos ídolos? Por isso, se a comida escandalizar a meu irmão, nunca mais comerei carne, para que meu irmão não se escandalize".
1 Coríntios 8:8-10, 13

Eu nunca senti falta da bebida, nem mesmo de um copo. E sempre fui grata pela minha decisão.

Doug teve uma luta contra o álcool. Era tanto para fugir da dor como para ter conexão social com os amigos no bar. Muitas brigas aconteceram em situações em que ele havia bebido. Muitas decisões erradas quase destruíram sua vida. No entanto, ele nunca pensou que sua recém-descoberta *fé em Jesus* deveria mudar seu hábito de consumir álcool há muito desenvolvido. Ele era um evangelista desde o início e convidava seus amigos para nosso estudo bíblico da faculdade e, depois, todos o seguiam até o bar para beber e conversar sobre Deus. E isso era normal para ele.

Então, uma noite, Doug estava sentado no bar com uma cerveja na mão, e um pensamento veio à sua mente. "Eu não preciso mais disso. Não preciso da bebida para me sentir aceito. Eu não preciso da bebida para me divertir. Eu não preciso da bebida quando estou com raiva. Eu não preciso da bebida quando estou chateado. Eu encontrei uma nova vida. Essa velha forma de enfrentamento e pertencimento não fará mais parte da minha vida".

Ele empurrou a cerveja para longe e aquela parte de sua vida acabou. Afastar-se da poderosa escravidão da bebida era sua liberdade, e Jesus satisfez a parte mais profunda de suas necessidades.

Quando analisei meu DNA, encontrei meu avô biológico. Eu nunca o conheci. Eu nunca nem soube o nome dele. Meu pai não tinha nenhum relacionamento com meu avô, mas sua vida de abuso de álcool refletia a de seu pai.

Os membros da família que encontrei por meio do teste de ancestralidade descreveram meu avô como um bêbado, viciado em álcool. Percebi que havia uma tendência hereditária para o vício. Isso marcou a maior parte da vida de meu pai e, embora ele tivesse ficado livre do vício após seu compromisso com Cristo, ele morreu prematuramente por causa disso.

CAPÍTULO 9

EXPLO `72

Pequenos grupos como aquele que se reunia na casa dos Millers surgiam por toda parte.

O *California Fellowship*, nosso grupo da Universidade, se reunia todas as quintas-feiras à noite. Nosso grupo crescia a cada semana à medida que mais alunos se tornavam cristãos.

Enquanto o país estava passando por uma convulsão cultural com mudanças nas normas sociais, agitação política e a guerra do Vietnã, houve outro tipo de movimento. Este foi um mover de Deus pelo qual os cristãos oraram e ansiaram.

Ouvimos histórias de pessoas sendo cheias do Espírito Santo em igrejas espalhadas pelos Estados Unidos: Calvary Chapel na Califórnia e a Renovação Carismática Católica em Pittsburgh. As pessoas estavam encontrando Deus. Os artistas estavam despertando e a música cristã teve seu início com Love Song e Amy Grant. Bill Bright da Campus Crusade e Billy Graham estavam na vanguarda, trazendo liderança. Pat Robertson também iniciou sua rede de TV.

Cathy Geda trouxe um folheto para nosso grupo no início da primavera de 1972. "Algo está acontecendo em Dallas neste verão, pessoal", disse ela. "Cristãos de todo o país vão se reunir para este grande evento chamado Explo '72 de 12 a 17 de junho. Todos nós devemos ir".

Nós nunca sequer oramos sobre isso. Deus estava chamando Sua igreja avivada para se reunir em Dallas, e tínhamos que fazer parte daquilo. Em poucos dias, tínhamos guardado nossas vagas em um ônibus saindo da cidade da Califórnia, Pensilvânia, e decidimos como levantar os recursos financeiros. Fizemos uma caminhada para Jesus pela comunidade e pedimos às pessoas que patrocinassem nosso grupo para ir ao evento em Dallas. Visitamos empresas e pedimos apoio a igrejas e amigos. Todos nós nos inscrevemos. Como seria ver 100.000 cristãos no Cotton Bowl? Seria incrível!

Nosso orçamento permitia que ficássemos em tendas em *Tent City*. Teríamos duas barracas: uma masculina e outra feminina. Na primeira manhã, quando nos deixaram no estádio, foi surpreendente. Um mar de pessoas reunidas em nome de Cristo. Você podia ouvir as pessoas cantando em todos os lugares - hippies e velhos tradicionais. Houve um tempo especial de evangelismo à tarde, indo de porta em porta e pregando o Evangelho. Bill Bright, Billy Graham e Andraé Crouch encabeçaram o programa.

Nossa visão da igreja havia mudado. Apenas algumas semanas antes, pensávamos que éramos os únicos crentes verdadeiros em nossa pequena comunidade da Califórnia, Pensilvânia. Agora, pudemos ver um vislumbre do reino de Deus: velhos e jovens, pessoas tradicionais e radicais de Jesus. Pela primeira vez, experimentamos evangelismo em uma escala enorme. O folheto das Quatro Leis Espirituais foi uma ferramenta eficaz usada para apresentar o Evangelho.

Uma tempestade veio na terceira noite e derrubou a maioria das tendas. Eu havia avisado Doug para ficar longe das pessoas de grupos "muito"pentecostal. Fui criada principalmente na Igreja Presbiteriana e não estava pronta para ver meu novo namorado ser sugado para um grupo pentecostal. "Apenas se afaste de qualquer um que disser sobre "falar em línguas", eu disse a ele. "Isso é um sinal claro de que eles estão à margem".

Depois que a tempestade passou, as pessoas se ajudaram e fizeram novos amigos. Eu vi Doug conversando com um grupo que me preocupava. Dennis Gary estava com ele. Por volta das três horas da manhã, pude ouvir Doug orando e gritando, e não era inglês.

Corri para fora e lá estavam eles. Dennis e Doug estavam deitados no chão lamacento, orando, e nem mesmo perceberam que eu estava de pé perto eles.

"Doug, pare com isso!" Eu gritei. "Isto não é do Senhor".

Ele não me reconheceu, e nem minhas palavras ou as de muitos outros que estavam tentando dormir por perto e gritavam para eles ficarem quietos.

Mais tarde, Doug me disse que oraram por Dennis, e o poder de Deus o atingiu e ele caiu. Não acreditei nessa história nem por um minuto.

"Eu orei: 'Deus, o que você fez por ele, faça isso por mim'", disse Doug, "e no minuto seguinte eu estava no chão orando".

Eu também não acreditei! O pior de tudo, esse era o cara com quem eu queria me casar. Eu não estava procurando por alguém que gostasse da experiência carismática.

CAPÍTULO 10

MINI EXPLO

Essa experiência no Explo'72 gerou uma ideia na mente de Doug. Ele podia "ver" essa experiência acontecendo em nosso campus universitário na primavera de 1973. Ele não percebia seus limites ou que não tínhamos experiência em organizar um evento como aquele. Mas nosso pequeno grupo de Pessoas de Jesus na Christian Fellowship estava todo envolvido e cheio de fé depois da nossa viagem a Dallas.

Então, convidamos o cantor e compositor Pat Boone. Iniciamos as negociações e o planejamento, e estávamos cheios de expectativas. Nossa fé estava voando alto até recebermos o contrato da assessoria de Pat Boone. O preço para uma noite de apresentaçao era de $ 5.000 (cinco mil dólares).

Não calculamos bem o custo antes de iniciar o planejamento daquele evento. Quando percebemos que nossa conta bancária de $200 (duzentos dólares) não era suficiente para esse compromisso, experimentamos nossa primeira crise de fé.

Não oramos sobre isso? Deus não providenciou nossa viagem para Dallas? Por que não tínhamos dinheiro suficiente para isso? E, acima de tudo, como Boone (um dos mais populares intérpretes dos anos 1950) poderia esperar que um punhado de estudantes universitários conseguisse tanto dinheiro?

Ficamos desapontados. Nosso grupo havia falado muito sobre isso, proclamando nossa fé de que isso aconteceria, mas um enorme constrangimento público agora fazia parte de nossa reputação.

Não parecia possível realizar o sonho daquele evento, mas a data continua marcada: 15 de abril. Sentado com nossa equipe desanimada, tentando encontrar fé para continuar, um aluno falou: "Ouvi falar de um excelente palestrante , Loren Cunningham. Ele mora na Suíça. Ele lidera uma organização missionária chamada JOVENS COM UMA MISSÃO (JOCUM). Que tal a gente escrever uma carta convite?".

Voltamos a pensar no sonho de realizar um evento em nosso campus. Nossa equipe enviou uma carta a Loren Cunningham, um orador desconhecido que mudaria tudo em nossas vidas. Loren respondeu à nossa carta e disse que tinha apenas uma data disponível para falar, e era a nossa data. Ele orou e sentiu que era certo participar. Não houve exigências de dinheiro ou acomodações especiais.

Precisávamos de música. Depois de várias tentativas fracassadas de encontrar uma banda cristã local, alguém sugeriu que fizéssemos contato com alguém de Ohio. Parece que era um excelente guitarrista. Essa pessoa viajava com um amigo e pedia apenas o dinheiro da gasolina. Então, contatamos Phil Keaggy e ele trouxe Peter York junto.

Nossos planos para Pat Boone falharam; mas os planos de Deus para Loren Cunningham e Phil Keaggy não falharam.

Loren ficou com os pais de Doug e foi uma honra para eles receber um convidado especial em sua casa, embora ainda não soubéssemos quem era Loren ou como aquela noite mudaria nossas vidas. Demos $100 (cem dólares) a Loren e ele graciosamente recebeu dizendo: "Obrigado. Isso me levará à minha próxima parada".

Phil Keaggy ficou grato pelo dinheiro da gasolina para voltar à Ohio. Num piscar de olhos, Phil se tornou um dos músicos mais famosos do movimento "Jesus People" (Pessoas de Jesus) e, desde seu começo gracioso e humilde, causou um tremendo impacto em nosso campus.

Centenas de estudantes compareceram ao nosso evento. Loren falou sobre apologética. "Você diz que não há absolutos. Você pode ter certeza absoluta sobre isso?". Phil e Peter trouxeram seu som novo e letras poderosas aos nossos ouvidos, e centenas responderam ao convite para seguir a Jesus. O amigo de Doug, Ken Barnes, era um deles.

Vivemos um renascimento no campus da universidade com aquele evento, que quase não aconteceu por causa da nossa inexperiência e presunção. Deus tirou os obstáculos e realizou a vontade Dele. Isso marcaria nossas vidas pelas próximas quatro décadas.

Essa experiência nos mudou. Sabíamos que Deus poderia nos dar uma segunda chance e tínhamos uma visão ainda maior do que poderia acontecer por meio de nós e do impacto que poderíamos ter em nossa comunidade.

CAPÍTULO 11

TURMA DO AMÉM

Doug teve muitos momentos em que compartilhar Cristo trouxe conflito na sala de aula. Ele era formado em serviço social e estávamos na década de 1970. Muitos de nossos professores eram ateus. O objetivo deles era erradicar a fé dos alunos que demonstravam crer em Deus.

"Vamos começar esta aula com o pressuposto de que Deus não existe, certo?".

Essa é uma afirmação poderosa quando expressa por um professor que tem autoridade para aprová-lo ou reprová-lo em uma sala de aula. Todos os outros na classe assentiram em submissão com poucos sinais de que estavam abandonando sua fé, mas sem nem mesmo um pequeno protesto em sua linguagem corporal.

No entanto, Doug levantou a mão e acenou para chamar a atenção do professor. "Bem, senhor, eu acredito em Deus e não concordo. Não posso concordar com isso para começar esta aula". Houve um silêncio atordoado da turma enquanto esperavam a resposta do professor. O Dr. Jack ficou surpreso. Talvez esta tenha sido a primeira vez que sua declaração de abertura foi contestada. Ele simplesmente ignorou o comentário de Doug e começou sua palestra.

Alguns minutos depois, houve outros comentários provocativos descartados como verdade. No canto da sala, havia uma mão acenando alto no ar.

"Senhor, estou me perguntando como você chegou a essa conclusão", desafiou Doug. "Isso não é o que eu acredito ou o que eu vi ser verdade na vida das pessoas".

"Obrigado pelo seu comentário. Vamos continuar", disse o professor.

Antes que a aula terminasse, o Dr. Jack respondeu novamente ao aceno de mão com um suspiro. Ele estava claramente chateado com a interrupção contínua na classe.

"Ok, o que você da "turma do amém"gostaria de dizer?", perguntou Dr. Jack.

Essa era a identidade de Doug na classe. Sua nova fé era genuína e afetava todas as áreas de sua vida. Ele não se deixava abater por desafios de amigos ou professores. Ele não tinha respostas para todos os desafios, mas sabia quando algo não se alinhava com os alicerces que estavam sendo construídos em sua vida. Quando havia um desafio à sua fé, e ele não conseguia responder, buscava na Bíblia e conversava com amigos cristãos para pedir ajuda.

Doug aprendeu a defender sua fé e defendia a verdade, mesmo sendo uma voz solitária. Muitas vezes, outros alunos contavam a ele como tinham medo de falar qualquer coisa em sala de aula. Eles eram crentes e foram encorajados pela fé de Doug. Outros alunos perguntavam como ele sabia aquelas respostas, e muitos deles passaram a seguir a Jesus e se tornaram parte de nossa irmandade no campus.

Dr. Jack teve um impacto profundo na vida de Doug. No final daquele semestre, ele convidou Doug para uma reunião com os outros professores do departamento de serviço social. "Doug, percebemos que você é um jovem muito focado. Você é apaixonado por fazer a diferença neste mundo. No entanto, você terá dificuldade para encaixar essa paixão no campo do serviço social. Sugerimos que você mude seu foco e se torne um pregador".

Isso foi um conselho não solicitado, mas especializado. Doug viu que Deus o estava conduzindo ao seu chamado para levar o Evangelho a outros.

Quando sua fé é genuína e você está vivendo isso em sua vida diária, sua honestidade e sinceridade afetam os outros. Sua fé é contagiante. Alguns dizem que as pessoas não querem ouvir sobre Deus e que querem ser deixadas sozinhas quando se trata de Deus. Quarenta anos vivendo com ousadia nos ensinaram que esses são mitos. Eles simplesmente não são verdadeiros. Encontramos corações ansiosos em todos os países, em todas as faixas etárias e em todos os grupos sociais. As pessoas geralmente não estão interessadas em clichês ou em ouvir retórica desgastada.

Nossa mensagem precisa ser clara, convincente e do coração. Desde seus dias na "turma do amém" até agora, Doug trouxe a verdade de Deus e as pessoas responderam.

CAPÍTULO 12

LOUCO POR JESUS

"Senhor, muitas das meninas do meu dormitório estão se tornando cristãs. Por que Janet nem mesmo faz contato visual comigo? Qual é o problema com ela?". Ser uma assistente residente em *Stanton Hall*, um dormitório feminino no campus do *California State College*, era um ótimo trabalho. Eu sempre tinha alguém com quem conversar, e agora que estava vivendo para o Senhor essas conversas geralmente eram sobre Jesus.

Janet também era assistente residente e, às vezes, tínhamos reuniões no dormitório. Ela só falava comigo se fosse necessário. Ela fazia questão de desaparecer de qualquer situação potencial em que pudéssemos ter que interagir uns com os outros. Só não entendia qual era o problema dela. Eu não era uma pessoa legal?

O Senhor respondeu à minha oração com: "O problema é com você. Ela está reagindo ao seu orgulho".

Eu não era orgulhosa! Ou era? Achei que não tinha nada a ver comigo. E talvez houvesse razões pelas quais ela estava me evitando e poderia ter relação com alguns problemas na vida dela. No entanto, algo que eu estava retratando para Janet tornava mais difícil para ela ver que Deus a estava procurando.

Se eu estava sendo um obstáculo como poderia deixar de atrapalhar? Meu primeiro pensamento foi retribuir o desprezo. Eu poderia simplesmente ignorá-la. Mas essa não parecia a melhor abordagem. Eu sabia o que tinha que fazer.

Nossos quartos ficavam no mesmo andar, e segui pelo corredor até a porta do dormitório dela. Eu estava ensaiando meu pedido de desculpas em minha mente ao longo do caminho. "Lamento que você tenha se ofendido... Não, lamento que você tenha um problema comigo...". Isso ainda era sobre ela ter um problema. Eu estava suando e meu coração estava acelerado.

Bati na porta.   "Olá. Eu só queria falar com você por alguns minutos". Não esperei ser convidada para entrar. Apenas passei por ela e me virei. "Posso dizer que a ofendi e sinto muito! eu não percebi! Por favor me perdoe".

Eu não sei como eu esperava que ela reagisse, mas antes que eu pudesse dizer as próximas palavras eu já estava dentro do quarto e com a porta fechada. Ela murmurou algo baixinho, soando como "louco por Jesus!".

Isso claramente não foi útil.

Nos dias seguintes, minhas orações por Janet foram mais sobre meu coração e pedindo ao Senhor que me ajudasse a continuar sendo gentil, mas também humilde e dando espaço a ela.

Ouvi batidas na minha porta. Abri e encontrei Janet parada ali com lágrimas escorrendo pelo rosto. "Eu preciso de Jesus. Por favor ore por mim".

Ela compartilhou comigo algumas de suas histórias de frustração e tristeza, e de como ela estava reagindo a mim. Ela às vezes era hostil comigo por causa de coisas em seu próprio coração. Nós nos tornamos amigas rapidamente. A data de dois de julho de 1972 foi o dia em que tudo mudou na vida de Janet, e o Salmo 147:3 tornou-se seu verso preferido. Diz: "Ele cura os quebrantados de coração e cuida de suas feridas".

Em dois de fevereiro de 1974, Janet foi a dama de honra do meu casamento com Doug. Naquele verão, ela foi para o Brasil conosco em nossa primeira viagem missionária. Mais tarde, ela morou conosco em um apartamento extra na nossa casa e lecionou na Chapel Christian School, que ajudei a fundar. Mais tarde, Janet tornou-se tradutora da Bíblia na organizaçao cristã Wycliffe, em Sabah (Norte de Bornéu), no leste da Malásia. Pensei em como aquele momento de "sinto muito" abriu as portas para uma amizade incrível e como a vida dela afetou tantas pessoas.

CAPÍTULO 13

DOIS DE FEVEREIRO

Eu estava no foyer da Igreja Presbiteriana da pequena cidade chamada Califórnia, na Pensilvânia. Era o dia do nosso casamento. A igreja estava repleta de familiares e amigos, prontos para compartilhar este momento de alegria. Meu pai estava ao meu lado, tremendo, e seu rosto estava pálido. A música parou e pude ouvir os passos de Doug e seus padrinhos caminhando para a frente da bela igreja.

Para surpresa de todos, Doug subiu direto ao púlpito. "Bem-vindos, amigos e família. Obrigado pela presença de vocês. Hoje é meu casamento e quero aproveitar este momento para contar o que aconteceu nos últimos dois anos. Eu quero compartilhar o que Deus fez. Muitos de vocês sabem que eu cometi muitos erros na minha vida. Dois anos atrás, eu estava andando neste campus quando um estranho se aproximou de mim. Ele me contou sobre Jesus e me convidou para um grupo de comunhão no campus que se reunia no andar de cima desta mesma igreja".

Todos ficaram em silêncio, surpresos e imaginando o que ele diria a seguir.

"Eu estava muito perdido e procurando as respostas para a vida. Seja por tédio, curiosidade ou porque esse aluno me mostrou alguma gentileza, decidi comparecer àquela reunião. Eu tinha frequentado a igreja toda a minha vida e tinha distintivos de frequência perfeitos para comprovar isso. E, ao mesmo tempo, tive uma vida muito quebrada; Eu me machuquei e machuquei muitas pessoas. Embora eu dissesse que era cristão, minha vida de forma alguma mostrava que eu era um seguidor de Jesus. Naquele dia começou uma nova vida para mim".

Doug parou de falar por um momento, olhando ao redor do santuário. "Várias semanas depois, eu estava andando pela minha casa e uma pergunta ecoou em meu coração: 'O que você fez da sua vida?' Eu causei dor a muitas pessoas".

"Outra pergunta veio: 'O que você quer da sua vida?'

"Minha resposta foi que eu queria ter sucesso e ter dinheiro, mas fiz uma bagunça na minha vida e magoei tantas pessoas".

"Mais uma vez, ouvi: 'Por que não confia em mim com sua vida?' E naquele momento, vi minha vida de uma maneira tão diferente. Eu vi minha necessidade de perdão. Eu sabia que Deus estava me alcançando. Fui para o meu quarto, ajoelhei-me ao lado da cama e entreguei minha vida a Jesus. Este era o lugar onde muitas vezes eu via minha avó orando, e acho que principalmente por mim".

"Quando fui dormir naquela noite, senti paz. Este foi o ponto de partida de uma nova vida. Pouco tempo depois, minha mãe me disse: 'Parece que outra pessoa está vivendo em seu corpo. Você está sorrindo de novo".

"Estes últimos dois anos foram uma mudança de vida para mim. Agora, ao começar minha vida com Deb, tenho um foco diferente, um coração diferente e um futuro diferente. Quero convidá-lo a pensar sobre sua vida e confiar em Jesus como seu Salvador e Senhor também".

Nosso boletim de casamento incluía o pequeno folheto: **Passos para a Paz com Deus**. Doug conduziu-os em oração silenciosa. Não sei se alguém orou com ele, mas sei que começamos nosso casamento com um testemunho da graça de Deus que nos carregaria pelo resto de nossas vidas.

Dois de fevereiro também foi o Dia da Marmota. Por causa do embargo árabe do petróleo e das linhas de gás, enfrentamos a incerteza de conseguir gás. Ao partirmos para nossa lua de mel em meu Mustang 67, tínhamos um tanque de gasolina e precisávamos da provisão de Deus no primeiro dia.

O gás estava sendo racionado e os postos de gasolina eram obrigados a fechar aos domingos. Ficamos imaginando onde iríamos encontrar gasolina no dia seguinte. Começamos nosso casamento com uma oração pela provisão milagrosa de Deus.

Na manhã seguinte, estávamos dirigindo pelas montanhas Laurel e procurando um lugar para comer. Oramos e esperamos a provisão de Deus. Logo à frente, havia um posto de gasolina aberto. Ninguém mais estava lá. O atendente encheu nosso carro e partimos maravilhados. Pouco tempo depois, voltamos e encontramos a estação fechada. Abriu só para nós.

PARTE DOIS

Capela da Aliança
Elizabeth and Belle Vernon, Pensilvânia

CAPÍTULO 14

UMA NOVA OPORTUNIDADE

Eu gostava de ensinar no jardim de infância na *Library Christian School*. Minha vida foi diferente dos meus planos iniciais que eu tinha ao entrar na faculdade. Para começar, minha especialização era serviço social. Depois que Jesus mudou meu coração, reconheci que ensinar era o que eu amava e fui chamada para fazer.

Quando me formei, queria ensinar. Mas onde? Sem que eu soubesse, meu pai havia falado com alguns amigos em nosso distrito escolar. Eu estava procurando uma escola cristã. Percebi que a liberdade de compartilhar o evangelho enquanto eu ensinava era essencial para mim.

Inesperadamente, recebi um telefonema enquanto estava orando sobre qual emprego aceitar.

"É Debra Roberts?".

"Sim", respondi.

"Parabéns! Contratamos você para lecionar na primeira série. Portanto, inscreva-se antes da próxima reunião do conselho escolar". Eles me ofereceram um emprego para o qual não me candidatei e não queria.

"Bem, senhor", respondi. "Não tenho certeza disso".

"Você está louca? Esta é uma oportunidade incrível! Está tudo certo e tenho certeza de que oferecemos um salário maior do que a outra proposta que você recebeu", disse.

Isso era mais do que verdade. Era seis vezes mais do que o salário da escola Batista. Esta foi uma das vezes que tive que escolher seguir a Jesus, independentemente das consequências financeiras.

Ensinar no jardim de infância na *Library Christian School* foi uma boa opção para mim. Eu amava os pais, as crianças e ganhava a vida na sala de aula.

CAPÍTULO 15

JESUS É SENHOR

"Tive uma ideia quando estava dirigindo para casa em Brownsville esta noite".

Essa foi uma das mil ideias que Doug compartilhou comigo. Ele sonhava com coisas novas. Brownsville era uma pequena cidade no rio Monongahela. Foi o local onde a família Tunney se estabeleceu. No passado, era uma cidade de mineração de carvão. O centro da cidade estava se tornando uma cidade fantasma, com muitas lojas vazias e fechadas.

Inclinei-me para frente para ouvir sua ideia.

"Sabe aquele bar no meio da cidade?". Ele perguntou. "Aquele ao lado do estacionamento? Eu estava pensando que poderíamos pintar uma mensagem naquela enorme parede de tijolos vermelhos para que as pessoas pudessem ver quando passassem pelo local".

Ele tinha a ideia; Eu tinha os pensamentos práticos de como isso aconteceria.

No fim de semana seguinte, Doug recrutou amigos para ajudar, comprou a tinta e fez com que o dono do bar concordasse com o plano. Pintamos "Jesus é Senhor" em letras brancas de três metros de altura, proclamando à nossa cidade que Jesus estava ali.

CAPÍTULO 16

1974: VIAGEM AO BRASIL

"Doug, você vem conosco neste verão para o Brasil?". O irmão Earl nos convidou para participar do evangelismo que aconteceria em julho chamado: Ponte Aérea Jesus 74.

Estávamos participando de um retiro na organizaçao cristã Castelo de Cristo em Franklin, Pensilvânia, junto com Earl Tygert. Ele foi nosso mentor e nos inspirou a amar a Palavra de Deus. Ele oficiou nossa cerimônia de casamento.

"Earl, obrigado pelo convite", respondeu Doug. "Vou orar sobre isso!"

A resposta de Doug recebeu um olhar de desagrado. Houve uma pausa estranha.

"Bem, agora, isso não é espiritual?". Earl nos provocou com um sorriso.

Olhei para Doug.

"Bem, não é assim que você deve responder quando alguém faz esse tipo de pergunta?", Doug perguntou a ele.

Earl respondeu a essa pergunta com um "NÃO". "Isso é o que as pessoas dizem quando não têm intenção de fazer algo", disse Earl. "É a resposta de fuga, a resposta passiva, e quase ninguém realmente ora sobre isso. Eles simplesmente seguem em frente".

Estávamos casados há apenas alguns meses e estávamos esperando um bebê para dezembro. Orar sobre isso parecia a resposta certa.

"Por favor, ore sobre isso", respondeu Earl. Mas ore assim: "Senhor, tenho a chance de ir ao Brasil. Se você não quer que eu vá, por favor me avise. Caso contrário, eu vou!".

Com isso, nos despedimos e voltamos para nosso quarto. O retiro na organização Castelo de Cristo nos permitiu um fim de semana inspirador com outros amigos cristãos da Universidade. Tínhamos uma nova maneira de orar. Nós iríamos a menos que o Senhor dissesse não.

Quando você muda o foco de sua oração dessa maneira, é mais sério. Nós oramos nas semanas seguintes perguntando a Deus se deveríamos ir naquela viagem ao Brasil. E sentíamos paz em nossos corações. Era uma sensação crescente de paz e confiança. O irmão Earl ficou feliz quando ligamos para a inscrição na viagem missionária.

Os meses seguintes foram de preparativos: certidões, passaportes e vacinas!

Na minha próxima consulta pré-natal, mencionei nossos planos e perguntei quais injeções eu precisava. A sala ficou gelada.

"Você está planejando ir para aonde neste verão?".

"Brasil, por quatro semanas!". Eu sorri, esperando aliviar o clima que o Dr. Cabrera havia estabelecido.

"Você precisa de uma vacina contra a febre amarela, mas as mulheres grávidas não podem tomar esta vacina." Ele suspirou e continuou: "Em vez disso, você precisaria de um termo de responsabilidade assinado pelo seu médico. Eu sou da América do Sul e conheço os perigos potenciais lá. Eu não vou assinar isto. Isso é muito perigoso. Você pode ficar muito doente. Você pode perder seu bebê. Não farei parte deste empreendimento arriscado. Você deve cancelar seus planos".

Dito isso, ele saiu da sala. Ele fechou a porta mais alto do que o normal como um ponto de exclamação para sua resposta inegociável à minha pergunta.

Essa foi uma resposta negativa para uma oração, se é que já ouvi uma. O médico disse que não tinha jeito.

Oramos naquela noite: "Senhor, o médico diz que não".

No entanto, tínhamos um profundo sentimento de que deveríamos continuar com nossos planos. Nós éramos apenas recém-casados. Não tínhamos uma longa história de união em orações como essa, mas ambos estávamos convencidos de que iríamos.

Arrecadamos os fundos para nossa viagem. Economizamos dinheiro de cada um de nossos contracheques. Amigos se aproximaram e nos deram presentes para nos ajudar. Até recebemos um cheque pelo correio da Pittsburgh Steel, uma empresa de aço. Eles haviam cometido um erro no pagamento de Doug alguns anos antes e a auditoria estava a seu favor. Fizemos todo o possível e, no entanto, estávamos longe de alcançar o custo total da viagem.

"Senhor, nossas finanças parecem dizer não". Nós oramos novamente.

Naquele momento, Doug teve uma imagem em sua mente: seu Plymouth Coupe 47, o carro antigo dos seus sonhos. Ele não disse uma palavra por alguns minutos e então: "Senhor, estou disposto a vender, mas adoro meu carro. Se houver outro plano, por favor me avise".

Seu precioso carro, um tanto quanto um ídolo para ele, foi vendido em uma semana, e o preço cobriu o restante de nossa viagem. Tínhamos o dinheiro, mas ainda não tínhamos a liberação do médico. Então, enviamos os fundos para o *Life Ministries* para reservar nossas vagas.

Os meses se passaram e eu tive várias outras consultas médicas. Cada vez que eu mencionava a viagem, o Dr. Cabrera tinha uma maneira mais severa de dizer: "De jeito nenhum".

Este poderia ser um caso clássico de ficar preso entre uma rocha e um lugar difícil. Deus estava dizendo sim. O médico estava dizendo não. Como é a fé para uma jovem de 22 anos aprendendo a ouvir a voz de Deus? Eu confiei que o Senhor cuidaria de mim e do bebê que eu estava carregando.

No dia anterior à nossa viagem, nossas malas e nossos passaportes estavam prontos, e as passagens ompradas. Em mais uma tentativa liguei para a clínica do Dr. Cabrera. Era uma última chance esperando que o médico mudasse sua decisão. Não tínhamos plano B, mas o plano A parecia um tiro no escuro.

"Olá, aqui é o consultório do Dr. Cabrera. Não, o médico está fora esta semana. Posso ajudar? Sim, posso assinar um termo de responsabilidade para adiar a sua injeção. Estarei aqui amanhã de manhã às nove".

Coloquei o telefone no gancho. Nosso avião deveria partir ao meio-dia. Só deu tempo de pegar o papel assinado e dirigir até ao aeroporto. A enfermeira me entregou o termo de responsabilidade com um sorriso. Quando entrei no carro, fiquei emocionada. Eu estava apavorada. Eu senti como se tivesse acabado de roubar alguma coisa, como se tivesse acabado de passar em um teste. Em poucas horas, eu estava a 30.000 pés de altura. Foi meu primeiro voo e meu primeiro salto radical de fé. Eu estava andando em águas desconhecidas. As próximas quatro semanas mudariam minha vida para sempre.

O Brasil nos recebeu com um sol quente e amigos ainda mais calorosos. Quando conhecemos nossos tradutores, foi uma amizade rápida. O Brasil era um campo missionário aberto. Cada cidade que visitávamos representava uma nova porta para o Evangelho.

Começávamos nosso dia na Palavra de Deus, lendo o livro de Romanos, um capítulo por dia, e tomando café da manhã. A famosa frase de Earl era "sem Bíblia, sem café da manhã". A rotina era reunião de equipe, oração, ensino de Romanos, almoço e depois para as ruas.

Evangelismo nas ruas era novidade para nós. Nosso motorista do ônibus, brasileiro, nos levava aos parques. Um membro da equipe tocava uma música de adoração. Nosso time cantava e uma multidão se reunia ao nosso redor.

"Somos amigos da América e viemos compartilhar com vocês que Jesus os ama". Sempre vinha depois uma tradução para o português.

Todos os dias centenas de pessoas respondiam ao Evangelho. Para cada evangelismo, deixavamos uma equipe para orar e nos apoiar. No meio de todo aquele movimento vários membros da equipe ficaram muito doentes, com febre. Eles foram obrigados a permanecer no local onde estavamos hospedados. Fiquei preocupada. Ninguém além de Doug sabia sobre o aviso do meu médico. Nos dias seguintes, mais membros da equipe ficaram gravemente doentes e nenhum deles se recuperou rapidamente.

No caminho para a casa de nosso pastor anfitrião, senti calor. Eu pensei que era minha imaginação com todos os outros ficando doentes. Eu me senti mais quente e tonta. Quando chegamos tive que ser ajudada para sair do ônibus e entrar na casa do pastor. Eles forneceram um quarto silencioso para eu me deitar. Naquela noite, não fui ao evangelismo e descansei.

Minha cabeça girava com o calor do meu corpo e com o sentimento de culpa por ter me colocado naquela situação. Eu me lembro do Dr.

Cabrera dizendo: "Você pode ficar muito doente. Você pode perder seu bebê".

Em meu desespero, orei por mim. Coloquei as duas mãos na cabeça e gritei: "Senhor, tu sabes de tudo. Por favor, cura-me. Mantenha meu bebê seguro!".

Minha cabeça estava tão quente quanto antes.

"Senhor, eu confio somente em ti. Por favor, cura-me e mantenha meu bebê seguro". Eu senti minha cabeça mais quente do que antes.

"Senhor, por favor".

Eu podia sentir a mudança: um suor frio e uma respiração mais forte. Uma força vinda do Senhor estava sendo derramada em mim. Ao lavar o suor com um pano frio, me senti renovada. O restante da equipe ficou doente por vários dias. Eu sabia que minha recuperação resultou do toque de Deus e Seu poder de cura.

Quando voltamos para os Estados Unidos, mais de setecentas pessoas haviam orado para receber Jesus. Experimentei o que significava ser um missionário. Algo dentro de mim ressoou com a ideia de que aquela primeira viagem foi o primeiro fruto de uma vida chamada para as nações.

CAPÍTULO 17

MATEUS ONZE

Nossa viagem ao Brasil foi nosso primeiro passo para missões. Ganhamos um novo coração para alcançar pessoas de outras nações que nunca tinham ouvido falar de Jesus. Ficamos mais atentos aos membros da família que já tinham ouvido, mas nunca entenderam o Evangelho.

Em nosso voo de volta para casa, Doug disse a Earl Tygert: "Parece tão fácil contar a estranhos sobre Jesus. Agora, quando vamos para casa, penso na minha família. Meus pais vão à igreja todas as semanas, e eu mesmo tive relatórios de frequência perfeitos, mas nunca tinha entendido realmente o Evangelho".

Earl compartilhou uma escritura de Mateus 11:1. Depois que Jesus instruiu seus discípulos e os enviou para compartilhar as Boas Novas no capítulo 10, Ele fez algo muito interessante. Ele foi ensinar e pregar na Galileia, na cidade dos discípulos, para seu povo e suas famílias. A tradução grega diz: "Em suas cidades". Ele sabia do sacrifício que eles estavam fazendo para segui-lo e também se importava com as pessoas que estavam mais próximas de seus corações.

"Doug, você pode confiar sua família a Deus", Earl o encorajou.

Estávamos ansiosos para contar histórias sobre nossa viagem quando voltamos. Os presentes que trouxemos nos ajudaram a compartilhar sobre nossos novos amigos de uma terra distante e a ajudar nossos

entes queridos a ter uma ideia de como estavam os nossos corações para compartilhar o Evangelho.

A primeira tentativa de Doug de entrar em contato com o clã Tunney no Natal anterior fracassou. A troca de presentes natalinos foi sua oportunidade de trazer algum "testemunho" para sua família, dando Bíblias aos familiares. Esses presentes foram recebidos com uma reação nada calorosa, e ele ouviu várias pessoas brincarem sobre não querer que Doug recebesse seus nomes no próximo ano. Eles também o chamavam de Billy Graham quando pensavam que ele não estava ouvindo. Mas ele ouvia os sussurros, e isso era desanimador.

Decidimos ser um pouco mais discretos. Apenas orar e agir naturalmente sobre nossa fé. Havia portas abertas para compartilhar quando as procurávamos. Porém, oramos mais do que compartilhamos e confiamos no Senhor para criar oportunidades.

Após nossa experiência em movimentos evangelísticos como o *Mini Explo*, Doug se inspirou para continuar criando eventos que beneficiariam as pessoas em nossa comunidade. Ouvimos falar de uma oportunidade de trazer um palestrante especial para a escola onde Doug cursou o ensino médio. Rock Royer era um conhecido treinador de futebol da Marinha e agora era treinador da Liberty University. Ele também era um cristão, conhecido como "treinador nascido de novo".

Quando Doug visitou o diretor para perguntar se poderia usar o auditório da escola para a reunião, o diretor ficou chocado. "Doug, nunca em meus sonhos mais loucos pensei que você seria um cristão e que pediria para marcar uma reunião como esta. Fico feliz em ajudar".

Essa foi a oportunidade perfeita para Doug convidar sua família. Haveria um orador especial na escola da cidade natal. A mãe de Doug foi a única que aceitou o convite. Quando Rock deu seu testemunho, ela se concentrou e ouviu cada palavra. "Se você gostaria de se comprometer em seguir Jesus, por favor, apresente-se e oraremos por você", disse ele no final de sua mensagem.

Connie Tunney foi a primeira a se levantar e caminhar até a frente do ginásio.

No verão seguinte, na reunião da família Tunney, o tio de Doug, Ernie, puxou-o de lado e disse que ele havia se tornado um crente. Um cristão bateu em sua porta e compartilhou o Evangelho com ele. Mateus Onze estava se tornando realidade em nossa família. Ao longo dos próximos anos, isso aconteceu repetidamente até que as reuniões se tornaram permanentes. Não fomos nós que alcançamos a maioria deles, mas foi Jesus quem foi à nossa cidade quando cumprimos Sua vontade em nossas vidas.

CAPÍTULO 18

VERDADEIRO AVIVAMENTO NA CAPELA

> *"Não se surpreenda por eu ter dito a você: 'Você deve nascer de novo'. O vento sopra onde quer e você ouve a sua voz, mas não sabe de onde vem e para onde vai; assim é todo aquele que é nascido do Espírito". Nicodemos disse a Ele: "Como pode ser isso?" (João 3:7–9 BSB Bereana)*

Avivamento. As pessoas oram por isso. Eu vi letreiros em prédios de igrejas anunciando reuniões que prometiam isso. No entanto, é como o vento. ***Eclesiastes 11:5 diz: "Como você não conhece o caminho do vento, ou como o corpo é formado no ventre de uma mãe, você não pode entender a obra de Deus, o Criador de todas as coisas". (versão BSB Bereana)***

Tenho certeza de que experimentei um mover sobrenatural de Deus várias vezes em minha vida. Eu o reconheci, fiquei maravilhada e muito grata por ter experimentado isso.

No final do outono de 1973, Gail Koslosky, uma amiga de minha mãe, nos contou sobre a *Capela*. Era na igreja Christian Missionary Alliance (CMA), na cidade de Elizabeth, Pensilvânia. Em nossa primeira visita, chegamos cedo. O estacionamento já estava superlotado e os carros estavam alinhados ao longo da estrada *Simpson Howell*.

Ficamos gratos por encontrar um dos poucos assentos restantes. O serviço durou horas, mas quase não notamos. O pregador Bill falou e gostamos dele imediatamente. Ele era jovem e inspirador. A igreja estava cheia de famílias e jovens. Após o culto, houve um momento não programado de confraternização. As pessoas simplesmente não queriam ir para casa. Havia algo tão maravilhoso na presença de Deus.

Na *Capela* (como a CMA era chamada) me sentia em casa. Era como se o Éden tivesse vindo atrás de nós. Cada culto nos dava uma nova compreensão da Bíblia. Novas pessoas eram adicionadas à igreja diariamente, pois amigos traziam seus amigos para conhecer Jesus. "Assim como no livro de Atos", pensei comigo mesmo muitas vezes.

Após nosso casamento e viagem missionária ao Brasil em 1974, o Pregador Bill nos pediu para nos juntarmos a uma equipe de três casais que forneceriam liderança para um novo grupo de jovens adultos. Eles se autodenominaram "Grupo de Poder".

Nosso primeiro encontro com eles foi desanimador. Love Song, uma banda cristã, estava tocando em Pittsburgh e todos os jovens foram ao show. O grupo de líderes também participou. Isso aconteceu muitas das noites nas semanas seguintes. Um grupo central logo se desenvolveu e podíamos contar com eles todas as sextas-feiras à noite. Eles trouxeram seus amigos para a igreja e, depois, aos encontros de sexta-feira. Doug jejuava toda semana e compartilhava uma palavra com o grupo. Ele sempre escolhia um tema diferente, mas parecia que a mensagem sempre acabava tendo como tema "Apaixonando-se por Jesus".

Na igreja primitiva, o Senhor aumentava seu número diariamente. Assim foi com o "Grupo de Poder". Não precisávamos pregar sobre trazer amigos para a igreja. Os jovens encontravam a realidade em Cristo. Eles queriam que seus amigos participassem da maravilhosa descoberta. Começamos uma segunda reunião de discipulado em nossa casa nas noites de terça-feira.

CAPÍTULO 19

INOCÊNCIA E COLAPSO DO MINISTÉRIO

O culto na *Capela* era incrível. O pregador Bill era cheio de fé, e cada mensagem trazia algo novo que Deus estava ensinando a ele. Rich era o líder dos anciões. Ele era empresário, construtor de igrejas e piloto. Tinha uma escola de aviação. Rich teve a visão de ultrapassar as barreiras denominacionais e unir as pessoas. Ele foi um dos fundadores do movimento "Encontros de Jesus".

Era perfeito. Deus estava se movendo. Era um avivamento.

O prédio da nossa igreja tinha se tornado pequeno. Todo culto tinha muita gente. Os carros enchiam o estacionamento e se espalhavam pela entrada principal. Cada cadeira no santuário estava ocupada, o foyer estava cheio. Mais cadeiras foram colocadas no palco, deixando apenas um espaço do púlpito para o pregador Bill. Ninguém queria ir embora ao final dos cultos. E para continuar a comunhão os integrantes do "Grupo de Poder" sempre saíam para lanchar e falar sobre Jesus para quem quisesse ouvir.

Pensei comigo mesmo que devia ser assim nos dias após o Pentecostes. A igreja estava em um acordo. As pessoas estavam chegando à fé. Vidas estavam sendo mudadas. Estávamos vivendo bem no meio de um mover poderoso de Deus.

Tínhamos uma inocência sobre nós; éramos confiantes e vulneráveis. Naquele ambiente, era fácil nos rendermos aos planos de Deus para nossas vidas, porque sabíamos que fomos feitos para o céu e estávamos experimentando isso aqui na terra.

Os líderes planejaram a construção de uma nova igreja. Rich era o líder perfeito pela sua experiência em construção. O pregador Bill era o pastor perfeito para inspirar a congregação a abraçar um novo desafio e contribuir para que a igreja pudesse se expandir. Todos nós sabíamos que precisávamos de espaço para que mais pessoas pudessem experimentar a presença de Deus e se tornarem seguidores de Jesus.

Então algo inesperado e inacreditável aconteceu.

"Vocês podem jantar conosco? Adoraríamos passar algum tempo com vocês". Rich e Alice nos convidaram para uma noite de confraternização. Nós apreciamos a excelente comida que eles prepararam e compartilhamos a noite com eles. E então aconteceu - algo inesperado e indesejável -.

"Doug, Deb, vocês estão fazendo um ótimo trabalho com nossos jovens", eles nos encorajaram. Sorrimos, recebendo o elogio. "E você sabe que nossa igreja precisa crescer para acomodar todas as novas pessoas".

Nós concordamos. "sim".

E Rich continuou: "e o pregador Bill...Bem, ele simplesmente não está ouvindo de Deus sobre essa nova direção. Na verdade, percebemos que não podemos confiar nele para liderar nossa igreja agora", disse.

Ficamos atordoados. Nós apenas olhamos sem responder. Havia problemas no paraíso e, de alguma forma, estávamos sendo arrastados para o meio de uma luta pelo poder político.

Vários dias depois, recebemos outro convite aparentemente inocente para uma refeição com o pregador Bill e sua família. E era uma cópia perfeita do encontro anterior com o casal Rich e Alice. "Ótimo trabalho com o "Grupo de Poder". Estamos ansiosos pelo que Deus tem para nós e estamos muito felizes por vocês fazerem parte de nossa equipe. Mas temos uma preocupação...Rich, bem, ele parece estar em outro caminho. Ele é um rebelde, você sabe. Os empresários são assim e só querem poder. Percebo que não podemos confiar nele neste momento", concluiu Bill.

Os líderes que amávamos mostravam sinais de fraqueza que nunca esperávamos. Ciúme, competição, fofoca e manipulação. Esta cisão se espalhou. O resto dos anciãos tomou partido, escolhendo entre Rich e Bill. Parte da congregação partiu com Rich para construir uma nova igreja em uma propriedade próxima. O pregador Bill e alguns presbíteros levaram outro grupo para uma nova propriedade na cidade de Belle Vernon, Pensilvânia e estabeleceram a nova igreja, chamada Centro Cristão.

Nós fomos com nosso pastor, Bill, mas fomos com o coração partido. Por mais que tentássemos deixar para lá e seguir em frente, o ressentimento crescia em meu coração. Não foi pelo que foi feito para nós. Mas foi pelo mal que foi feito à Igreja. Uma igreja dividida tem muitas consequências. Pessoas desiludidas e zangadas apontando para um lado e para outro e reclamando da "injustiça". Os julgamentos e acusações não eram nada do que esperávamos. Então, escolhemos não falar sobre isso.

CAPÍTULO 20

O HERÓI FALHOU

O pregador Bill era nosso herói. Quando nos juntamos à equipe como pastores de jovens, parecia o paraíso para nós.

Após a mudança para Belle Vernon, muitas coisas aconteceram. Foi uma grande mudança para a congregação estar em um novo prédio e, também, em um novo local.

Percebemos que o pregador Bill parecia mais distante. Sua pregação estava cheia de resquícios do passado. O excitante avivamento parecia estagnar. Os anciãos convocaram um tempo de oração e jejum para a igreja.

No final daquele tempo de oração dedicado, Doug veio até mim com um olhar muito preocupado. "Acabei de ver o pregador Bill no estacionamento e foi muito estranho", disse ele. "Ele estava escondido entre os carros".

Foi apenas alguns dias depois que recebemos a ligação. Bill fugiu com a moça que tocava órgão na igreja e deixou sua família. Sua filha chorou: "Não posso acreditar que o pastor virou as costas para Deus".

Lembro-me daqueles dias; todo o peso das falhas de Bill foi colocado em nossos ombros. Éramos tão jovens. Nossos telefones não paravam de tocar com membros da igreja chateados e fazendo perguntas. Eles estavam desanimados, com raiva e queriam respostas. Mas nós não tínhamos nenhuma resposta.

Nosso amigo e herói havia feito o inimaginável. Nós estávamos desapontados e desiludidos. Foi um desastre público. A reputação da igreja e do mover de Deus foi ridicularizado. Lembro-me de sentir muita raiva. E então, apenas dois dias depois, um telefonema nos chocou ainda mais. Era Bill pedindo para falar com Doug. Ele confessou que estava errado e queria voltar para casa.

Bill foi restaurado para sua família e tentou retomar a liderança da igreja, mas os presbíteros, em sua sabedoria, recusaram. Ele então começou outra igreja, que teve pouco da glória e impacto originais. Ele finalmente se mudou e foi trabalhar em um emprego secular, mas manteve sua família unida.

Antes disso, tínhamos uma confiança muito ingênua nos líderes. Claro, a Bíblia está cheia de líderes incríveis, alguns dos quais tiveram quedas devastadoras. De alguma forma, sentimos que o avivamento nos levou além disso, e acho que Bill se sentiu invencível. Mais tarde, ele nos disse que imprudentemente se abriu à tentação ao passar tempo com mulheres no ministério sem prestar contas. Freqüentemente, várias outras mulheres o abordavam. Ele resistiu a elas até que um pensamento lhe ocorreu: você merece mais do que tem em seu casamento. Essa foi a semente que se transformou em uma escolha que levou sua vida a naufragar e descarrilou o avivamento.

Nossa igreja sobreviveu por causa da ajuda de Deus. Líderes dedicados nos conduziram. O pecado foi exposto, o perdão foi estendido e a igreja resistiu.

Tivemos uma escolha quando enfrentamos a queda de nosso amigo e mentor. Primeiro, nós perdoamos. Então, mantivemos nossos olhos no Senhor e não no homem. Até então, tínhamos lealdade à liderança sem limites. Após esse período, tínhamos cem por cento de lealdade a

Deus e uma cautelosa lealdade aos líderes. Percebemos que os homens falham. Se víssemos algo assim novamente, iríamos confrontar.

Temos visto igrejas onde as falhas e pecados dos líderes foram cobertos para proteger a reputação da igreja. O resultado foi sempre pior.

Também sabíamos que era preciso proteger nossas próprias vidas. Como líderes, seríamos alvo do inimigo. Doug e eu assumimos um compromisso muito sério em nosso casamento de nunca nos colocarmos em situações vulneráveis. Seria uma forma de nos protegermos. E decidimos em nosso caminho prestar contas um ao outro. O pecado de um homem causou muitas consequências negativas. Então, queríamos que nossas vidas produzissem vida.

CAPÍTULO 21

LANTERNA MÁGICA

Nossos amigos, Denny e Donna Moor, moravam na pequena cidade de Smithton, na Pensilvânia. Quando nossa igreja se mudou para Belle Vernon, eles nos ajudaram muito na liderança do ministério de jovens adultos do "Grupo de Poder". Quando íamos visitá-los, passávamos pelo Lanterna Mágica, um cinema pornográfico.

Na adolescência, Doug tinha um armário cheio de revistas para adultos e uma mentalidade de playboy. Os resultados o machucaram quando jovem, mas Deus o libertou logo no início de sua caminhada com Jesus. Se entrássemos em uma loja que exibisse revistas sugestivas, ele sempre se afastava da vitrine. Comprometemo-nos a não assistir aos filmes censurados e pedimos ao Senhor que protegesse nossos corações das influências distorcidas que pareciam estar em toda parte.

Antes de partirmos para a JOCUM em 1979, passamos o verão com uma equipe em uma casa evangelística em Smithton. Em nossos momentos de oração, Deus colocou em nossos corações o desejo de orarmos por aqueles que foram apanhados pelo poder da pornografia na Lanterna Mágica. Durante semanas, fizemos protestos em pé em frente ao teatro, orando e cantando. Alguém nos deu uma grande cruz iluminada e que era um símbolo do poder de Deus para libertar as pessoas.

Houve várias vezes em que estivemos em perigo. Certa vez, um homem furioso estava perto de Doug e o ameaçou. Um policial estadual atravessou a multidão e protegeu Doug. Não o vimos chegar e não vimos como ele saiu. Nós nos perguntamos se ele era um anjo enviado para nos proteger.

Uma noite, no frio do inverno, bolas de neve voaram em nossa equipe. Palavras raivosas e ameaças acompanharam aquelas bolas de neve. Embora não pudéssemos ver quem as jogou, sempre suspeitamos que os donos do teatro eram os responsáveis. Oramos por esses meninos e os abençoamos. Também oramos pela comunidade de Smithton.

Anos depois, Gino, nosso amigo de Smithton, nos disse que era pago para jogar as bolas de neve. Ele se tornou um crente, um amigo e parte de nossa comunidade na Igreja Centro Cristão. A Bíblia diz que Deus nos torna mais que vencedores, e isso era verdade para Gino.

CAPÍTULO 22

PESCARIA

> *"Sigam-me e farei de vocês pescadores de homens".*
> *(Mateus 4:19)*

O sétimo dia foi separado como um dia de descanso - o quarto mandamento. Para os cristãos, o Domingo é um dia de louvor e adoração ao Senhor. Havia muitas razões pelas quais o Senhor exigia que seu povo reservasse tempo. Para descansar, reorientar, e dar-Lhe toda a nossa atenção, entre outras.

Como os domingos não eram dias de descanso, as segundas-feiras passaram a ser este dia. Deixávamos nossas vidas ocupadas e passávamos o dia focados no Senhor e em nossa família. Adorávamos passar as segundas-feiras nas montanhas e frequentemente íamos a *Five Pines* para apreciar a beleza da natureza e dos peixes. Era repousante e restaurador para nossos espíritos.

Acreditávamos que Deus tinha feito *Five Pines* com um lindo lago cheio de peixes para momentos de refrigério. Era um lugar perfeito para acampamentos. Os dias que passávamos lá eram sempre revigorantes para nós. Era um tempo em família. A atmosfera nos impressionava. Os acampamentos geralmente têm um ambiente familiar, mas *Five Pines* era bem diferente. Tinha um bar, e muitas vezes a pessoa que nos atendia estava com uma bebida alcoólica nas mãos.

Enquanto Doug e eu pescávamos, orávamos pelos proprietários. A gente pedia ao Senhor uma oportunidade de compartilhar Jesus com eles. Acreditávamos que Deus tinha um plano para nosso tempo naquele lugar, além da pesca de trutas.

No outono de 1977, Doug levou para *Five Pines* um grupo de garotos do Royal Rangers para um acampamento de fim de semana. Ao longo dos dois dias, eles acumularam uma conta significativa na loja do acampamento. Como os dias estavam chuvosos o grupo voltou para casa mais cedo. Quando Doug parou no escritório do acampamento para pagar, Judy estava na recepção.

"O que sua camisa diz?". Ela leu em voz alta: "*Jesus Airlift '77* Jesus te ama". Isso é espanhol?".

"Não, português", respondeu Doug. "Significa que Jesus te ama. Passamos um mês no Brasil neste verão contando às pessoas sobre Jesus." Judy parecia fascinada. Doug notou que havia vários novos "sinais de Jesus" no escritório e se perguntou o que estava acontecendo.

"Judy, há anos que a gente vem pescar aqui. Minha esposa e eu adoramos pescar no lago em nossos dias de folga. Temos orado por você e sua família enquanto estamos sentados na praia".

Suas palavras pareceram pegá-la de surpresa. "Espero vê-lo novamente na próxima vez que vier", disse Judy. Sua voz tinha um tom trêmulo, como se ela estivesse lutando contra as lágrimas.

Não tivemos um novo tempo de descanso antes de partirmos para a JOCUM dois anos depois. Muitas vezes, nos lembramos daquela época e ficávamos pensando o que poderia ter acontecido com Judy e sua família depois daquela tarde.

Após nossa temporada na JOCUM, moramos em New Hampshire até 1997. Então voltamos para a área de Pittsburgh. Em um de nossos dias de folga, tiramos um dia de descanso de volta às montanhas e ficamos felizes em ver a placa de *Five Pines* ainda na estrada. "Vamos ver se Judy ainda está aí!".

Quando entramos na propriedade, notamos que muitas coisas haviam mudado. Havia uma pousada no final da estrada. Novas cabines foram adicionadas e o chalé passou por uma reforma. Pescadores com seus filhos se alinhavam na margem do lago. Então isso ainda era uma atração.

A moça que nos recebeu na recepção foi simpática. "Olá, você vai acampar?". Doug devolveu o sorriso. "Costumávamos vir aqui há muitos anos, quando nos casamos. É ótimo ver como tudo ficou lindo depois de todo esse tempo. Judy ainda é a dona?

Ela pareceu surpresa por sabermos o nome de Judy. "Ah, sim, Marty e Judy. Eles te conhecem? Qual o seu nome? Eu vou ligar pra eles". Ela pegou o telefone. "Eles estão na casa deles no Quiet House Bed and Breakfast na estrada", disse a moça.

Eu podia ouvir Judy gritando do outro lado do telefone. "Doug Tunney! Diga a ele para ficar aí mesmo. Nós estamos indo". Nem um minuto depois, quando o caminhão parou em uma nuvem de poeira, Marty e Judy saltaram e, antes que percebêssemos, eles nos abraçaram.

"Graças a Deus por vocês!", eles exclamaram.

Por qual razão eles estavam agradecendo a Deus por nós era um mistério. Algo aconteceu em suas vidas que os deixou felizes e gratos.

"Por favor sentem-se. Temos uma história para lhes contar". Marty nos mostrou a área de estar. Judy começou a falar. "Quando você me disse que Jesus me amava e que você e Deb estavam orando por nossa família, senti lágrimas brotando de meu coração. Caí no chão na sala dos fundos e chorei por horas. Uma vez, quando eu estava bêbada, o inimigo me disse que eu nunca veria a face de Deus. Eu acreditava erroneamente nisso até você compartilhar comigo. Suas palavras foram uma mensagem de esperança de Deus para mim".

Marty também tinha algo para compartilhar. "Minha esposa estava no ponto mais baixo de sua vida. Aos trinta e sete anos, ela era infeliz. Ela estava sozinha, embora estivesse cercada de pessoas. Ela precisava de um salvador. Ela conheceu o Senhor naquele dia, e isso mudou sua vida. Então encontrei Jesus, e nossos filhos, pais, todos os nossos funcionários e suas famílias, e muitos amigos foram salvos".

"Você não pode imaginar," Judy interrompeu. "Muitas pessoas vieram ao Senhor e foram cheias do Espírito Santo. Começamos a batizar as pessoas em nossa piscina, e dedicamos nossa terra e nosso negócio a Jesus em março de 1978. Aos domingos, fechamos o acampamento e temos uma igreja nesta propriedade há vinte anos. Deus usou suas palavras para começar um mover nesta comunidade nas montanhas que mudou a vida de centenas de pessoas".

Deus usou nosso tempo no lago de pesca para pescar homens.

CAPÍTULO 23

INTERCESSÃO

Depois de ouvir Loren Cunningham ensinar sobre intercessão na Conferência Carismática em Pittsburgh, Doug compartilhou com o Time de Discipulado do Grupo de Poder. A intercessão era diferente de nossos momentos de oração em grupo. Esperar em Deus, estar com o coração limpo e ouvir a voz de Deus era um conceito revolucionário para nós.

Freqüentemente, as reuniões de oração consistiam em indivíduos trazendo uma lista de suas necessidades pessoais. Muitas vezes, o foco não estava em concordar com os outros, mas em esperar o momento em que você pudesse colocar as suas preocupações. Embora soubéssemos que Deus queria que levássemos nossas necessidades a Ele, houve momentos em que percebemos que não sabíamos como orar *(Romanos 8:26),* e o Espírito Santo nos guiou.

Naquela noite, nos dividimos em pequenos grupos e ouvimos a orientação de Deus durante nosso tempo de oração. Entramos no tempo de oração com ação de graças (Salmo 100) e pedimos ao Espírito Santo que nos mostrasse qualquer coisa que nos impedisse de ouvi-lo.

Depois de um tempo de espera, o grupo de Doug compartilhou o que havia recebido durante o momento de reflexão. Janet disse que via um grupo de pessoas em canoas remando para longe do perigo. Outra pessoa disse que o Lago Vitória veio em sua mente. Outra pessoa acrescentou: "Penso algo sobre a África". Nunca tínhamos ouvido falar do Lago Vitória, então fomos ao mapa-múndi para encontrá-lo. Era em Uganda.

Oramos pelas pessoas que estavam fugindo, pedindo a Deus que lhes concedesse um local seguro. Semanas depois, Janet leu um pequeno artigo no New York Times sobre um grupo de cristãos que fugia da perseguição de Idi Amin em Uganda. Eles estavam fugindo em pequenas canoas pelo lago Vitória em direção à Tanzânia.

Foi uma confirmação de que o Senhor havia guiado nosso tempo de oração. Adotamos essa forma de orar e ouvir os propósitos e planos de Deus em nossos momentos de intercessão.

CAPÍTULO 24

JESUS '79

Nossa igreja passou por dois eventos muito traumáticos: uma divisão da igreja e um pastor caído.

Então chegou o inverno - um inverno muito rigoroso. Nevasca após nevasca acumulava muita neve. Ouvimos falar que o hangar do Rich – líder dos anciões de nossa antiga igreja - desabou sob o peso da neve. Todos os aviões armazenados lá foram danificados. Foi uma grande perda financeira para ele. Nossas orações estariam com ele um ano antes. Teríamos feito de tudo para ajudá-lo.

Mas não desta vez. Sentimos algo como um senso de justiça e reivindicação. Ele não foi o responsável por destruir nossa igreja, descarrilar o avivamento e colocar a ambição acima da unidade? E olhamos para o outro lado. Não falamos isso, mas nossos corações não tinham tristeza por sua perda - sem orações, sem encorajamento e sem oferta de ajuda. Ele mereceu.

A vida continuou. Tiramos isso da nossa consciência e abraçamos o que estava por vir. Às vezes me pergunto quantos problemas empurramos para baixo do tapete e tentamos manter fora de nossas mentes, quando nos recusamos a reconciliar relacionamentos rompidos. O tempo não cura esses problemas; eles apodrecerão até que a reconciliação e a cura ocorram.

Estávamos nos preparando para iniciar nossa caminhada na JOCUM, e fomos para o *Jesus '79* em Mercer, Pensilvânia, com os jovens do Grupo de Poder. O evento estava lindo, e a adoração encheu o ar. Milhares de crentes estavam experimentando algo do céu na terra. Depois das lutas da igreja, encontrei ali um alívio revigorante.

Entrei em uma das tendas de reunião onde *Iverna Tompkins* estava falando. Ela abriu o livro de Obadias. "Os israelitas eram descendentes de Jacó. Os edomitas eram descendentes de Esaú. Centenas de anos depois dos conhecidos conflitos entre esses dois irmãos - e mesmo após a reconciliação pública cheia de lágrimas -, ainda havia uma grande divisão.

Os israelitas estavam em um vale, e Deus estava trazendo julgamento contra eles. Um exército os estava atacando e eles estavam fugindo para as colinas tentando escapar. Os edomitas também estavam nas encostas e poderiam ter vindo em seu auxílio. Mas, em vez de resgatar, eles se juntaram ao ataque e fecharam as passagens nas montanhas e as rotas de fuga. O ressentimento entre esses grupos ainda era profundo. Tão profundo que os edomitas se alegraram com o ataque do inimigo aos israelitas e, ao invés de ajudar seus irmãos, fizeram parte do ataque. Deus trouxe um julgamento pesado contra os edomitas. Se você não perdoar de coração, as reconciliações superficiais, mesmo com lágrimas, ficarão com você e envenenarão os outros, mesmo por gerações".

Lágrimas escorriam pelo meu rosto quando percebi que tinha feito a mesma coisa. Fiquei feliz quando meu amigo Rich estava passando por um momento tão difícil. Eu me senti justificada. Falei as palavras certas em público, mas meu coração ainda estava amargo e neguei qualquer amor e apoio. A história de Obadias era o meu coração.

Ajoelhei-me ao lado de minha cadeira na serragem e pedi a Deus que me perdoasse e me ajudasse a estender o perdão a Rich. A reunião acabou e eu saí da tenda em meio a 50 mil pessoas e quase esbarrei em

Rich e Alice. Não foi coincidência. Deus ouviu meu coração e preparou um encontro para a reconciliação.

Através das minhas lágrimas, falei com eles: "Por favor, me perdoem".

Houve perdão de ambos os lados e verdadeira restauração. Fiquei muito grata pela irmandade restaurada; Eu não sabia o quão significativo seria nas próximas semanas.

Partimos para a JOCUM em setembro, e nossa festa de despedida foi maravilhosa. Rich veio à nossa igreja e foi o mestre de cerimônias. Amigos de várias igrejas e muitos outros grupos vieram se despedir com seu amor e bênçãos. O Salmo 133 diz que Deus comanda sua bênção onde há unidade. Aquele encontro de amigos foi um dos momentos mais abençoados de nossas vidas. Depois de nossa Escola de Treinamento e Discipulado (ETED) em Concord, fomos direto para uma Escola de Evangelismo em Lausanne, Suíça. Ficamos muito gratos por termos consertado os relacionamentos e por estarmos com os nossos corações livres de amargura.

"Doug, ligue para casa, por favor. A situação é grave". Foi o que o líder da ETED nos disse ao final de uma palestra matinal. Doug olhou para mim quando desligou o telefone. Seu rosto estava sem cor, suas palavras trêmulas. "Rich morreu". Ele tinha 42 anos. Era jovem e saudável. Foi uma notícia chocante – e triste. Percebemos o quanto nossa reconciliação havia sido importante alguns meses antes.

Aprendi tantas lições sobre o perdão! Comprometo-me a nunca perder uma oportunidade de estender e receber perdão. Você não sabe como a vida vai acabar e pode perder o momento que Deus providenciou para restaurar relacionamentos.

PARTE TRÊS

Aventuras missionárias na JOCUM
Concord, New Hampshire
Lausanne, Suíça
Atenas, Grécia
Hurlach e Frankford, Alemanha
Amsterdam, Holanda

CAPÍTULO 25

DEIXANDO PARA TRÁS

Fizemos nossas malas para JOCUM Concord, New Hampshire, em setembro de 1979, sem planos de voltar para casa. Vendemos a maior parte de nossos pertences, exceto uma biblioteca de livros de estudo que foram embalados e enviados para JOCUM Lausanne, na Suíça.

Nossos cartões de oração missionários declaravam que nosso destino final seria o Sudão. Esperávamos chegar na África. Depois da Escola de Treinamento e Discipulado (ETED) na cidade de Concord, iríamos para Lausanne para uma Escola de Evangelismo de cinco meses.

Nas semanas que antecederam a nossa partida, pude ver os efeitos da nossa decisão pesando sobre a minha mãe, porque ela era muito próxima das nossas duas filhas, ainda pequenas. Como eu poderia seguir o chamado de Deus para nossas vidas se a obediência ao chamado prejudicava as pessoas mais próximas de mim?

Sempre há um custo em obedecer ao chamado de Deus para sua vida. Às vezes é na renúncia às coisas materiais, na segurança de ser conhecido e amado pelos amigos, ou no abandono dos seus sonhos e ambições para abraçar o sonho de Deus para a sua vida. Abandonar as coisas materiais foi fácil para mim. Abandonar minha reputação e a comunidade de amigos foi mais difícil. O custo mais desafiador para mim foi abrir mão do que os outros queriam para minha vida e lidar com com a dor que minha obediência lhes custou.

Entrei no Kroger Food Market em Elizabeth, Pensilvânia, e notei o carro dos meus pais no estacionamento. Era um modelo mais antigo do El Camino com uma pintura distinta. Eu sabia que era da minha mãe, mas fiquei surpresa porque ela nunca tinha feito compras naquela parte da cidade.

Então percebi que algo estava acontecendo na loja. Uma mulher desmaiou e estava no chão. Era minha mãe deitada ali, recebendo ajuda da equipe de emergência. Minha mãe mal conseguia juntar palavras para me contar o que havia acontecido. Sua fala estava arrastada. Ela se recusou a receber uma ambulância e concordou que a ajudássemos a chegar ao meu carro e depois à minha casa.

"O que aconteceu, mãe?".

"Não tenho certeza. Peguei alguns mantimentos e enquanto caminhava pela loja pude ouvir crianças brincando no corredor ao lado. Elas estavam rindo. Elas eram como as suas meninas. Então percebi que você partiria em breve e levaria elas para a Europa e África. A próxima coisa que percebi foi que estava no chão. As pessoas estavam tentando me ajudar. Eu olhei para cima e você estava aqui".

Levei essa experiência comigo quando partimos para JOCUM algumas semanas depois. Minha decisão de seguir a Deus teria não apenas um custo pessoal para mim, mas também um custo pessoal para aqueles que amei e que me amaram.

Minha mãe me dedicou ao Senhor quando eu era criança. Ela me viu crescer em minha fé. Depois de uma semana na Conferência Missionária de New Wilmington, Pensilvânia, quando eu tinha quatorze anos, algo novo nasceu em meu coração. Respondi a um convite para servir em missões e forneci minhas informações em um cartão. Nosso pastor local fez o acompanhamento e veio me visitar com um livro sobre missões e uma oração para que Deus guiasse minha vida. Minha mãe agora reconhecia que havia um novo desafio para ela: entregar não apenas a mim, mas também às nossas filhas aos propósitos de Deus.

CAPÍTULO 26

JOCUM CONCORD

Estávamos fazendo planos para levar nossa pequena família para se juntar à JOCUM. Nosso tempo na Capela da Aliança foi incrível e pudemos ver a mão de Deus. Enviamos muitos jovens do Grupo de Poder para serem treinados no ministério. Alguns foram para o trabalho de tradução da Bíblia da *Wycliffe*, outros para a organização *Cristo para as Nações*, e muitos também foram para a JOCUM em Concord, New Hampshire. Agora estávamos prontos para seguir em frente para uma vida missionária. Foi emocionante e contamos a todos sobre os nossos planos de ir ao Sudão e estabelecer um ministério de oração pelo mundo. Faríamos treinamento na Inglaterra, depois iríamos para Malta e, enfim, para o Sudão. Já tínhamos impressos cartões de oração com esta visão.

O primeiro passo com a JOCUM (Jovens com uma Missão) era fazer a Escola de Treinamento e Discipulado (ETED). Enviamos nossas solicitações de ETED para a Inglaterra e tivemos a certeza de que era o caminho certo. Esperamos pela nossa carta de aceitação e, com o passar do tempo, nos perguntamos por que não havia resposta. Poucas semanas antes do início da ETED, compramos nossas passagens de avião. Aí chegou a carta, mas não era a resposta que esperávamos. Houve uma greve postal na Inglaterra e nossa inscrição foi adiada. Não havia mais espaço para as famílias. "Desculpe e espero que tudo dê certo", foi a resposta que recebemos.

Havíamos renunciado aos nossos cargos como pastores de jovens. Havíamos dito a todos, pela fé, que estávamos a caminho da África via Inglaterra. Nossos planos atingiram uma parede de tijolos. Fomos presunçosos de novo? Ligamos para Nick Savoca, nosso amigo da JOCUM em Concord.

"A perda da Inglaterra é o ganho da Concord!", disse Nick. Ele nos encorajou a irmos para a JOCUM na cidade de Concord.

A maioria dos obreiros daquela base em *New Hampshire* eram jovens que discipulamos no Grupo de Poder. Os jovens que havíamos enviado em missão iriam nos guiar.

Esse desvio nos levou a um lugar de humildade e lições de liderança que somente Deus poderia ter planejado para nós.

Nas quatro décadas seguintes até agora, nunca pisamos na JOCUM Inglaterra ou encontramos um chamado no Sudão. Mas aprendemos como servir sob a liderança de líderes mais jovens e menos experientes. Abraçamos uma mudança de planos e desvios ordenados por Deus. Aprendemos a lidar com a opinião das pessoas sobre nossos erros de orientação. E hoje podemos ver como Deus nos preparou para esta experiência e nos chamou para termos as nossas raízes plantadas profundamente no solo da *Nova Inglaterra (região no nordeste dos Estados Unidos que abrange os estados de Maine, Vermont, Nova Hampshire, Massachusetts, Connecticut e Rhode Island)*, que ocuparia metade das nossas vidas.

Após a fase teórica de três meses da ETED em Concord, conseguimos uma licença especial dos líderes para fazer o nosso prático da ETED separado dos demais alunos. E seguimos para a Escola de Evangelismo em Lausanne, na Suíça, com duração com cinco meses.

CAPÍTULO 27

Parada obrigatória em *Fishkill*

Donna e Mark Britt, nossos amigos, nos buscaram na base da JOCUM em Concord, New Hampshire, no final da nossa fase teórica da ETED. Iríamos visitar nossa família e amigos em *Mon Valley, Pittsburgh,* Pensilvânia, antes de irmos para JOCUM na Suíça e para um evangelismo na Europa.

A viagem de doze horas na véspera de Natal foi repleta de conversas. Tínhamos muito para compartilhar sobre tudo o que tinha acontecido em nossas vidas naqueles últimos três meses. Nossas meninas, Rachel e Bethany, estavam dormindo. Doug e Mark cochilaram no banco de trás. Foi um cenário perfeito para conversar com Donna.

"Nossas vidas pertencem ao Senhor, cem por cento. Tudo o que temos é para a Sua Glória!". Eu proclamei.

"Certo, tudo!". Donna respondeu.

"Não nos importamos em ter coisas materiais", continuei. "Tudo vai queimar, de qualquer maneira".

"Você está tão certa", ela concordou novamente.

"Tudo, até coisas como este carro", acrescentei, embora não fosse meu carro. "É um bom carro, mas não nos importamos com carros!".

Antes que Donna tivesse a chance de concordar, ouvimos um barulho alto vindo do motor. Seu pé estava no acelerador, mas o carro perdeu toda a potência e ela saiu para o acostamento.

Mark e Doug levantaram o capô do carro. Em um minuto o diagnóstico pouco profissional foi simples. O motor estava morto. De repente, a minha proclamação de que não nos importamos com carros pareceu ignorar o nosso estado atual. O carro dos Britts não ia a lugar nenhum. Era véspera de Natal. Estávamos a seis horas de distância da nossa família e nenhum de nós tinha mais do que alguns dólares. As coisas materiais que acabei de dizer que não importavam, pareciam muito importante agora.

"Mãe, pai, onde estamos? Estamos quase na casa da vovó?", Rachel perguntou. Nossas meninas haviam acordado.

"Tudo vai ficar bem. Paramos para descansar", eu disse a elas sem saber se tudo realmente ficaria bem.

Fizemos o que naturalmente fazemos em uma crise. Oramos: "Senhor, ajuda-nos". E acrescentei: "Me perdoa por dizer que o carro não importava".

Havia uma cabine de telefone ao longo da estrada, com uma lista telefônica de sete centímetros de espessura das Páginas Amarelas. Era a lista telefônica da cidade de *Fishkill, no estado de Nova York*. Percorremos algumas ruas para pedir ajuda. Ring, ring, ring... As garagens não estavam abertas na hora do jantar da véspera de Natal.

A quem chamamos pedindo ajuda? Peguei a lista telefônica e comecei a ligar para as igrejas. Certamente alguém nos resgataria — uma família missionária perdida na véspera de Natal. Assim que eu dizia olá, eles desligavam o telefone. Aconteceu várias vezes. Aparentemente, as igrejas não estavam prontas para nos resgatar. Talvez eles pensassem que estávamos pregando uma peça neles.

"Continue tentando!", Doug me encorajou.

"Mãe, estamos com frio", acrescentaram as meninas.

Tentei outro número e desta vez houve resposta. "Olá, aqui é Mary, da Primeira Igreja Batista. Como posso ajudá-la?". Fiquei tão surpresa e agradecida que demorei um segundo para responder. Compartilhei nossa história e ela disse: "Vamos buscá-los imediatamente. Teremos um jantar especial na igreja e uma reunião esta noite. Então, vocês se juntarão a nós".

Eles nos chamavam de viajantes de Natal. Um membro da igreja tinha uma locadora de automóveis e nos entregou as chaves de um carro. Depois de uma deliciosa refeição, a igreja orou por nós e nos mandou embora com uma oferta de gasolina. Eles garantiriam que o carro dos Britts fosse rebocado e consertado. Fomos resgatados novamente; foi um lembrete de que Deus estava cuidando de nós e sempre cuidaria.

CAPÍTULO 28

LAUSANNE

Nossos três meses na ETED terminaram e embarcamos em um avião para a Suíça. Nossa nova casa pelos três meses seguintes foi a base da JOCUM Lausanne, que antes era um hotel. O cenário era lindo, com os majestosos Alpes Suíços ao longe e uma floresta de pinheiros ao redor da propriedade. Nossa turma tinha trinta pessoas procedentes de nove nações. Naquele momento, eu estava experimentando a tristeza pelo que deixamos para trás e a incerteza do que estava por vir.

Todas as tardes, Doug cuidava das nossas meninas e eu me retirava para um lugar tranquilo no porão do antigo hotel. Havia uma sauna. Uma porta trancada proporcionou um lugar tranquilo para eu pensar, orar, e para chorar. Todos os dias, eu fazia todas as três coisas. "Ajude-me a desapegar de tudo para seguir em frente e confiar em você". Essa era a oração que eu fazia todos os dias.

A resposta de Deus veio através da Bíblia.

> *"Ouça, filha, e preste muita atenção: esqueça o seu povo e a casa do seu pai. Deixe o rei ficar encantado com sua beleza; honre-o, pois ele é o seu senhor".*
> *(Salmo 45:10–11, NVI)*

Eu sabia que Deus estava comigo naquela sauna escondida. Esqueça o que ficou para trás: seu próprio povo e a casa de seu pai. Deus quer ser o seu foco e o Senhor do seu coração.

Naquela noite, nossa palestrante foi Reona Peterson Joly. A história do seu chamado para a Albânia foi incrível. "Amanhã você morre!", foi sua mensagem de testemunho. Então ela disse: "Quero contar a vocês sobre o chamado de Deus para que eu deixasse minha família e minha vida na Nova Zelândia. Ele falou comigo no Salmo 45:10–11".

Seu testemunho encorajou os outros estudantes. Fiquei surpresa ao vê-la compartilhar exatamente os versículos do Salmo 45 que eu havia lido na sauna poucas horas antes. Deus estava falando ao meu coração. Claro que não era coincidência. Foi também uma batalha pelo meu coração.

Enquanto me dirigia para a sauna na tarde seguinte, tinha aquelas palavras do Salmo 45 passando pela minha mente. Trouxe comigo minha Bíblia e um livro chamado *Aqueles que O amam*, de Basilea Schlink.

Naquele dia, quando fechei a porta da sauna atrás de mim, pensei no Salmo 45 do dia anterior. Peguei o livro que havia trazido e abri um novo capítulo usando o marcador que havia deixado. Ali, na página seguinte estavam estes versículos, em itálico.

"Ouve, ó filha, e considera, e inclina o teu ouvido; esqueça também o seu próprio povo e a casa de seu pai..." (Salmo 45)

Deus estava falando comigo. Percebi que Jesus também teve que abraçar a vontade do Seu Pai, e isto teve um custo. Na cruz, aqueles que eram mais queridos para Ele estavam lá. Sua mãe, Maria, João e outras mulheres que eram Suas seguidoras estavam lá. Eles estavam experimentando todo o impacto de Sua obediência.

Minha obediência ao chamado de Deus em minha vida teria consequências. Os movimentos da minha vida afetariam outras pessoas, e algumas sofreriam por causa disso. Não havia como voltar.

O Senhor me pediu para deixar tudo para trás e seguir em frente para que eu pudesse abraçar o que estava por vir.

A que eu estava me agarrando: conforto, reputação, medo e entes queridos? Embora fosse muito claro o que Deus estava me dizendo, não era tão claro de que forma responder.

Vários dias depois, minha amiga holandesa Pauline estava me visitando em nosso apartamento. Nossa moradia ficava ao lado da base da JOCUM Lausanne. Pauline também era estudante da Escola de Evangelismo. O que me atraiu nela foi seu amor pelo Senhor.

"Deb, do que se trata esta foto?". Ela estava se referindo a uma foto emoldurada da nossa irmandade de jovens do Grupo de Poder do nosso ministério anterior.

Ela me perguntou: "Por que isso está na sua mesa de cabeceira?".

Minha resposta só a deixou mais curiosa. "Não foi isso que Deus pediu que você entregasse para segui-Lo?", ela perguntou. Eu balancei a cabeça positivamente.

"Talvez não seja uma ideia sábia lembrar-se diariamente dos sucessos passados e, ao mesmo tempo, pedir a Deus que direcione seu coração para o que está por vir!". Ela me desafiou.

Quando guardei a fotografia na bagagem, percebi que era um pequeno passo de obediência para abraçar um relacionamento ainda mais profundo com o Senhor.

CAPÍTULO 29

FORÇA E FRAQUEZA

"Bom dia. Quero convidá-lo a viver tudo para o Senhor", compartilhou o palestrante. "Decidi passar meu tempo de aula falando sobre meus fracassos", ele disse.

A sala estava em silêncio. Nas horas seguintes, ouvimos falar de erros, pecados, fracassos, decepções, da graça de Deus e muito mais. Para mim, essa foi uma das palestras mais tocantes durante nosso treinamento missionário em Lausanne, na Suíça.

Aprendi que pessoas boas lutam. As pessoas que são chamadas por Deus devem lidar com os seus próprios limites e falhas humanas. As pessoas amadas por Deus enfrentam a realidade de que nem todos as amarão. Seguidores inconfundíveis de Jesus carregam a marca da perseverança e do quebrantamento como parte de suas qualificações para um serviço maior. Durante os momentos de luta em nossas vidas, muitas vezes voltei a esse momento e encontrei encorajamento no fato de não estarmos sozinhos.

CAPÍTULO 30

NO CAMINHO PARA ATENAS

Nosso tempo na Escola de Evangelismo em Lausanne passou muito rápido. Logo estávamos viajando pela Europa em um ônibus Mercedes com o pessoal da escola e outros estudantes e, também, com um trailer cheio de bagagem atrás de nós. Os alunos ocupavam todos os assentos do ônibus, sem espaço para esticar as pernas. As pessoas se deitavam nos corredores para dormir um pouco.

Após algumas horas de viagem, avistamos os belos Alpes à frente. A estrada tinha uma inclinação diferente que exigia mais do motor do nosso ônibus, cheio de missionários e de um trailer, para conseguir passar pela estrada nas montanhas. A neve linda e pesada caiu. Rapidamente, a estrada ficou coberta de neve e apenas se via um conjunto de marcas de pneus à nossa frente.

Alguém nos disse que o motorista do nosso ônibus, Russ, era experiente. Fiquei imaginando quão experiente ele poderia ser aos 21 anos de idade. Minha fé tinha que estar na proteção do Senhor e não nas qualificações do motorista. Caixas de Bíblias e literatura cristã enchiam os porões do ônibus, o que aumentava o peso.

Ao fazermos uma curva na estrada, dava para sentir os pneus escorregando. Mais à frente, um caminhão havia parado de lado, quase bloqueando toda a estrada. A maioria de nós estava cochilando. As conversas se transformaram em alguns sussurros.

Russ mudou de marcha para obter mais tração. Apesar dos pneus girarem para nos levar para frente, vi que estávamos escorregando para trás. Meu coração começou a bater forte e olhei em volta para ver como poderíamos sair antes de deslizarmos pela beira da montanha. As pessoas dormiam nos corredores. Estávamos a quinze fileiras da porta de saída.

"Estamos deslizando! Russ!!!". Ele não respondeu aos gritos, mas acionou o freio de mão, agarrou os calços das rodas e saltou do ônibus. Eu pude vê-lo deslizando, mas ele conseguiu prender os pneus em ambos os lados. O ônibus parou. Eu não conseguia imaginar que esses calços fossem suficientes para segurar o ônibus, mas foram. Por fim, a estrada à frente foi liberada e continuamos para a Atenas.

Me lembro que começamos o nosso trabalho de evangelismo com uma rápida oração por proteção, e fiz essa oraçao dezenas de vezes durante toda essa nossa jornada para a Grécia.

O ano era 1980 e a Iugoslávia era um país comunista com muitos territórios eslavos. A nação entrou em colapso em 2003. Nossa viagem passaria pelo interior. Muitos estudantes internacionais expressaram preocupações e exigiram que atravessássemos as fronteiras. Tínhamos dois sul-africanos, Villy e Villica, e eles estavam assustados porque os países comunistas se opunham à nação deles.

Antes de chegarmos à fronteira, os nossos líderes avisaram-nos para não dizer nada quando os guardas subissem a bordo. "Entregue seus passaportes e todos os documentos que eles pedirem. Deixe os líderes responderem às perguntas. Seja educado. Ore! Não diga nada!".

Soldados armados nos pararam no cruzamento e um guarda entrou no ônibus. Ele pediu a cada um de nós que lhe entregasse nossos passaportes. Ele nos olhou e passou para a próxima pessoa. Não houve sorrisos. Eu podia ouvir meu coração batendo no silêncio. Ele pegou a pilha de passaportes para processamento. Cada um precisaria de um carimbo de validação.

Depois de trinta minutos, ele voltou com a mesma expressão severa e entrou no ônibus. Ele entregou os passaportes a Russ. Ele guardou os documentos de Villy e Villica e anunciou: "Seu grupo pode entrar no país, exceto esses dois. Eles devem sair!".

Russ respondeu: "Nosso grupo é de nove nações. Nós somos um time. Não vamos deixar ninguém para trás." O guarda foi embora e não íamos a lugar nenhum. Uma hora se passou e, depois de mais de uma hora, o guarda voltou com os dois passaportes. A outra mão se estendeu como se pedisse dinheiro. Russ colocou algumas notas na mão do guarda. Ele jogou os passaportes no chão do ônibus e fez sinal para que passássemos pelo portão.

Villy e Villica conseguiram seus passaportes, mas quando olharam para dentro não havia carimbo. Eles estavam agora em um país comunista sem provas de que poderiam ter entrado legalmente. Em poucos dias teríamos que sair por outra fronteira sem documentos. Eles seriam presos?

Durante a viagem pela Iugoslávia nós oramos. Quando estávamos a 800 metros do Posto de Controle de saída, paramos na estrada. Era a única saída. Percebemos o quão grave poderia ser e não tínhamos nenhum plano caso a polícia de fronteira nos parasse.

"Drip! pim! ping! plim! plic!".....Gotas de chuva começaram a atingir o para-brisa com intensidade crescente. Trovões e relâmpagos encheram o ar.

O céu estava limpo há um minuto e agora caía uma chuva torrencial; e a chuva vinha em torrentes laterais. Mal conseguíamos ver um palmo à nossa frente quando paramos na guarita do Posto de Controle.

Ninguém pronunciou uma palavra. A tempestade era o único barulho que ecoava pelo ônibus e preenchia nossos pensamentos. Esperamos pelo guarda. Ninguém saiu. Um soldado colocou a mão para fora da janela e fez sinal para que passássemos. Sem perguntas. Nada verificado. Tão repentinamente como a chuva começou, parou do outro lado da fronteira.

Sabíamos que o Senhor havia preparado um caminho. Ninguém poderia duvidar que Deus tinha um plano para a nossa equipe chegar a Atenas.

CAPÍTULO 31

ATENAS

Nosso ônibus parou no Camping *Varkiza*, em Atenas. Foi a primeira parada para evangelismo. Parte da equipe iria para as Olimpíadas de 1980 na Rússia. Uma equipe menor permaneceu em Atenas pelos três meses seguintes. Já tinham passado várias semanas desde que saímos de Lausanne, na Suíça, com os obreiros e alunos da Escola de Evangelismo.

A Grécia tem um litoral lindo e nosso pitoresco acampamento ficava às margens do Mar Mediterrâneo. Descarregamos nossa bagagem e pegamos uma barraca. Levei minhas filhas Rachel e Bethany para um passeio na beira da água enquanto Doug montava nossa casa de lona de três cômodos. O mar estava cristalino. Podíamos ver pequenos peixes tropicais nadando ao longo da costa.

Os próximos meses seriam desafiadores. Deixar nossa casa no oeste do estado da Pensilvânia foi um passo de fé para nós. Originalmente nossa família tinha imigrado da Europa e se estabelecido em *Mon Valley,* região de Pittsburgh, Pensilvânia. Tínhamos raízes profundas naquele lugar. Morei lá desde a pré-escola até a faculdade. Também durante o primeiro cargo ministerial que Doug e eu tivemos na Capela da Aliança foi em *Mon Valley.* Isso tinha proporcionado um sentimento de pertencimento; ter amigos e fazer parte de uma comunidade. Agora, no entanto, fazíamos parte de uma grande equipe representando várias nações, vivendo numa tenda na costa do Mar Mediterrâneo. Eu adormecia todas as noites lutando contra a solidão, longe de tudo que conhecia.

Não havia telefones, exceto no escritório do acampamento. Poderíamos fazer ligações para nossos entes queridos, mas a um custo alto para um missionário. Depois de fazer seu pedido para uma ligação, você esperava. Às vezes, a espera durava mais de uma hora enquanto operadoras estrangeiras conectavam você através do Atlântico.

Nossa comida foi preparada e servida em estilo comunitário enquanto os jocumeiros faziam fila do lado de fora. Eu tinha um balde de plástico com uma tigela e levava nossas refeições "para casa", ou seja, para nossa barraca. Tínhamos dois quartos pequenos para dormir e uma área de estar com janela de plástico para ver o mundo exterior.

Foi um desafio fazer daquele lugar um lar para nossa família. Nosso dinheiro havia diminuído para apenas alguns dólares. Tínhamos uma lâmpada de 15 watts em nossa barraca. À noite, eu colocava as meninas na cama e escrevia cartas para casa sob a luz fraca. Minha saudade de casa era profunda. Lutei para encontrar minha identidade fora do ministério de *Mon Valley*. A cada dia me sentia mais desconhecida e inútil.

Doug sempre foi engenhoso e não demorou muito para perceber que precisávamos transformar nossa barraca em uma casa de verdade. Certa manhã, ele voltou da praia com pedaços de caixotes quebrados nos braços e um sorriso no rosto. Ele fez uma mesa e quatro cadeiras com essas tábuas e arames descartados. Fomos ao mercado e compramos uma toalha de mesa vermelha e branca que deu um toque final à nossa nova sala de jantar. Todos os dias eu caminhava pela colina com as meninas e colhia flores silvestres para a nossa mesa. Agora eu tinha um lugar para chamar de lar, um espaço para convidar amigos para uma refeição e confraternização.

Doug juntou-se à equipe de evangelismo e dirigiu-se para a área de pesca chamada *Piraeus*. Foi um momento único na Grécia. Don

Stephens, um dos nossos líderes internacionais, foi detido por compartilhar o Evangelho. Mais tarde, ele teria que responder por suas ações na Justiça com possibilidade de pena de prisão.

Piraeus era um porto marítimo repleto de marinheiros. Era ponto de desembarque de africanos que trabalhavam em navios e cujos contratos terminavam quando chegavam a Atenas.

A lei grega limitava a oportunidade dos marinheiros estrangeiros conseguirem emprego depois de terminarem o seu período de serviço. Noventa por cento dos novos contratados tinham de ser gregos, por isso milhares de marinheiros internacionais ficavam retidos lá.

Doug e a equipe da JOCUM embarcavam em nosso ônibus e iam para o porto à noite. Eles compartilhavam o Evangelho e convidavam os marinheiros para um momento de comunhão e ensino que acontecia dentro do ônibus, e ficava lotado todas as noites. Lord Adams, da Gâmbia, juntava-se aos marinheiros todas as noites.

Os marinheiros estavam vindo para o Senhor! Esses foram os primeiros frutos do nosso ministério em Atenas. Foi uma resposta às nossas orações. Todos estavam felizes. Tudo parecia bem até que soubemos que os novos crentes estavam vivendo uma vida muito comprometida. Os tempos foram difíceis para todos eles. Todas as noites, os marinheiros juntavam todo o dinheiro que tinham e um deles alugava um quarto. Então, dez a quinze outras pessoas entravam sorrateiramente e dormiam lá.

Os empregos eram escassos. O contratante sempre esperava receber suborno para conseguir um emprego no navio para os marinheiros. Ninguém tinha a expectativa de conseguir um emprego sem suborno. Quando um marinheiro era chamado para uma entrevista, os outros juntavam os seus fundos para ajudá-lo a pagar o suborno.

Foi um momento difícil quando Doug teve que explicar-lhes que seguir a Cristo significa obediência e confiança em Deus, em vez de confiança nos seus meios. "Seguir Jesus significa obedecer aos Seus mandamentos. Significa honestidade e deixar de lado o engano e a mentira. Quando sua confiança está em Deus, você não pode transgredir", disse.

O ônibus ficou em silêncio. Um por um, os marinheiros se levantaram e saíram. Foi uma espécie de "desistência da nova fé" em massa. Ninguém ficou no ônibus, exceto os jocumeiros.

Nossa equipe encerrou a noite sem pronunciar uma palavra. "Talvez devêssemos ter evitado esse assunto, Doug". No entanto, todos sabiam que um verdadeiro discípulo tinha que abraçar a cruz e confiar em Deus em todas as áreas das suas vidas. Seguir Jesus também significava viver com integridade e ser confiável.

Nos dias seguintes, a equipe ficava sentada no ônibus, esperando a chegada dos marinheiros, mas ninguém aparecia. Nossas escolhas, sejam quais forem, influenciam o nosso futuro, moldam o caminho para o nosso destino.

Depois de uma semana, os homens voltaram. Eles estavam sorrindo e era como se tudo estivesse bem novamente. "Por favor, não vamos falar sobre subornos ou mentiras. Vamos apenas falar sobre a Bíblia". Mas Doug e a equipe sabiam que seria um momento decisivo para aqueles homens. Eles foram lembrados de que suas vidas devem mudar à medida que seguem a Cristo.

O silêncio desconfortável havia retornado. Doug notou que Isaac tinha alcatrão nas roupas. Ele levantou e disse para todos ouvirem: "Tenho marcas de alcatrão do lugar onde dormi ontem à noite. Não vou mais mentir sobre pagar por um quarto. Eu dormi no cais. Não deixarei o medo governar minha vida e não pagarei mais suborno. Decidi seguir Jesus".

Os outros se entreolharam, chocados ao ouvir aquelas palavras. Houve um murmúrio entre eles. Todos pensaram que a proclamação irracional de fé iria condená-lo. Ele desafiou os outros marinheiros a se juntarem a ele. Agora ele havia feito de Cristo não apenas seu Salvador, mas o Senhor de sua vida.

Ninguém se juntou a ele.

"Você ouviu as notícias? Isaac tem uma entrevista de emprego amanhã!", um marinheiro gritou quando nosso ônibus chegou no dia seguinte. Todos sabiam que o entrevistador esperaria um suborno. Suas palavras de fé seriam testadas. Nossa equipe orou. Tenho certeza de que os outros marinheiros se questionaram.

Ele chegou para a entrevista com uma oração desesperada. Seria possível confiar em Deus? Ele continuaria a seguir Jesus se lhe negassem uma posição? Ele voltaria?

Quando ele se sentou, surgiram perguntas familiares sobre experiência e disponibilidade. Depois houve a pergunta esperada. "Quanto você deseja esse trabalho? O que você está disposto a dar para garanti-lo?".

Ele sentou-se em silêncio. Formando suas palavras, orando silenciosamente, ele respondeu: "Eu decidi seguir Jesus e acredito que Deus me chamou para ser um homem honesto, fiel às minhas palavras, e não posso pagar suborno por este trabalho".

O silêncio foi estranho e longo. Então, na mais surpreendente reviravolta dos acontecimentos, o entrevistador respondeu: "Você está contratado. No meu negócio, muitos homens começam o seu serviço nesses navios de forma desonesta. Os subornos fazem parte de suas vidas. Vejo que você é um homem honesto e seria uma parte valiosa de nossa tripulação".

Naquela noite, no ônibus, os outros esperaram para ouvir seu relatório. Tirou do bolso um pedaço de papel cuidadosamente dobrado, um contrato para um trabalho num navio. "Consegui um emprego, confiei em Jesus e não paguei suborno". Este foi um momento maravilhoso. Foi um avanço que mudaria todas as suas vidas.

Vencemos pelo sangue do cordeiro e pela palavra do nosso testemunho
(Apocalipse 12:11)

Isaac agora era um vencedor com um novo emprego e uma história poderosa sobre a fidelidade de Deus.

Depois, outra surpresa: outro marinheiro levantou-se. "Eu decidi seguir Jesus". Então outro. A alegria tomou conta de todos nós! A salvação chegou àqueles homens incríveis, que agora confiavam em Jesus como Salvador e Senhor de suas vidas.

Nos meses seguintes, um por um, ouviríamos falar deles conseguindo empregos sem subornos. Eles se tornaram conhecidos como os cristãos em quem se podia confiar. Lord Adams foi um deles.

CAPÍTULO 32

CONFLITO EM ATENAS

Enquanto Doug passava as noites com os marinheiros no Porto de *Piraeus*, minhas meninas e eu tínhamos nossa rotina noturna: orações para encerrar o dia e uma conversa sobre as bênçãos de cada dia. Contar as bênçãos ajudou a manter nossos corações focados e agradecidos.

A adaptação ao acampamento foi difícil. O sol nos atingia durante o dia até finalmente encontrarmos um lugar com sombra. Nossas filhas descansavam e tiravam uma soneca nas bancadas de granito da área de serviço. As meninas achavam difícil se acomodar no acampamento barulhento. As tarefas normais eram desafiadoras. Nossas roupas estavam mais escurecidas com a sujeira vermelha do acampamento. Lavávamos nossas roupas na pequena pia de sete centímetros de profundidade do banheiro. Lavava nossas roupas em um balde o melhor que podia e pendurava em um varal. Pessoas desconhecidas andavam pelo acampamento e muitas vezes nossas roupas eram roubadas enquanto estavam penduradas para secar.

Nossas refeições eram preparadas para toda a equipe em uma barraca de cozinha. Na maioria dos dias eram refeições simples. Muitas vezes era sopa de vegetais da culinária local. Depois de um mês, nossa equipe tinha cerca de trinta pessoas. A maioria dos jocumeiros partiram com destino a Rússia para o evangelismo olímpico. Laura era nossa cozinheira. Ela era nativa do Caribe.

Desde que saí de casa em setembro, eu não tinha recebido nenhuma tarefa de responsabilidade espiritual. Meu foco era cuidar da minha pequena família. Russ, nosso líder de equipe, me pediu para liderar um pequeno grupo de intercessão. Esta foi uma oportunidade bem-vinda de orar com aquelas cinco mulheres do acampamento e fiquei feliz por ter algo para fazer.

Laura estava no meu grupo. Começamos nosso momento de oração e notei que Laura parecia agitada, irritada por estar conosco e estava deixando claro que não iria cooperar.

"Laura, está tudo bem?", eu perguntei a ela.

"Não, não está tudo bem", ela respondeu. "Por que eu tenho que estar aqui? Você é americana e não tenho respeito pelos americanos. Você não sabe nada sobre seguir a Deus. Você não tem fé".

Fiquei muito surpresa com a reação dela. Ela não me conhecia e estava me julgando duramente. Todos os dias nos reuníamos para orar. Todos os dias ela vinha, mas ela nos ignorava o tempo todo.

Nossas refeições eram preparadas e servidas na tenda da cozinha. Todos os dias, eu esperava na fila com meu balde vermelho para coletar comida para nossa família. Estava muito grata pela mesa de jantar e pelas cadeiras que Doug havia feito. Naquela noite, Laura olhou em minha direção e me encarou diretamente. Olhei para baixo para evitar um comentário negativo e ela falou rispidamente: "Não acredito que eu tenho que estar no seu grupo". Engoli em seco. "E, a propósito, suas filhas são terríveis, muito barulhentas e desagradáveis".

Eu não poderia lidar com isso. Era muito para mim. Olhei para o outro lado e estava determinada a nunca mais falar com ela. Minhas filhinhas, Rachel e Bethany (cinco e três anos), eram muito preciosas. Elas nunca reclamavam. Não foi fácil para elas ficarem longe da família e dos amigos. Os poucos brinquedos que trouxeram nas pequenas mochilas estavam quebrados ou desgastados. O calor do verão dificultava até mesmo que elas saíssem para brincar. Elas não sabiam que aquela seria a viagem da vida delas, mas estavam lidando muito bem com tudo.

As palavras de Laura me machucaram. Eu poderia suportar os insultos que ela me lançava durante o momento de oração, mas ela estava insultando minha família, minhas filhas. Eu esperava que elas nunca ouvissem tais palavras de um adulto, especialmente de alguém no ministério.

Nunca mais falei com ela. Meu coração queimou de amargura e eu a ignorei tanto quanto possível. Um dia entrei na tenda da cozinha, sem perceber que ela estava lá.

"Ah, oi", eu disse, tentando ser amigável, "vejo que você está preparando o jantar".

"Nunca mais fale comigo", ela respondeu. "Eu não gosto de você. Eu não gosto da sua família. Eu não quero que você entre nesta tenda, nunca." A reação dela me chocou.

Eu contive a dor daquelas palavras por semanas, mas cheguei no limite. A frustração transbordou e gritei de volta: "Você nunca deve dizer coisas sobre minha família". Ela gritou mais alto e eu retribuí. Nosso conflito ecoava pelo acampamento.

Um dos rapazes da JOCUM olhou na tenda para nos acalmar. "Senhoras, devemos ser testemunhas aqui". Não demos ouvidos a ele. Fiquei chocada com a raiva que senti e agarrei os ombros de Laura, olhei diretamente em seus olhos e terminei o conflito dizendo em tom ameaçador que ela nunca mais deveria falar com minhas filhas.

Nunca mais nos falamos durante toda a viagem de volta à Suíça. Ela foi para a Holanda. Meu marido e eu planejávamos voltar a Atenas para embarcar no Anastasis, o navio da JOCUM. Mudamos nossos planos quando o navio foi levado para doca seca (recinto cavado à beira de um braço de água de forma a receber uma ou mais embarcações em simultâneo para vistorias, fabrico, limpeza ou construção) e não podia mais abrigar famílias. Uma porta se abriu para sermos voluntários em Amsterdã.

A última coisa que eu queria era acabar na Holanda e ver Laura novamente. Uma das primeiras coisas que fiz ao chegar em Amsterdã foi perguntar se alguém conhecia Laura. Perguntei se ela morava na cidade. Percebendo minha preocupação, a equipe me garantiu que ela morava na zona rural de *Heidebeek*. Fiquei aliviada.

As semans passaram e foi anunciado que todos os jocumeiros iriam para *Heidebeek* para um momento especial de comunhão. Isso incluía Doug, nossas meninas e eu. E claro, isso incluía Laura.

A visita a *Heidebeek* foi ótima. Centenas de missionários de todas as bases da Holanda estavam lá. Foi uma espécie de confraternização de volta ao lar, com música e comida deliciosa, mas, felizmente, sem Laura. Examinei a sala de reuniões várias vezes ao longo do dia, temendo que ela aparecesse. Alguém mencionou que Laura não estava se sentindo bem e não estaria na reunião. Essa foi a melhor notícia para mim. Eu temia encontrá-la novamente. Vários meses tinham se passado desde o nosso encontro na tenda da cozinha e eu ainda me sentia culpada pela minha reação.

Quando a noite estava terminando avistei Laura. Os velhos sentimentos voltaram dentro de mim. Suas palavras começaram a passar pela minha mente. Ela parecia especialmente à vontade e cumprimentava as pessoas enquanto caminhava pelo corredor.

Planejei sair antes que ela pudesse me notar, mas então me veio o pensamento: você deve perdoar e deve pedir perdão. Eu já tinha aprendido essa lição antes, mas desta vez foi diferente. Não foi minha batalha, mas foi sobre a forma injusta como ela tratou minha família.

Com hesitação, caminhei até ela. Ela estava saindo e eu apenas disse: "Sinto muito, sinto muito mesmo". Lágrimas escorreram pelo meu rosto e pude ver que ela também estava chorando.

"Eu também sinto muito", disse ela chorando. "Não sei por que fui tão cruel com você e sua família. Por favor, me perdoe".

Eu tinha certeza de que parte do motivo pelo qual Deus nos enviou de volta à Amsterdã foi para nos reconciliarmos com Laura. Os relacionamentos estão sempre em primeiro lugar no coração de Deus. Aprendi um pouco da história de Laura e entendi a dor que pode tê-la influenciado a me tratar daquela maneira. O perdão e a graça são prioridades no coração de Deus.

CAPÍTULO 33

BONECAS

"Vocês estão levando seus filhos para o campo missionário?".

As pessoas nos fizeram essa pergunta muitas vezes. E na maioria dos casos era uma pergunta com uma mensagem subliminar: essa pode não ser a melhor ideia. Nunca paramos para pensar se era uma ideia segura quando Deus nos levou a deixar a nossa vida no oeste da Pensilvânia para abraçar o nosso chamado como missionários. Éramos uma família com uma missão e os nossos filhos eram uma parte vital de tudo o que fazíamos.

Em Setembro de 1979, demos um passo ousado e deixamos a nossa família, amigos e o ministério para abraçar uma nova direção em missões. Nossa primeira parada foi em JOCUM Concord, depois na Europa.

Reduzir as nossas vidas para quatro malas e quatro mochilas foi um desafio. Nossas filhas, Rachel e Bethany, tinham cinco e três anos. A discussão sobre o que desejavam levar era quase impossível.

"Cada uma de vocês tem uma mochila especial que escolheu para esta viagem, meninas. Olhe suas coisas. Decidam quais livros e brinquedos vocês gostariam de levar com vocês".

Naquela idade, elas não conseguiam imaginar como seria a vida no campo missionário. Uma casa com quintal e quarto próprio cheio de roupas, livros e brinquedos era normal. Quando embarcamos no jato Continental para a Suíça, suas mochilas estavam tão cheias quanto os zíperes permitiam. Elas tinham livros, bonecas e outras coisas especiais que as ajudavam a lembrar de casa.

Depois de três meses em Lausanne, iniciamos nossa viagem de ônibus para Atenas. A maioria dos brinquedos e livros já estavam usados. Algumas coisas foram perdidas e suas bonecas estavam em péssimo estado. O Mar Mediterrâneo em Atenas era um lugar lindo. As meninas adoravam brincar na água da orla. Nossa barraca tinha três cômodos, e elas guardavam suas coisas no espaço que chamavam de "esconderijo". No entanto, depois de algumas semanas elas reclamaram que queriam brinquedos novos.

Agradecia a Deus diariamente por todas as maneiras pelas quais nossa família estava sendo abençoada. Nosso copo estava mais da metade cheio, mas nossas filhas estavam bem conscientes da parte vazia.

Nossas meninas desenvolveram um coração voltado para a oração e cuidado das crianças refugiadas. Elas ouviram Deus falar com elas durante a intercessão com outras crianças. Certa vez, na base de Concord,

elas oraram pelas crianças dos campos de refugiados que se machucavam ao cair dos beliches. Mais tarde, soubemos que os campos tinham camas empilhadas em cinco alturas e que era um grave perigo para as crianças, pois podiam cair. As meninas ouviram o Senhor e Ele respondeu especificamente às suas orações.

Elas cresceram de muitas maneiras, vivenciando outras culturas, aprendendo sobre pessoas que falavam línguas diferentes e desfrutando de novas comidas. Tudo isso era bênção e eu estava grata.

No entanto, o que mais preenchia suas mentes era conseguir brinquedos novos. Então oramos por novos brinquedos. Doug e eu não tínhamos fundos extras para comprá-los e dependíamos da provisão de Deus.

Ouvir as orações simples e confiantes das minhas meninas aqueceu meu coração e também me assustou. E se, depois dos seus pedidos mais sinceros, as suas orações não fossem respondidas? Eu não tinha como ajudar Deus nisso. Aliás, deveríamos viver nossas vidas sem tentar "ajudar" Deus, pois Ele não precisa da nossa ajuda para responder às orações que fazemos. Mas eu as apoiei com minhas próprias orações.

Passamos os nossos dias em Atenas e realizamos reuniões domiciliares onde os cristãos podiam convidar os não-crentes para uma refeição em suas casas e compartilhar sobre Jesus. Evie foi uma das nossas anfitriãs. Pegamos o ônibus do nosso acampamento para a cidade. Fizemos uma longa caminhada do ponto de ônibus até a casa dela, mas valeu a pena. Sua casa estava cheia de hospitalidade, comida abundante e amigos. Muitas pessoas vieram a Jesus enquanto partilhávamos o Evangelho em sua sala de estar. A filha de Evie tinha cinco anos e minhas filhas brincavam com ela, embora ela não falasse inglês e minhas meninas não falassem grego. A amizade transcende a linguagem se você conduzir com seu coração.

Depois de uma ótima noite de comunhão, saímos para caminhar até o ônibus. Então ouvimos Evie nos chamar com um grito alto. "Espere! Eu tenho algo para suas meninas!".

Minhas filhas se viraram com entusiasmo e expectativa como se fosse manhã de Natal ao ver Evie correndo atrás de nós carregando um presente. Elas abriram o pacote juntas. Era uma linda boneca. O sorriso delas era largo. Enquanto caminhávamos elas duas seguravam uma parte da boneca.

De volta ao acampamento, percebi que uma boneca para duas meninas era uma receita para muitos conflitos, e então pedi que orassem. "Perguntem a Deus quem deveria ficar com esta boneca e vamos pedir-lhe que providencie outra". Rachel e Bethany entraram na tenda e, depois de alguns minutos, voltaram com a resposta. Esta boneca pertenceria a Rachel. Rachel estava sorrindo e Bethany estava soluçando. Oramos por outra boneca.

Poucos dias depois, estávamos em outro evangelismo domiciliar. No final da noite, Esther, uma de nossas novas amigas, nos disse: "Por favor, esperem; Tenho algo para suas filhas. Desta vez, a expectativa foi muito mais profunda por causa da sua luta e obediência. Ela entregou outra boneca para Bethany.

A história da boneca será contada para mostrar o amor de Deus por nossa família e Sua provisão. E, também, mostrar a incrível capacidade das crianças de ouvir a voz de Deus e de que, mesmo que tenhamos que esperar, o Senhor ouvirá o clamor do nosso coração.

Nossos filhos trabalhavam conosco, brincavam conosco e ouviam nossas conversas durante o jantar, mesmo quando não sabíamos que eles estavam ouvindo. Então, nos comprometemos a não ter uma conversa diferente quando esperávamos que eles estivessem ouvindo e quando esperávamos que não estivessem. Queríamos ter integridade em nossas vidas.

Em tempos de abundância, todos nos regozijávamos juntos. Quando tínhamos necessidades, orávamos. Embora não quiséssemos sobrecarregar nossos filhos, também não nos escondíamos quando precisávamos. Isso foi difícil porque se seus filhos soubessem que você estava orando pelas necessidades diárias e essa oração não fosse atendida, eles poderiam desenvolver falta de confiança no caráter de Deus.

Mas deixá-los saber que Deus é nosso provedor, não importa o que aconteça, e incluí-los no momento de orar por nossas necessidades também traz uma grande recompensa. Quando Deus se manifestar, eles nunca terão que duvidar de Seu amor e cuidado. Mesmo em tempos de luta, eles O procurarão.

Acompanhar meus filhos desenvolverem sua fé foi muito difícil para meu coração. Eu queria resgatá-los da decepção, mas sou muito grata porque o Senhor usou esses momentos para mostrar Sua fidelidade. Eu lembro de ter lido o diário de um de nossos filhos, Jeremy, quando ele estava na terceira série. Havia uma anotação sobre orar por dinheiro para pagar nossas contas. Inicialmente, quando li aquilo fiquei envergonhada por ele ter escrito aquela nota. Nunca sobrecarregamos nossos filhos com orações sobre contas a pagar, mas tenho certeza de que ele ouviu alguma conversa e isso se tornou parte de sua oração. Também fazia parte de sua herança espiritual ver Deus sempre trazer a provisão e saber que olhávamos para o Senhor em todas as áreas de nossas vidas.

As crianças não foram feitas para carregar fardos e responsabilidades de adultos. No entanto, como parte de uma família é importante crescerem compreendendo que o trabalho árduo resulta em recompensas. No entanto, Deus é o provedor final.

CAPÍTULO 34

NO GRAMADO

A mensagem dizia: "O navio não pode levar famílias".

"Vou pegar carona de volta para *Hurlach*, Doug. Não posso acreditar que isso esteja acontecendo. Cada coisa tão difícil". Eu estava tentando conter as lágrimas enquanto desabava na cadeira.

Mais uma porta fechada. A esperança adiada entristece o coração. Nossos planos estavam sendo alterados a cada bifurcação da estrada, e agora essa porta estava fechada. No plano inicial iríamos para a África e faríamos o nosso treinamento na Inglaterra. A porta se fechou e acabamos em *Concord, New Hampshire*. Os próximos passos seriam viajar para a Suíça, Grécia e Alemanha, e depois retornar a Atenas para servir no Anastasis, o navio de misericórdia da JOCUM, e ir para Malta e Sudão.

Nossa viagem pela Europa nos esgotou física e financeiramente. A cada mudança, as reservas de dinheiro diminuíam e estávamos com os nossos últimos dólares.

Doug pegou carona em uma van que transportava suprimentos de socorro com destino a Atenas e ao navio. Eu e as crianças esperamos em *Hurlach*, na Alemanha, na expectativa de boas notícias sobre as finanças. No meio do caminho, Doug recebeu a notícia de que o navio não poderia levar famílias. Então, ele retornou à Alemanha.

Quando Doug chegou "ao castelo" (a base da JOCUM em Hurlach, Alemanha), os líderes pediram uma reunião. "Infelizmente, seus quartos estão reservados para uma família que chega na quinta-feira para estudar o idioma. Não havíamos mencionado isso antes porque vocês estavam indo embora. Respirei fundo e segurei as lágrimas. "Nós sentimos muito. Tente algum plano, mas se não conseguirem, vocês poderão dormir no chão da biblioteca até descobrir para onde ir. Vocês devem fazer as malas e tirar tudo de seus quartos antes que eles cheguem em dois dias".

Esse comentário corriqueiro parecia normal para eles, mas para nós foi devastador. A porta do navio estava fechada e nosso futuro estava escuro como a noite.

Nós oramos. Pedimos sugestões. Não houve sugestões, exceto novamente o piso da biblioteca.

Então, uma funcionária mencionou a possibilidade de servir em um novo local da JOCUM em Amsterdã. Eles precisavam de trabalhadores para reformar a Pousada do Samaritano. Perguntamos para ver se eles receberiam a nossa família. A resposta foi "Sim".

Finalmente, uma porta aberta, mesmo a centenas de quilômetros de distância. Mas, não tínhamos como chegar lá porque não tínhamos dinheiro.

Chegou a manhã de quinta-feira. Arrumamos nossas malas e as arrastamos para o gramado da frente do castelo. O aniversário de Bethany era no dia seguinte, e eu não sabia o que era pior: ficar preso em um país estrangeiro ou não ter nada para comemorar o aniversário de Bethany. Eu sabia o que era pior: ter que explicar a uma criança de quatro anos que não teria bolo de aniversário, nem presentes.

"Para onde estamos indo, mãe?", nossas meninas perguntavam repetidamente. Nós as distraíamos. Outro grupo chegou ao castelo. Era a equipe de artes cênicas Toymaker e filho. O líder Colin Harbinson tinha filhos e eles brincavam com as nossas meninas no gramado. As crianças aproveitavam o tempo e pareciam não se preocupar com o que estava acontecendo. Afinal, os pais tinham tudo "sob" controle. Nós não tínhamos.

À medida que o dia passava, meu coração se afligia ainda mais. Eu poderia aceitar dormir no chão da biblioteca, mas eu não poderia aceitar decepcionar minha filhinha.

Antes do jantar, uma van parou perto de nós. "Você é a família americana que está indo para a Holanda? Estamos a caminho da fronteira para um carregamento", disse alguém.

Que disposição surpreendente! Não foi preciso muito esforço para colocar a bagagem na van, pois tudo o que tínhamos estava em quatro malas empilhadas no gramado.

CAPÍTULO 35

AMSTERDÃ

A longa viagem me deu tempo para me preocupar e pensar. Nós nem sabíamos para onde estávamos indo. Seria para a fronteira? Nosso motorista falava muito pouco inglês.

Tarde da noite, paramos em frente a uma casa, uma típica casa holandesa, decorada com flores na mesa. Eles nos ofereceram uma tigela quente de sopa e depois nos levaram para o nosso quarto. "Vocês estão a caminho de Amsterdã? O trem sai amanhã cedo. Você pode comprar suas passagens na estação de trem".

Era uma sala pequena, mas aconchegante, com cobertores de penas e luzes suaves. Bethany nos lembrou que seu aniversário seria na manhã seguinte. "Estou tão animada. Eu terei quatro anos!". Eu não precisava ser lembrada.

Reunimo-nos em nossas camas e oramos em família, entregando nosso dia ao Senhor, agradecendo-Lhe por providenciar nossa carona e agradecendo-Lhe por cuidar de nós. Apaguei a luz. Fiquei quieta, confusa, com medo, esperançosa e frustrada, tudo ao mesmo tempo.

Nenhum dos nossos anfitriões jocumeiros sabia que iríamos para a estação de trem pela manhã sem dinheiro para comprar as passagens; ninguém, exceto nosso Pai celestial, que tinha as coisas sob controle. Eu esperei.

"Toc, toc", era alguém batendo na porta. Abri e vi uma garota sorridente que falava alemão e um inglês simples. "Deus colocou você em meu coração. isso irá ajudá-la em seu caminho", disse colocando dinheiro na minha mão e, depois, me abraçou.

Em seguida houve mais uma batida na porta. "Não consegui dormir. Eu queria lhe dar algum dinheiro que o Senhor mandou".

Vários outros visitantes, que estavam naquela base da JOCUM na Holanda, vieram ao nosso quarto durante a noite. De manhã, tínhamos o suficiente para a viagem de trem e mais vinte dólares para uma festa de aniversário.

Nossos novos amigos nos deixaram na estação de trem no início da manhã do dia 20 de setembro, aniversário de Bethany. Ela completou quatro anos e o Senhor não a esqueceu. Enquanto o trem passava pelo campo, nos perguntávamos o que nos aguardaria em Amsterdã. Tudo o que sabíamos era que Doug poderia ajudar nas reformas da Pousada do Samaritano.

A estação ferroviária de Amsterdã estava movimentada. Procuramos a saída. Um canal passava direto pela rua principal da cidade. As bicicletas estavam acorrentadas ao longo das cercas de metal e todas eram pretas. Doug me disse que era uma maneira de evitar que as bicicletas fossem roubadas.

Nossa bagagem estava fora do trem. Fomos informados de que era uma curta caminhada até a Pousada do Samaritano, que pertencia à JOCUM na Holanda. Mas qual era a direção? Finalmente, encontramos o caminho e chegamos ao local. Um jocumeiro holandês muito caloroso nos encontrou na porta de entrada. "Bem-vindo! Eu sou o Frank", ele disse.

Estávamos exaustos da longa viagem de van e da viagem de trem. "Posso te ajudar?", Frank perguntou em inglês, porque percebeu que éramos americanos.

"Conversamos com George ontem e ele disse que você precisava de ajuda e que poderíamos ficar na pousada", Doug explicou.

Frank parecia confuso. "Novamente, com quem você conversou?".

Doug pegou um pedaço de papel dobrado enfiado em sua Bíblia e escreveu "George".

Ele parecia mais confuso. "Hum, George está de férias e não nos avisou que você viria. Isto é um problema; não temos espaço para uma família aqui. Deixe-me falar com alguém".

Novamente não havia espaço. Tentei esconder as lágrimas nos meus olhos vermelhos, mas tenho certeza que ele percebeu. Frank sugeriu que poderíamos ficar no chão da biblioteca. Essa teria sido a mesma sugestão se tivéssemos ficado em *Hurlach*. Aparentemente, o local preferido para visitantes extras nas bases da JOCUM era a biblioteca.

O que deveríamos fazer? Era o aniversário da Bethany e fomos às compras. Com os vinte dólares extras, encontramos uma loja com departamento infantil. Bethany escolheu uma boneca e encontramos um bolo holandês para nossa festa.

Convidamos os jocumeiros para a festa dela. Não parecia importar para Bethany que os convidados não fossem familiares ou amigos. Queríamos que Bethany soubesse que a amávamos e queríamos celebrar seu aniversário.

"Feliz Aniversário! Feliz Aniversário!" Nossos amigos holandeses cantaram conosco.

"Viajantes americanos, resolvemos as coisas. Temos um apartamento para vocês ficarem". Frank estava animado para nos contar a novidade. "Depressa, temos uma van esperando para levá-los à casa da Hermi, perto do Mercado Albert Culp. Ela recebeu Jesus com uma de nossas equipes de evangelismo. Hermi quer se mudar para a pousada para poder ser discipulada e sugeriu que vocês ficassem na casa dela".

Nosso motorista de van era Helmut, e ele trafegou pelas ruas estreitas de Amsterdã com confiança e muita velocidade. Eu segurei as meninas. O Mercado Albert Culp Market estava à nossa esquerda e um McDonald's à nossa frente. A van fez uma curva fechada à direita em uma rua mal iluminada.

"Este é o lugar. Não se preocupem. Deus irá protegê-los", Helmut disse.

Quando alguém apresenta um novo lugar e diz: "Não se preocupe", acho que há muito com que se preocupar. Olhei para Doug com uma mensagem nos olhos: não acredito que você me arrastou para este lugar!

Sorri para Helmut enquanto ele nos ajudava a descarregar nossa bagagem. Tentei não prestar atenção na música e nos gritos vindos do bar do outro lado da rua. "Não se preocupe," eu sussurrei para mim mesmo, mas estava ansiosa.

Quando Helmut abriu a porta, houve um movimento louco de alguns pequenos animais pela sala. Em um segundo, um estrondo e depois silêncio. "Oh, esses são os gatos dela. Eles têm medo das pessoas, então há uma porta para gatos na cozinha para eles escaparem. Hermi nos avisou que eles mordem, então não os acaricie".

Coloquei as meninas na cama. Entreguei a Bethany sua nova boneca. Oramos: "Obrigada, Senhor, por nosso novo lar temporário".

Nosso quarto tinha uma janela enorme que mais parecia uma vitrine de loja. A cama ficava bem perto da janela. Com a minha cabeça apoiada no travesseiro eu tinha a impressão de estar quase na rua. O barulho do bar nunca diminuía até o meio da noite. "Doug, acho que ouvi um tiro. Amanhã de manhã iremos para o aeroporto e voltaremos para casa. Não me importo que não tenhamos dinheiro para um voo. Não sei como chegaremos ao aeroporto. Prometa-me que estaremos em um avião. Ou peça a Deus um milagre para que eu não fique preocupada".

Nossas meninas acordaram cedo e investigaram as dependências do apartamento. Os gatos estavam na cozinha. Quando nos viram, saíram correndo.

Em uma reviravolta inexplicável, senti paz em meu coração. Paz estando em Amsterdã, paz morando em um apartamento numa rua escura ao lado de um bar, paz tendo gatos assustadores como companheiros de casa, e paz porque Deus tinha um propósito para os próximos meses e minha vida estava novamente entregue à Sua vontade.

Depois de um ano na Europa, passando pela Suíça, Grécia, Alemanha e agora pela Holanda, sentimos que era hora de voltar para casa. Havíamos morado em quatorze lugares nesses dezoito meses, incluindo o tempo em *Concord, New Hampshire*. Já estávamos em Amsterdã há três meses. Fizemos grandes amigos e Doug gostava de seu trabalho de construção na pousada. Os nossos líderes em Amesterdão encorajaram-nos e a comunidade local levantou uma oferta para nos ajudar com a passagem aérea de regresso para casa. Mesmo assim, ainda precisávamos de mais $500 dólares para completar o valor.

Confiávamos em Deus. O nosso apoio financeiro da nossa igreja local tinha sido inconsistente e não sabíamos a quem recorrer para obter o resto dos recursos necessários. Quando você mora em outro país e não tem recursos, US$ 500 é muito dinheiro. Oramos e entregamos nossa situação ao Senhor. Ele era nossa esperança.

Estávamos almoçando na sala de jantar da Pousada do Samaritano quando ouvimos vozes na sala principal. Os convidados paravam constantemente. Mas desta vez ouvimos os nossos nomes e reconhecemos a voz do nosso amigo do *Porto de Piraeus*, na Grécia. Lord Adams encontrou o caminho para Amsterdã.

Eles o contrataram para um trabalho de navegação sem pagar suborno. Seu navio estava atracado no porto de Amsterdã. Ele se perguntou se havia uma base da JOCUM lá e se Doug Tunney poderia estar naquela base. Ficamos chocados ao vê-lo e muito felizes por encontrá-lo ainda vivendo para Jesus. Que maravilha que ele nos encontrou!

Ele trouxe um amigo muçulmano e Doug compartilhou Cristo com ele. Então Lord Adams olhou para nós e perguntou: "Doug, do que você precisa?". Houve alguns momentos de silêncio enquanto Doug tentava pensar no que deveria lhe dizer.

"Nossa família precisa de US$ 500 para comprar as passagens aéreas de volta para casa". Nos idos de 1980 isso era muito dinheiro e, para um marinheiro, era o salário de um mês de trabalho. Lord Adams enfiou a mão no bolso e tirou US$ 500, dizendo que Deus havia falado ao seu coração para atender a essa necessidade que temos.

Em Atenas fizemos amizade com muitos marinheiros africanos que conheceram Jesus e depois, milagrosamente, conseguiram empregos em navios sem precisar pagar suborno. Isso mudou suas vidas. Depois, acabamos em Amsterdã e esperávamos provisões para a viagem de volta para casa. Deus trouxe um daqueles marinheiros para Amsterdã; ele nos encontrou e nos deu o que precisávamos para voltar para casa. Momentos como esses são inexplicáveis, e além da mera coincidência. Um lembrete de que o Senhor esteve conosco em cada passo de nossa jornada.

CAPÍTULO 36

CURVA INESPERADA NA ESTRADA

Quando voltamos do nosso ano na Europa, Nick Savoca nos convidou para nos juntarmos à sua equipe na JOCUM *Concord, New Hampshire.*

Estávamos resolvidos. Nossa primeira responsabilidade foi formar uma Escola de Evangelismo. Após a fase de palestras, os alunos e funcionários partiram para a Inglaterra. Doug e eu iríamos liderar a base durante o verão.

Tínhamos poucos obreiros. Nossa tarefa era manter o ministério funcionando enquanto os outros líderes estavam em ação na Europa. Eu estava grávida do nosso terceiro filho e lutava contra a exaustão por causa da anemia e dos últimos dezoito meses de viagem. Mas estávamos resolvidos.

Quando todos voltaram do evangelismo, tivemos um momento emocionante ouvindo todos os relatos. Os líderes da base nos convidaram para um momento de comunhão, uma xícara de chá e uma boa conversa.

"Estamos preocupados com algumas coisas em suas vidas", disseram eles.

Esse não era o tema da conversa que esperávamos. Os líderes do ministério queriam discutir alguns assuntos em nossas vidas. Durante três dias e muitas horas de reuniões, conversamos sobre suas preocupações. Eles mencionaram coisas que havíamos dito ou feito que pareciam menos leais ou menos humildes. Fui muito diplomática nessas conversações até que alguém mencionou algo sobre o fracasso. Tenho certeza de que o comentário de "fracasso" não era um rótulo ou pretendia atingir com tanta força. Mas revelou algo mais profundo em mim, algo de que fugi durante toda a minha vida.

Caí no chão e fiquei inconsolável. Doug me ajudou a voltar para nossos quartos no prédio principal e adormeci com estas palavras em mente: você é um fracasso e agora todos saberão.

Tinha tido experiência em levar correção a outras pessoas. Eu sei como é difícil ajudar uma pessoa a ver seus pontos cegos e o que a impede de enxergar isso. E ao mesmo tempo, ajudá-la a ter esperança e a esperar que Deus trabalhe em sua vida. Tenho certeza de que este era o coração dos líderes, mas ouvi uma mensagem muito diferente.

Eles tomaram a decisão final de que nosso serviço na equipe da JOCUM *Concord* estava encerrado, pelo menos por enquanto. Senti vergonha e desilusão por ter sido desqualificada como missionária.

Nossos bens materiais eram um carro antigo e algumas malas de roupas. Até os móveis dos nossos quartos foram emprestados. O que isso significava para nós como família? O que isso significava para nossos familiares, amigos e aqueles que nos seguiram em missões?

Oramos sobre o que fazer a seguir. Os líderes nos deram algumas orientações. Eles acreditavam em nós e em nosso chamado para missões. Eles nos pediram para não voltarmos para casa, para nossos amigos e familiares. Eles nos disseram que não poderíamos ficar na base da missão, mas poderíamos encontrar trabalho temporário e moradia nas redondezas para que fosse possível manter o relacionamento. A expectativa deles era que Deus trabalhasse em nós e nos trouxesse de volta para continuarmos servindo na JOCUM.

Foi uma tempestade perfeita para mim. Eu estava fraca por causa da anemia. Tínhamos vendido tudo, menos o essencial. Tínhamos nosso carro, nossas roupas e alguns dólares em nossa conta bancária. Não conhecíamos ninguém além dos jocumeiros e eu estava esperando um bebê que nasceria em cinco meses. Esta crise foi maior do que jamais imaginei como missionária.

yj ÁÂnŒ Ãj ÂÁx

Novo rumo
Manchester, New Hampshire

CAPÍTULO 37

UM MAPA E UMA ORAÇÃO

Doug encontrou um mapa da Nova Inglaterra. Ficamos diante daquele mapa com seriedade, quebrantamento e sonhos frustrados. Poderíamos ter corrido para casa ou ter nos submetido à obra de Deus em nossas vidas. Nick, o diretor da base, ainda é um dos nossos amigos de longa data em que mais confiamos. Houve tantas perguntas sobre esse desvio. Deus é fiel e capaz de nos guardar mesmo quando outros não conseguem.

Oramos e olhamos para o mapa. Fechamos os olhos e apontamos para Manchester. Aquela cidade no estado de New Hampshire se tornaria nossa nova casa. Há muitas maneiras pelas quais Deus nos mostra Seus planos, e esta oração do mapa só aconteceu uma vez. O importante foi que recorremos 100% ao Senhor para nos ajudar num momento tão vulnerável de nossas vidas.

A mudança para Manchester honrou o conselho dos líderes da JOCUM. Estávamos longe o suficiente para estarmos sozinhos, e perto o suficiente para continuarmos um relacionamento com a comunidade de base. Esse novo local ficava muito longe de nossa casa, no oeste da Pensilvânia.

Neste recomeço, precisávamos de um lugar para morar e encontrar uma maneira de sustentar nossa família. Doug pegou um jornal de empregos e folheou as páginas procurando algo que se adequasse às suas habilidades. Parecia não haver opções. Então seus olhos caíram sobre um anúncio da *Manpower* para um dia de trabalho. A única opção era trabalhar um dia numa empresa de limpeza. Na manhã seguinte, Doug apareceu para começar o trabalho com Paulo Silva. Seu trabalho era limpar casas.

Na primeira manhã, Paulo entregou a Doug um aspirador Electrolux e mostrou como limpar os cômodos do térreo de uma grande casa em *Bedford, New Hampshire*. Douglas hesitou. "Estou feliz em fazer isso, mas não sei nem como ligar esta máquina".

Durante anos, o trabalho de Doug foi ensinar a Bíblia e compartilhar o Evangelho. Operar um aspirador de pó era uma experiência desconhecida. No entanto, neste caso, foi a prescrição de Deus para mudar tanto as nossas vidas como a nossa perspectiva sobre o nosso chamado para missões.

Doug trabalhou duro durante todo o dia e Paulo o convidou para o trabalho no dia seguinte.

"O que o trouxe aqui, Doug?" — perguntou Paulo. "Você tem duas meninas e um bebê a caminho. Onde você irá morar? O que diabos você estava fazendo antes de eu te conhecer?".

Foi uma grande história para explicar.

"Éramos missionários", disse Doug.

"O que é um missionário?"

"Estávamos trabalhando com a JOCUM e passamos um ano na Europa", explicou Doug. "Antes disso, eu era um jovem pastor. Fizemos uma pausa para nos acalmar e dar as boas-vindas a um novo bebê em nossas vidas. Um missionário fala sobre Jesus para as pessoas".

"Espera aí! Eu não posso acreditar nisso. Tenho orado para saber sobre Jesus!", Paulo exclamou.

Doug proclamou Jesus com ousadia e confiança no mercado e nas ruas de muitos países. Agora, ele estava sendo solicitado a contar ao seu novo chefe, e isso era desconfortável. Doug compartilhou a história da salvação com Paulo Silva, que respondeu de forma positiva. Ele esperou toda a sua vida por esta mensagem. Deus enviou Doug no momento mais fraco, mais vulnerável e mais desqualificado de sua vida para compartilhar as Boas Novas com aquele homem.

A rotina de Doug era repleta de limpeza de casas e intermináveis perguntas de Paulo. Ele queria saber sobre a Bíblia e como ele poderia se aproximar de Jesus. Paulo nos ajudou a encontrar um apartamento e encheu a geladeira e os armários com tudo que precisávamos.

Nossa nova vida temporária e desviada havia começado.

Várias semanas depois, Paulo cumprimentou Doug com uma cara séria pela manhã.

"Eu tive um sonho, Doug, um sonho espiritual", ele compartilhou. "Deus me deu instruções. Tem a ver com você.

E Doug disse: "Sim, continue".

"Devo vender a você metade do meu negócio". A falta de resposta de Doug não deteve Paulo. "Você precisa ser dono da parte comercial do meu negócio", continuou ele.

Doug explicou que não tinha desejo nem recursos para aceitar a oferta que tinha diante de si. "Paulo, obrigado por considerar isso, mas meu chamado é ser um pregador, não um empresário!".

Paulo persistia dia após dia. E a cada dia que passava, Doug sentia-se mais compelido a fazer aquilo. Aquela insistência nos levou a orar. Deus estava nos dizendo para fazer isso? Não deveríamos voltar às

missões?

Sentimos que Deus estava falando ao nosso coração: "Você será como José, trabalhando e proporcionando empregos para outras pessoas neste momento da sua vida".

O primeiro obstáculo foi vencido. Estávamos dispostos. Não sabíamos como gerir um negócio e o empréstimo de $15.000 dólares para comprar os ativos e contas parecia fora do nosso alcance.

Paulo nos levou ao seu banco. O agente de crédito conhecia Paul e o cumprimentou.

"Você quer comprar parte do negócio de limpeza do Paulo Silva?" O agente de crédito perguntou a Doug.

"Sim", mas as palavras ainda não vieram facilmente.

"Quais são os seus ativos?".

"Bem, senhor, eu não tenho nenhum".

O banqueiro pareceu confuso e perguntou:

"Que garantia você dará para garantir este empréstimo?".

"Não sei".

O comportamento caloroso e acolhedor do funcionário do banco transformou-se numa expressão interrogativa.

"Quanta experiência você tem no ramo de limpeza ou em qualquer outro negócio?", ele perguntou

"Nenhum".

"Há quanto tempo você trabalha com Paul?".

"Quatro semanas".

A cada pergunta, Doug entendia como era ridículo para ele estar sentado no escritório do banqueiro. Ele se sentiu envergonhado e muito certo de que iriam recusar.

Houve silêncio na sala. Enquanto se preparava para dizer: "Obrigado de qualquer maneira", Paulo se antecipou.

"Vou oferecer a minha casa como garantia deste empréstimo", afirmou. "Por favor, elabore o contrato".

O banqueiro ficou atordoado. Doug ficou atordoado. Paulo estava sorrindo e aliviado por ter avançado no projeto. Doug era dono de uma empresa que não sabia administrar. Nosso sonho de retornar às missões estava mais distante do que esperávamos.

Paulo nos deu um curso intensivo. Ele me instruiu sobre os conceitos básicos de administração de uma empresa, contabilidade e pagamento de impostos. Doug aprendeu a operar não apenas um aspirador, mas também todas as ferramentas do ramo. Logo estávamos prontos para iniciar.

Doug sabia como se relacionar com os empresários e como cumprir contratos. Ele tinha vontade de expandir. Então aprendeu a fazer marketing. Agora, ele precisaria de mais trabalhadores. A Limpeza Comercial Silva empregaria muitos jocumeiros.

Houve um tempo em que Doug estave diante de milhares de pessoas para falar e pregar. Agora, nessa nova etapa, ele se ajoelhava para limpar pisos e banheiros. Este capítulo não foi apenas um novo caminho, mas também um aprendizado sobre trabalho árduo, diligência e habilidade empresarial. Foi uma carreira que recebeu pouca honra das outras pessoas. O Senhor viu cada momento e nós abraçamos Sua Palavra. Seja o que quer que chegue à sua mão, faça com todas as suas forças.

Deus é fiel. Doug aprendeu novas habilidades e utilizou muitas outras.

A oração do mapa foi um passo desesperado para encontrar o caminho durante um período de derrota e desânimo. Era como olhar a "confusão" ao observar a parte de trás de uma tapeçaria. O lado de cima da tapeçaria mostrava que era o plano de Deus nos levar para a Nova Inglaterra e nos dar a competência e os recursos de que precisávamos.

Sermos expulsos da JOCUM, que era a nossa missão, foi humilhante. Também significou que tivemos que superar sentimentos muito difíceis de rejeição e fracasso. O que as pessoas pensariam? Mas é Deus, e não as pessoas, que concede as credenciais para o ministério.

Existem muitos exemplos na Bíblia e na história da igreja sobre líderes que necessitaram de tempo de correção e de preparo para irem a lugares de confiança e influência. É um processo difícil. No entanto, podemos confiar que Deus realizará seu propósito em nós para abençoar outras pessoas através de nossas vidas.

CAPÍTULO 38

PERDÃO

O Espírito do Soberano Senhor está sobre mim, porque o Senhor me ungiu para proclamar boas novas aos pobres. Ele me enviou para curar os quebrantados de coração, para proclamar liberdade aos cativos e libertação das trevas aos prisioneiros.
(Isaías 61:1 NVI)

MEU PAI

"Conte-me sobre seu pai".

Esse foi um pedido bem difícil da Pam. Evitei contato visual com ela, na esperança de mudar de assunto.

Essa era uma época em que minha vida estava no piloto automático. Doug estava trabalhando em nosso negócio de limpeza, as finanças estavam estáveis e nossos filhos estavam saudáveis e felizes. Nosso casamento era forte. Ainda assim, eu estava vivendo em uma nuvem escura.

Um dia, acordei sem vontade de sair da cama ou interagir com as pessoas da minha vida. Dias depois, comecei a pensar em morrer, e isso durou semanas.

Então aconteceu. Pensei em como morreria se pudesse fazer essa escolha. Isso me aterrorizou enquanto meus pensamentos tranquilamente contemplavam a morte. A parte mais difícil é que parecia não haver razão para isso. E não havia saída. Eu não contei a ninguém. Na clandestinidade, a escuridão ganhou poder até que meus medos superaram a vergonha que me mantinha em silêncio.

Então liguei para Pam. Ela era uma pessoa segura, uma esposa de pastor e alguém que me conhecia, mas estava distante o suficiente para não se envolver.

"Seu pai, Deb, vamos falar sobre ele", Pam incentivou.

Eu respondi: "Estou bem com meu pai. Ele teve uma vida difícil e eu tive uma vida difícil crescendo com ele e lidando com isso. Muito obrigada".

"Me diga mais".

Respondi com certa irritação: "Não acho que isso se aplique ao modo como estou me sentindo". Quanto mais eu resistia, mais ela parecia sentir que essa era a chave para me ajudar.

Foi uma longa tarde de negação e de incansável reorientação de Pam para meu relacionamento com meu pai. Nosso tempo terminou com uma oração. "Por que você não ora e pede ao Senhor que te ajude a perdoar seu pai?", ela disse.

Eu hesitei.

"Em voz alta", ela acrescentou. Tentei algumas palavras. Eu queria evitar a emoção que estava logo abaixo da superfície das minhas palavras. "Por que você não fala perdão em voz alta para ele? Ele não está aqui, mas isso é mais para você do que para ele. Você precisa se ouvir expressando a dor em palavras e ouvir a graça sendo estendida por meio de sua própria voz", disse Pam me encorajando.

Essas primeiras palavras foram tão difíceis! "Pai, eu te perdoo por toda a raiva e todos os momentos de medo que passei me escondendo de você. Eu te perdoo por me envergonhar em nossa pequena cidade, pelas vezes em que encontramos você desmaiado no quintal e pelas vezes em que você não desmaiou, mas levou sua raiva através dos punhos até as paredes da cozinha, quebrando-as com força. Isso era seu próprio quebrantamento. Eu te perdoo por nunca estar presente nas reuniões da escola e por fazer julgamentos e críticas".

Eu pedi perdão pela dor que tentei suprimir durante trinta anos. Foi como ir até a prisão do meu coração, girar a chave e abrir a porta para a liberdade. O processo foi doloroso, mas o resultado foi liberdade pela primeira vez na minha memória – liberdade e alívio verdadeiros.

Nos dias seguintes, refleti sobre como poderia viver minha vida e ignorar esse sofrimento causado pela mágoa e pela falta de perdão. Dediquei muito tempo agradecendo a Deus por me resgatar. Segurei meus filhos mais perto, sabendo que suas vidas seriam diferentes por causa disso.

O telefone tocou. Era minha mãe. "Deb, algo aconteceu com seu pai. Não sei o que pensar disso, mas parece haver um milagre".

Eu não sei explicar como foi chocante aquele momento para mim. Meu pai foi alcoólatra durante toda a minha vida. Ainda criança, lembro-me do cheiro de cerveja sempre que ele estava perto de mim. Suas palavras iradas ficavam arrastadas. Beber era a coisa mais constante em sua vida. Meu pai costumava acordar, tomar uma xícara de café, uma taça de vinho e outra taça de vinho - quase todos os dias passava bebendo até desmaiar. Minha mãe temia seus ataques de raiva, que lhe causaram dois colapsos emocionais, e ela se esforçava para acalmá-lo e evitar confrontos por causa de seu hábito de beber.

Eu escutei enquanto minha mãe explicava. "Há vários dias, seu pai veio me buscar no trabalho. Eu o lembrei que ele estava com pouco vinho. E ele disse: 'Cansei de beber; hoje, entreguei minha vida a Jesus, e Ele prometeu me libertar.'"

Essas foram as palavras mais impressionantes que eu poderia imaginar ouvir. Tive medo de acreditar que pudesse ser verdade porque não queria ficar desapontada. Mas era verdade. Daquele dia até ir para o Senhor, doze anos depois, meu pai viveu para Jesus. Ele nunca mais tomou outra bebida e nunca precisou de uma.

Meu pai me ligava e perguntava como poderia orar por mim. Ele expressou seu amor por mim e minha família. Essa foi a transformação mais notável que observei em toda a minha vida. Sempre me perguntei sobre o momento de tudo isso. De alguma forma, houve uma conexão entre minha saída de uma prisão de falta de perdão e meu pai saindo de uma prisão de alcoolismo e escuridão para a graça.

> *Arrependei-vos, portanto, e convertei-vos, para que os vossos pecados sejam apagados, para que venham tempos de refrigério pela presença do Senhor. (Atos 3:19)*

Muitos anos depois de ele ter parado de beber, sentei-me com meu pai no silêncio do seu quarto de hospital. Ele aguardava uma operação que lhe tiraria a voz. Os médicos explicaram que a remoção da laringe pouparia sua vida, mas ele precisaria falar por meio de um instrumento especial. De agora em diante, ele soaria como um robô. Ele não chamou por ninguém, além de mim, naquele momento. Sua voz era rouca e ele parecia muito nervoso.

O câncer é terrível! Tira seus sonhos, sua liberdade e seu último suspiro. Isso nos lembra como os pecados e hábitos irrefletidos de ontem, embora perdoados, trazem consequências mortais.

Essa foi a última vez que ouvi sua voz natural – o tom, as inflexões e a suavidade. Lembrei-me de uma música que ele cantava para mim quando criança. Ele me colocava de joelhos e cantava para mim. Essas memórias eram tão vívidas! Tentei memorizar o som de sua voz nessas últimas horas.

Quem se importa com fama ou fortuna?
Quem se importa com riqueza ou ouro?
Porque eu encontro uma fortuna
Dentro dos meus braços, eu seguro

Um pequeno nariz arrebitado
Duas bochechas como uma rosa
Tão doce da cabeça aos pés
Aquela minha garotinha

Dois braços que me abraçam forte
Dois olhos que brilham tanto
Dois lábios que dão um beijo de boa noite
Aquela minha garotinha

Ninguém jamais saberá
Exatamente o que a vinda dela significou
Porque eu a amo tanto
Ela é algo que o céu enviou
Ela é todo o mundo para mim
Ela sobe no meu joelho
Para mim, ela sempre será
Aquela minha garotinha

E quando ela deita a cabeça
Sobre seu travesseiro, tão branco
Eu rezo ao Senhor acima
Para guiá-la em segurança durante a noite

Nos sonhos, eu vejo o rosto dela
E sinta seu abraço carinhoso
Não há ninguém que possa substituir
Aquela minha garotinha

Minha vida foi muito marcada pela vida do meu pai. Anos depois, eu entendi.

Meu pai percebeu que mesmo que tivesse um alívio da doença agora, ele poderia enfrentá-la novamente. Da próxima vez, ele poderia não ter tanta sorte. Ele escreveu cartas. Ele acertou as coisas com as pessoas e limpou seu coração de contas não resolvidas. Ele vivia com mais propósito e havia um lugar mais gentil e compassivo em seu coração. Minha mãe se aproximou dele e foi sua defensora ao lado dele, compartilhando a incerteza que estava por vir.

Quatro anos depois, um exame de rotina trouxe a temida notícia. O invasor, o câncer, havia retornado e

encontrou um lar ao redor de sua artéria corroída, comprimindo o nervo que fazia seu coração bater.

Mais uma vez, sentei-me com ele no hospital enquanto ele esperava por um marcapasso para regular seus batimentos cardíacos. Ele falou através de seu modulador de voz. Ele falou sobre ter medo de morrer. Havia medo em sua voz. Ele não tinha certeza sobre sua salvação. "Pai, a Bíblia nos dá segurança. Eu o lembrei de sua salvação milagrosa e de como Deus mudou sua vida".

Ele me disse: "Há coisas que você não sabe. Nunca poderei contar a você sobre minha vida".

Eu me perguntei o que poderia ser isso. Eu tinha visto os demônios assediá-lo, levando-o a escapar por meio de esportes ou álcool. Alguma vergonha profunda estava escondida na discussão mais barulhenta ou em sua conversa arrastada e bêbada. Algo o mantinha preso e com medo – algo que ele sentia que não estava resolvido e algo que ele nunca poderia dizer.

Deixei-o com um beijo. Ele me entregou as notas manuscritas que havia escrito, reclamando das enfermeiras noturnas que não respondiam gentilmente a ele. Eu não tinha certeza de quantos dias ainda lhe restavam, mas tinha certeza de que Deus tinha controle sobre sua vida. Ele precisava ter certeza disso.

De volta a New Hampshire com minha família, eu estava sozinha na pia lavando pratos, orando e pensando sobre meu pai. "Qual era o segredo que o prendia?".

Tive um pensamento, não da minha mente, tão claro quanto alto. "Seus pais não eram casados quando você foi concebida".

"O que?" Isso nunca tinha me ocorrido. Aquela frase me fez parar e o tempo pareceu parar.

"Como isso nunca foi um assunto na minha vida? Eu organizei a festa do vigésimo quinto aniversário deles".

Minhas mãos tremiam quando liguei para minha tia Carol. "Tenho uma pergunta e preciso que você me ajude. Acho que Deus acabou de me contar sobre meus pais e meu nascimento".

Houve um suspiro do outro lado da linha. Um longo silêncio. O que deve ter passado pela cabeça dela enquanto ela formava palavras para responder à minha pergunta? "Por favor, nunca fale sobre isso com seus pais. Por amor a você, eles a protegeram da dor e da vergonha disso. Eles passaram a vida protegendo seu coração".

Quase deixei cair o telefone quando me sentei. Como um filme rebobinado, quarenta anos da minha vida começaram a se reescrever em minha mente.

"Ah, é por isso..."

Eu era uma criança doente e, depois de dois ataques de pneumonia e meningite espinhal, fiquei no hospital com uma tenda de oxigênio sobre mim. E o médico preparou minha mãe para uma situação desesperadora. "Não espero que ela sobreviva até o final do dia". Foi um momento desesperador para minha jovem mãe. Ela se ajoelhou no chão e implorou a Deus que poupasse minha vida, para que ela me entregasse a Ele e me criasse para conhecê-Lo.

Deus ouviu essas orações e a manhã chegou com pulmões fortalecidos, batimentos cardíacos constantes, uma segunda chance e uma promessa.

Agora entendi a história dos bastidores, o pano de fundo da minha vida. Não consigo imaginar o medo e a culpa equivocada que devem ter inundado sua mente. Foi numa época em que "ter que casar" era tão vergonhoso. Minha mãe deve ter se perguntado se ela estava sendo punida. Ela deve ter temido que eu fosse tirada dela por causa do seu pecado. Minha mãe entregou sua vida a Jesus naquele dia ao lado da minha cama. Ela escondeu seus medos e sua história pelo resto da vida e cumpriu seu compromisso de me educar para conhecer o Senhor.

Vovó Guida, mãe do meu pai, me levou à igreja quando criança. Lembro-me de que a música era tão alta que eu cobria os ouvidos com as mãos. Na igreja, sempre havia um momento em que as pessoas se reuniam em volta do altar para orar por salvação. As mesmas pessoas todas as semanas.

Minha casa era tudo menos pacífica; meu pai lutou quando jovem. Ele jogou beisebol. Meu pai bebia, e minhas lembranças dele sempre estiveram acompanhadas do cheiro de cerveja e perfume.

Uma noite, enquanto eu estava adormecendo no andar de cima, ouvi uma forte discussão acontecendo lá embaixo. Meu pai e sua mãe discordaram sobre a idade da responsabilidade. Era um assunto muito estranho para haver uma discussão acalorada. Um deles gritou: "Acho que já se passaram vinte anos porque foi quando os israelitas não foram julgados ao entrar na Terra Prometida". O outro discordou veementemente, dizendo que as crianças podiam distinguir o certo do errado aos oito anos.

Enquanto ouvia, pensei: "Bem, tenho oito anos, e se forem oito?". Quero conhecer o Senhor e ter certeza de que meus pecados serão perdoados. Durante toda a noite, orei para que Jesus me tornasse Dele, me perdoasse e me mudasse. Assim começou minha consciência de Deus em minha vida.

Li minha Bíblia – uma daquelas pequenas Bíblias de bolso. Guardei-a na mesa de cabeceira e lia todas as noites antes de dormir.

Minha mãe foi fiel à sua palavra e me levou à igreja. Eu era uma criança típica da escola dominical, memorizando versículos e aprendendo músicas bíblicas.

Meu pai era um homem furioso, roubado de seus sonhos juvenis de se tornar um jogador profissional de beisebol. Quando era um menino, durante a Grande Depressão, eles o deixavam em casa para se defender sozinho enquanto sua mãe trabalhava longas horas para suprir suas necessidades básicas. Ele não teve pai em casa até os doze anos de idade. Havia muita vergonha nisso e, também, em ser trazida ao mundo sem casamento.

Meu pai nunca conheceu seu pai verdadeiro, exceto por uma foto que foi mantida em um álbum de recortes. Um grande chapéu de aba ofuscava seu rosto, e a ausência do pai ofuscava a necessidade de identidade, respeito e pertencimento que meu pai tinha.

Compreender seu sofrimento e a vergonha que ele carregava me ajudou a ter compaixão por ele. Nossa casa estava cheia de raiva. Havia buracos nas paredes, tesouros quebrados e corações partidos.

Eu escapei retirando-me e descobri que a escola era um lugar acolhedor e de paz. Aos dezessete anos, eu estava mais do que pronta para a faculdade.

Eu costumava ir para a casa da minha avó *Daugherty*, e ela sempre me recebia calorosamente. No entanto, quando eu olhava ao redor da casa dela, nunca havia nenhuma lembrança da minha vida ou dos meus irmãos, mãe ou pai. A casa dela estava cheia de fotos, mas a nossa não. Às vezes as pessoas descobriam que vovó *Daugherty* era mãe da minha mãe. E as pessoas ficavam surpresas por ela ter uma segunda filha. Eu entendi o porquê.

Naquela época gravidez não planejada era humilhante e as meninas eram mandadas para a casa de parentes em outras cidades durante nove meses.

Meus avós moravam na *Main Street, em Belle Vernon, Pittsburgh.* Eles eram conhecidos na comunidade e agora eram conhecidos por algo que os envergonhava. Meu pai carregou isso a vida toda.

Percebi que as mensagens sutis que eu sentia sobre "não pertencer" não eram sobre meu valor ou sobre ser amada. Era a vergonha dos meus pais e avós. Aquele momento mudou muita coisa em mim e me fez sentir muita compaixão por minha mãe e meu pai.

Eu nunca disse a eles que eu sabia de tudo. Houve momentos, no final da vida de minha mãe que eu quis tocar no assunto. Mas de alguma forma eu sabia que Deus tinha compartilhado aquilo comigo apenas para minha cura.

Minha jornada de perdão abriu a porta para a cura mais profunda da minha vida. Isso liberou meu pai para encontrar seu caminho para a salvação. Isso restaurou meu coração. Deus usou isso para me ajudar a ver que meus pais me amavam e que, mesmo em suas fraquezas, deram a vida para me manter segura.

CAPÍTULO 39

ATIVISTAS PELA VIDA

> *Bendito seja o Deus e Pai de nosso Senhor Jesus Cristo, o Pai das misericórdias e Deus de toda consolação, que nos consola em todas as nossas tribulações, para que possamos consolar os que estão em alguma angústia, com a consolação com que nos nós mesmos somos consolados por Deus. (2 Coríntios 1:3-4 BSB)*

"Deb, tenho algo em meu coração", disse Doug. "Penso constantemente na questão pró-vida. Eu quero fazer algo sobre isso, mas o quê?" Essa conversa em 1984 foi o início de uma nova direção do Senhor. A preocupaçao de Doug tornou-se o chamado de Deus para que nos juntássemos ao movimento pró-vida.

Em 1969, eu era novata na Universidade da Califórnia, cidade na Pensilvânia. Foi uma época de convulsão social e agitação política. A Guerra do Vietnã estava em alta. Meu campus era um ímã para pessoas que se rebelavam contra todas as autoridades e procuravam dar "uma chance à paz". A questão do aborto estava na vanguarda. Mais tarde, em 1972, a Suprema Corte Americana mudou a lei do país e tornou legal o aborto sob demanda em todos os estados. Esta foi uma geração de "amor livre" que se recusava a assumir a responsabilidade pelas suas escolhas e "abraçou" o aborto como liberdade das consequências do seu estilo de vida de "amor livre".

Karen foi uma das primeiras alunas que conheci no dormitório dos calouros (*Kitt Hall*) enquanto desfazia minha mala. Ela era simpática e bonita e fazia amigos rapidamente. Durante aqueles primeiros dias de orientação no *California College*, agora renomeado como *California University*, compartilhamos sobre nossas vidas. Karen foi a rainha do baile em sua escola.

Nosso dormitório estava cheio de música alta e conversa de garotas. Karen logo encontrou um namorado fixo que era membro de uma fraternidade do campus. Esse relacionamento foi difícil no início, mas ela se apaixonou por ele. Em um momento de crise neste relacionamento, ela saiu com Mike, outro cara da mesma fraternidade. Ele era cativante e ela ficou lisonjeada por ser vista com ele. Foi um relacionamento de uma noite, e então ela voltou com seu verdadeiro amor.

"Você consegue guardar segredo?", sussurou ela. Sua voz estava trêmula. Algo estava errado. Balancei a cabeça e me inclinei para frente.

"Estou grávida e Mike é o pai", ela sussurrou. "Eu não sei o que fazer. Eu não tenho dinheiro. Meus pais ficarão desapontados. Eu nunca poderia contar a eles. Pode me ajudar?".

Eu levei uma vida muito protegida no ensino médio. Tenho certeza de que havia meninas na minha escola que passaram por uma crise semelhante, mas eu nunca soube disso.

Eu tinha pensado pouco sobre o aborto. Eu não tinha considerado se era uma escolha moral. Agora, minha nova amiga estava me pedindo dinheiro emprestado para fazer um aborto, para que ela pudesse resolver uma gravidez inconveniente. Procurei o pastor presbiteriano de uma igreja a alguns quarteirões do meu dormitório e expliquei tudo para ele.

"Não se preocupe com isso, Debra", ele me assegurou. "Por favor, ajude sua amiga, se puder. Basta usar dinheiro porque ainda não é legal; você não quer um rastro de papel se algo acontecer".

Eu não sabia o que ele queria dizer com "se algo acontecer". Então, recebi dinheiro da minha conta escolar e Karen saiu do problema. Mais tarde descobri que as feridas desta decisão a perseguiriam durante toda a sua vida.

Meses depois, encontrei-a chorando em seu dormitório. "O que está errado?", perguntei a ela.

"Não consigo parar de pensar no que fiz e como isso foi errado".

Durante a nossa Escola de Evangelismo em Lausanne, em 1980, o Espírito Santo me lembrou de Karen e de como eu a ajudei. Senti o peso dessa decisão e a culpa que vinha com isso. Quando pedi a Deus pela Sua misericórdia, tive consciência da plena graça do perdão. Aprendi que Deus pega até mesmo as suas escolhas mais pecaminosas e as transforma para levar vida a outros.

Em 1984, o Senhor despertou nossos corações para esta questão. Compreendi um pouco da dor e do desespero daqueles que lutam contra uma gravidez indesejada. Eu também sabia o que a Bíblia dizia: *cada criança é um presente de Deus, Ele nos fez à sua imagem...nos formou em segredo no ventre de nossa mãe.*

Doug enfrentou uma situação de gravidez indesejada quando tinha dezenove anos, que terminou em casamento e divórcio. Ele sabia quanto sofrimento em sua vida era resultado daquela situaçao vivida por ele.

Deus estava falando conosco. Mas como deveríamos responder?

Morávamos em *Manchester, New Hampshire,* e por isso procurei todos os líderes do movimento pró-vida no estado: *Right to Life, March for Life, Catholic Charities, Operation Rescue,* líderes políticos e lobistas. A cada reunião eu me sentia mais desanimada. Estes ativistas estavam empenhados em travar uma enorme batalha pela vida. E essa batalha deixava eles marcados, irritados e quase em exaustão. Eles estavam furiosos com todos: os abortistas, as meninas e os rapazes envolvidos, e os políticos, que, segundo eles, quebraram promessas e os decepcionaram no governo. E eles ficaram também magoados uns com os outros.

Decidimos que deveria haver uma abordagem diferente, uma abordagem cheia de graça e misericórdia que nos permitiria mostrar o coração de Deus. Era essencial mostrar a esperança vivificante para aqueles que estavam em crise. A questão era: quem iria liderar esta iniciativa?

Um amigo sugeriu que fizéssemos contato com o Conselho de Ação Cristã. Eles estavam trabalhando em duas frentes diferentes: uma para ajudar na mudança política e outra para estabelecer "Centros de Gravidez em Crise" e que seriam uma resposta compassiva à crise em que estavam meninas e meninos.

Os voluntários nestes centros ouviam e forneciam informação, apoio e demonstravam compaixão. Eles trabalhavam com as meninas e os rapazes, fornecendo ajuda prática, recursos e lares temporários para alguns. Eles também levavam as meninas às consultas e apoiavam-nas, enquanto elas trabalhavam em relacionamentos que estavam tensos em suas casas.

Esta foi a nossa resposta. Uma resposta amorosa e solidária para situações muito sérias demonstraria a compaixão e graça do Senhor. Ao compartilharmos nosso coração com amigos que pensavam como nós, ouvimos muitas histórias de irmãos cristãos que também foram afetados por gravidez não planejada. Em breve, teríamos um conselho de administração pronto para tomar medidas ousadas visando criar um centro em Manchester. Também reunimos um grupo de mulheres que foram impactadas nesta área, muitas das quais tiveram situação de gravidez de crise nas suas próprias vidas e algumas, inclusive, fizeram abortos.

Estávamos todos motivados, em oração e conscientes de que havíamos entrado em águas desconhecidas. Como poderíamos nos tornar uma organização com um alto nível de confiança e respeito se ainda não existíamos? E como poderíamos existir sem apoio financeiro e voluntário? O Conselho de Administração deu um passo coletivo para fazer o que poderíamos e confiar os resultados a Deus.

A nossa primeira ação foi encomendar 30 mil panfletos ao *Last Days Ministries* e que tinha como título: "Crianças, coisas que jogamos fora". Depois convidamos amigos para nos ajudar a distribuí-los, juntamente com uma breve introdução sobre o Centro de Gravidez em Crise, que só existia em nossas mentes. Não tínhamos um centro ainda. Nós nem tínhamos um número de telefone. Nesse folheto, colocamos meu número de telefone.

Se precisar de ajuda ou pensa que pode estar grávida, estamos aqui para ajudá-la. Ligue para nós hoje.

Essa foi uma iniciativa ousada.

Perguntei: "E se alguém ligar para meu telefone e precisar de ajuda?".Minha amiga, Annie Campbell, ajudou-me a estar preparada para esta possibilidade. Eu sabia que ela havia sido voluntária em instituições de caridade católicas para atender meninas e fazer testes de gravidez. Achei que ela já tinha pelo menos feito um teste antes. Ela estava de plantão, se eu precisasse dela, com uma casa cheia de seus próprios filhos, pois ela estava ensinando em casa.

Mapeamos a cidade e junto com nossos novos amigos fomos de casa em casa entregando nossos panfletos. Olhei para meu telefone com alguma ansiedade e alguma esperança de que poderíamos tocar uma vida. "Ring...", fiquei surpresa com meu nervosismo ao atender o telefone e responder. "Este é o Centro de Gravidez em Crise de Manchester. Meu nome é Deb. Como posso ajudá-la?". Eu tinha certeza de que o tremor em minha voz teria afastado a pessoa, e esperei que ela desligasse rapidamente.

"Olá, meu nome é Cristal. Tenho um aborto marcado para esta tarde. Meu namorado e eu podemos ir ao seu escritório?

"Absolutamente. Você pode vir às duas da tarde?

E aí estava. Tivemos a nossa primeira consulta, a nossa primeira oportunidade de responder a um casal em crise, mas havia um problema. Não tínhamos escritório. Eu não tinha um teste de gravidez para ela e não sabia o que dizer.

"Annie, você pode pedir à *Birthright* - organização internacional antiaborto – que nos forneça um teste de gravidez? E você poderia vir à minha casa, hum...,escritório, em uma hora para se encontrar com um casal que pensa no aborto?". Eu falei e, logo, ela estava a caminho com três filhos e um bebê a tiracolo.

Levei as crianças para cima e Annie estava na cozinha com um bebê nos braços, lendo as instruções para o teste de gravidez. David e Crystal tiveram muitos problemas e fizemos o possível para apoiá-los. Doug contratou David para trabalhar em nosso negócio de limpeza. Crystal precisava de um lugar para chamar de lar. Um de nossos amigos concordou em abrir sua casa para ela. Mais tarde, essas casas seriam chamadas de "casas de pastoreio". David e Crystal se casariam em uma cerimônia no quintal desta linda casa.

Este jovem casal sentiu que não havia outras opções para eles, exceto o aborto, mas em seus corações, eles queriam outra escolha. Eles queriam uma chance para seu bebê nascer em uma família amorosa, que tivesse o apoio necessário.

Esta foi a primeira de dezenas de milhares de consultas que permitiu aos casais em crise acesso aos recursos práticos que necessitavam para fazer escolhas transformadoras. Alguns se tornariam pais e alguns escolheriam a adoção para seus bebês.

Ajudamos a estabelecer o centro de *Manchester* com um escritório, trabalhadores treinados e um telefone oficial. Então, um centro irmão foi inaugurado em *Nashua,* outra cidade em *New Hampshire.*

Anos mais tarde, Laura, uma garota que conheci no *Lighthouse* - nosso pequeno grupo de estudo bíblico - me telefonou. "Deb, posso ir aí? Eu sei que você trabalhou com o Centro de Gravidez em Crise, e estou com problemas".

"Claro", eu disse. Laura sentou-se na minha sala e me contou sua história. Ela estava no meio de um divórcio, com uma batalha feroz pela custódia de suas duas filhas. Infelizmente, ela estava grávida de outro relacionamento. Como era uma cristã nova ela lutou para ter fé naquela situação difícil. O Senhor pediria que ela perdesse suas filhas?

Seu advogado lhe disse que ela deveria abortar se quisesse obter a custódia das meninas. O advogado do marido dizia que ela era uma mãe inadequada. Foi uma noite chorosa. Apesar da pressão do seu advogado e da mensagem de conveniência do mundo, Laura confiou ao Senhor a sua vida, o seu bebê que ainda não havia nascido e as suas duas filhas.

Ela chamou a bebê de "Bri". Nos anos seguintes, nos perdemos de vista, mas nunca esqueci aquela noite que o destino preparou.

Seis anos depois, eu lecionava na *Faith Christian Academy (FCA), na Pensilvânia.* No primeiro dia de aula, eu estava no parquinho monitorando os alunos enquanto eles esperavam para começar o dia. O primeiro dia era sempre agitado, com as crianças sendo deixadas sem saber as regras ou quem eram os professores. Eu estava trabalhando para manter um ambiente seguro para as crianças quando senti uma pequena mão puxando a minha. Olhei nos olhos de uma linda garotinha. Ela estava assustada com todo o barulho e com as outras crianças. "Você está bem?", perguntei a ela. "Meu nome é Sra. Tunney. Não tenha medo". Ela fez que sim com a cabeça e se aproximou de mim.

"É meu primeiro dia na escola. Obrigada. Meu nome é Bri".

Uma onda de consciência tomou conta de mim. Lembrei-me de quando a mãe dela tomou uma decisão muito difícil de ficar com o bebê. Eu participei do salvamento da vida dela e, seis anos depois, ela se sentiu segura, de alguma forma, segurando minha mão. Ela nunca saberia a história por trás daquela ação de segurar sua mão. Sussurrei uma oração de agradecimento, pois Deus havia transformado um dos meus dias mais sombrios em um dia lindo e brilhante.

Quando a revolução da Romênia libertou a nação em 1989, uma das primeiras leis alteradas foi dar às mulheres o direito ao aborto. Doug viajou para a Romênia dois anos depois, na esperança de conscientizar e encorajar a igreja a se levantar para ajudar a responder a esta questão da mesma forma que ele tinha visto os centros de *New Hampshire* servirem às meninas. Havia liberdade, mas o povo romeno ainda tinha medo do futuro. A incerteza fez com que muitos escolhessem o aborto.

Doug falou em muitas das maiores igrejas do país. Inicialmente, poucas pessoas reconheceram que isso era uma preocupação para a igreja. "Amigos, por favor, olhem ao redor de sua igreja", ele implorou. "Onde estão as crianças menores de três anos?". Isso despertou o Corpo de Cristo para esta necessidade, e rapidamente havia crentes empenhados em mobilizar as igrejas para responder e fornecer ajuda e apoio para que as mães tivessem esperança para o futuro e coragem para trazer filhos ao mundo.

Braunda Butt era a diretora dos centros de *Manchester e Nashua*. Ela ajudou a treinar voluntários e igrejas na Romênia, e nós ajudamos a abrir treze centros no país.

Durante uma das viagens de Doug para ajudar a iniciar esses centros, eu estava no treino de basquete de um time itinerante acompanhando meus filhos adolescentes. Barb era outra mãe, bastante conhecida na comunidade de *Goffstown, New Hampshire,* e envolvida em diversos projetos e eventos. Iniciamos uma conversa amigável enquanto observávamos o time fazer uma partida amistosa. Ela comentou que geralmente via Doug com os meninos, e eu expliquei que ele estava viajando para a Romênia.

"Oh, Romênia, entendo. Negócios?", ela perguntou.

"Bem, ele está lá para ajudar a iniciar centros de gravidez em crise", respondi, imaginando como ela reagiria a isso. Ela cruzou os braços. Sua linguagem corporal me transmitiu uma mensagem de desaprovação.

"Você sabe que sou pró-escolha!?", Barb disse. Foi mais uma afirmação do que uma pergunta. Eu não tinha como saber qual era a opinião dela, e eu não sabia como responder sem que nossa conversa casual se transformasse em uma discussão.

Fiz uma oração, um pedido desesperado por sabedoria. Meu próximo pensamento me surpreendeu. Pessoas com opiniões fortes sobre o tema tiveram algumas experiências dolorosas que afetaram sua perspectiva. Eu precisava de sabedoria.

"Barb, muitas pessoas com sentimentos fortes sobre isso sentiram alguma dor em suas próprias vidas. Eu sei que sim. Você também pode ter feito isso". Com um aceno de cabeça, ela relaxou e mudou de assunto. Nunca mais discutimos o assunto, mas houve uma amizade que começou naquele momento humilde e honesto.

Muitas vezes considerei essa verdade ao apelar para aqueles que estão do outro lado de uma questão. Se pudermos reconhecer a dor na vida das pessoas, poderá ser o início de uma conversa que nos ajudará a partilhar a verdade de Deus e a liberdade e o perdão que Ele pode trazer.

PARTE CINCO

Faith Christian Center and Academy
(Centro Cristão de Fé e Escola)
Bedford, New Hampshire

CAPÍTULO 40

CENTRO CRISTÃO DA FÉ

Paulo Silva foi fiel em caminhar ao nosso lado enquanto aprendíamos como administrar a Limpeza Comercial Silva. Doug aprendeu como se conectar com os proprietários e fornecer serviços de primeira linha enquanto mantinha os escritórios funcionando. Muitas habilidades foram adicionadas à sua vida. Ele planejou horários, contratou e demitiu trabalhadores, manteve o equipamento de limpeza em funcionamento e comprou suprimentos. Ele se tornou um gerente de logística no trabalho. Eu tinha experiência mínima com finanças e administração. Pagar impostos, preparar relatórios financeiros, trabalhar com contadores e manter um orçamento eram coisas novas para mim. Tive que fazer uma introdução às aulas de contabilidade para conseguir entender como preencher os livros contábeis. Ficamos muito gratos pela sabedoria de Paulo e pela graça e bênção de Deus.

O negócio nos ensinou muitas coisas e proporcionou segurança financeira para nossa família. Pela primeira vez tivemos poupanças e compramos a nossa primeira casa em 1986. A nossa jornada desde a oração sobre um mapa até conseguir a chave da nossa própria casa foi ordenada pelo Senhor.

Durante estes anos, fomos pioneiros nos centros de gravidez em crise nas cidades de *Manchester e Nashua, New Hampshire* e no pequeno grupo chamado Lighthouse que se reunia na casa de Norm e Nanette Neveu. Doug presidiu a Marcha pelo Estilo de Vida e a Marcha para Jesus. Eu lecionava na escola em meio período, cuidava da administração de nossos negócios e, às vezes, ajudava na limpeza de construções em projetos extensos. O *Faith Christian Center-FCC* (Centro Cristão da Fé) tornou-se nossa igreja local. Nosso relacionamento com o Pastor Ken e Marietta cresceu.

Durante um culto no outono de 1986, o orador desafiou a congregação. Ele estava compartilhando sobre seu ministério com líderes políticos em Washington, DC. "Onde quer que Deus te chame, você deve obedecer". Então ele saiu do roteiro, dizendo: "Sinto que há pessoas nos negócios e que Deus está chamando de volta ao ministério de tempo integral".

Essa foi uma palavra para o meu coração. Virei-me para Douglas. Essa mensagem era para nós. Ron Sloboda, nosso amigo, era nosso gerente de projeto e queria a oportunidade de comprar o negócio. Pouco tempo depois, o pastor Ken se encontrou conosco e ofereceu a Doug um cargo na igreja. Parecia tão suave, como uma porta aberta. O cargo oferecia metade do nosso salário comercial, mas sentimos que poderíamos restringir nosso orçamento e fazê-lo funcionar. No dia 31 de dezembro assinamos os papéis e a Silva Comercial Limpeza ganhou novo proprietário.

Desde o primeiro dia, Doug teve uma grande mudança. Ele trocou suas roupas de trabalho por terno e gravata. Ele deixou de fazer seu próprio horário e passou a ser pontual. Ele era um dos cinco pastores e o último contratado, então ficou com os empregos que sobraram. Isto era um ministério, mas não era adequado ao seu coração ou às suas habilidades.

Nosso ajuste para meio salário também foi mais difícil do que esperávamos. Sabíamos que Deus nos havia chamado para aquele lugar, mas com o passar do tempo nos perguntamos o por quê. Depois de um ano na nova posição, estávamos nos sentindo perdidos, mesmo estando no ministério.

"Doug, alguns anciãos e eu gostaríamos de nos encontrar com você amanhã. Temos preocupações". O comportamento do pastor Ken era o de um chefe. Perdemos a amizade ministerial com as dificuldades existentes ao servir em uma grande equipe numa megaigreja.

Quando Doug me contou sobre a reunião, isso trouxe de volta a lembrança da reunião da JOCUM Concord. "Por que eles querem uma reunião?", perguntei. "Nós fizemos algo errado? Como isso pode estar acontecendo de novo?".

Embora nossas vidas na superfície parecessem boas, estávamos novamente contornando uma montanha familiar. Nossa família era feliz e nosso casamento era forte. Houve frutos abundantes em nosso ministério. Ninguém poderia fazer uma acusação de compromisso moral. No entanto, um grupo diferente de líderes, num ambiente ministerial diferente estava tentando abordar uma questão nas nossas vidas. Este conflito causou estresse suficiente para que esses líderes estivessem dispostos a enfrentar a situação. Eu estava determinada a evitar aquela reunião a todo custo.

"Doug, estamos enfrentando algumas questões financeiras na igreja, e temos que fazer algumas escolhas difíceis", disse o Pastor Ken na reunião. "Muitos de nossos funcionários serão demitidos e, como você foi o último pastor contratado, isso, infelizmente, inclui você".

Doug ficou aliviado porque parecia ser apenas um negócio e nada pessoal. Ele assegurou aos líderes que ficaria feliz em continuar com todas as responsabilidades ministeriais sem remuneração e trabalhar paralelamente para sustentar a nossa família. Sua disposição em ficar os fez dar um passo adiante. "Bem, há mais", acrescentou o pastor Ken. "Existe alguma preocupação sobre como você está fazendo seu trabalho".

"Fazendo meu trabalho?", Doug pensou em voz alta. "Ken, você me disse muitas vezes que trabalho mais do que três homens e que realizo mais do que o esperado. Você reconhece a unção de Deus em minha vida. Com o que você tem problema?

O pastor Ken parecia confuso ao tentar responder à pergunta. "Tudo que sei é que Deus quer fazer algo em sua vida. Estamos pedindo que você deixe de atuar em todas as funções ministeriais. Na próxima semana será seu último salário. O Dr. Sam Brown é um conselheiro em quem confiamos e concordou em atender você".

Quando Doug voltou para casa, ele estava derrotado. Apesar do seu trabalho árduo e da sua fidelidade, os seus líderes estavam tirando ele do ministério. "Não sei por que isso está acontecendo de novo, mas farei o que eles exigiram de mim", Doug me disse quando voltou. "Tenho uma consulta esta semana com o Dr. Brown. Faltam algumas semanas para o Natal e precisamos descobrir como sobreviver sem salário".

Aceitamos o que o Senhor estava permitindo em nossas vidas, mas havia muitas consequências estressantes com as quais lidar. Passar de uma renda comercial para um salário de pastor e depois para nenhuma renda foi preocupante. Doug começou a ler os anúncios de emprego no *Manchester Union Leader*. A empresa *Jordan Marsh* estava contratando limpadores de carpetes. Ele poderia fazer isso.

Quando chegamos à igreja no domingo seguinte pela manhã, nossos amigos ficaram confusos. Eles fizeram perguntas do tipo: "Agora você não é mais pastor aqui? Como te chamamos? Por que isso aconteceu?". Não importa o quanto tentássemos evitar responder a essas perguntas, elas eram um lembrete constante de que algo estava errado conosco. O comentário sobre o fracasso de oito anos atrás ressoou em meu espírito.

Depois houve a tentação de nos afastarmos e dividirmos a igreja, iniciando o nosso próprio ministério. Sabíamos que essa era uma possibilidade e muitas pessoas sugeriram isso. "Se você começar sua própria igreja, estaremos na primeira fila no primeiro dia". Esses comentários foram aqueles que os líderes consideraram quando eles nos deixaram ir. Eles perceberam que tínhamos muitos amigos leais que foram influenciados por nós. O apoio deles poderia ter alimentado o nosso ego e nos estimulado a começar a nossa própria igreja.

Eu me perguntei se Nick e os líderes da JOCUM Concord tinham as mesmas preocupações. Mais da metade dos funcionários da base vinham de nossa igreja local e eram nossos amigos leais. Será que os nossos líderes pensavam que éramos uma ameaça nesse sentido?

Nossos corações nunca cogitaram tal possibilidade. Tínhamos visto de perto os efeitos devastadores de uma igreja dividida com o episódio ocorrido com Rich na Capela da Aliança. Não importa o que isso signifique para nós, nunca prejudicaríamos a obra de Deus para o nosso ego ou ganho financeiro. Suspeito que o pastor Ken e os presbíteros ficaram surpresos quando aparecíamos todas as semanas no culto de domingo de manhã, como se nada tivesse acontecido.

Algo aconteceu que causou uma tempestade em nossas vidas, mas nos rendemos ao propósito de Deus, confiando no cenário maior para Sua glória.

Grande parte da situação parecia um déjà vu: estar no gramado na Alemanha, fazer as malas em Concord e agora isso. Estávamos passando por instabilidade e insegurança financeira. "O que Deus estava tentando nos dizer?".

Tínhamos uma constante naquela época. O conhecimento de que Deus estava no comando de nossas vidas e era confiável.

Faltavam algumas semanas para o Natal e nosso último salário pagava a hipoteca de dezembro. Tantas vezes vimos Deus nos prover e resgatar: a dispensa da vacina contra a febre amarela em nossa viagem missionária inicial ao Brasil; as bonecas na Grécia; o dinheiro para o trem vindo da Alemanha; um lugar para morar em Amsterdã; Festa de aniversário de Betânia; e Lord Adams nos encontrando em Amsterdã com dinheiro para comprar nossa passagem de avião para casa.

Pensei nas instruções do Senhor em Josué 4, depois de atravessar o rio Jordão e antes de entrar na Terra Prometida. Ele lhes disse para fazerem dois memoriais: doze pedras em Gilgal para que se lembrassem de sua provisão e fidelidade, e doze pedras para serem colocadas no leito do rio. Estas só seriam detectáveis em períodos de seca, quando o fluxo de água era baixo. A mensagem era a mesma. Na luta, Deus está presente e é fiel. Nos tempos de milagres, Sua glória é vista, e lembrar disso lhe dará coragem para os tempos de luta no futuro.

Quando nossos filhos perguntassem: "O que significam essas pedras?" Eles veriam a evidência da obra de Deus em nossas vidas e reconheceriam essa verdade em suas vidas. Este memorial seria ainda um testemunho da fidelidade de Deus às nações.

Chegou a semana do Natal. Todos os anos, voltávamos para nossas famílias no oeste da Pensilvânia. Nossos filhos sempre aproveitavam as férias com os avós. Mesmo com todas as mudanças e viagens, o Natal em família e com as tradições trouxe-lhes alguma segurança e pertencimento. Tínhamos dinheiro suficiente em nossa conta bancária para abastecer o carro até Pittsburgh. Não tínhamos dinheiro para presentes de Natal. Então, fizemos as malas e tentamos evitar as dúvidas dos nossos filhos sobre os presentes de Natal.

A van estava carregada e estávamos prontos para sair da garagem quando o telefone tocou. "Temos algo para entregar", alguém disse ao telefone. "Você estará em casa por alguns minutos?". A família Neveu apareceu cinco minutos depois em dois carros cheios de presentes. Abrimos presentes com eles por mais de uma hora. Havia roupas, brinquedos para as crianças e presentes especiais. Foi o maior número de presentes que nossos filhos já viram. A provisão de Deus era clara, mesmo em tempos de luta. Ele estava conosco e era confiável.

Ao longo dos seis meses seguintes, Doug manteve suas consultas com o Dr. Sam Brown. Durante a primeira sessão, Sam fez uma declaração preocupante. "Doug, conversei com os líderes da igreja e entendo um pouco do que eles esperam que aconteça com nosso tempo juntos. Aconselhei muitos pastores e líderes em situações semelhantes sobre relacionamentos na igreja. Você terá novamente um ministério. Sua disposição de se comprometer com aconselhamento é louvável. Você percebe que a porta está fechada para qualquer ministério futuro na *Faith Christian*. Nunca vi que isso fosse uma possibilidade em qualquer situação em meus anos de aconselhamento. Então, por favor, deixe de lado essa expectativa. Você terá um futuro, mas será em outro lugar".

Que maneira de começar uma conversa! Quando ouvi isso, fiquei aliviada. Voltar ao ministério era a última coisa que eu queria. Na terceira semana, Sam pediu a Doug que eu estivesse junto na sessão de aconselhamento. Ele perguntou como eu estava.

"Tudo bem, obrigada", respondi, mas estava longe de estar bem. Eu simplesmente não estava interessada em falar sobre o assunto.

"Só para você saber, tenho certeza de que Doug voltará ao ministério de tempo integral".

"Não estou interessada nesse tipo de futuro, obrigada".

Apenas aparecer nas manhãs de domingo no Centro Cristão da Fé já era uma luta suficiente para mim. Eu não tinha intenção de voltar a qualquer tipo de ministério.

Durante os seis meses seguintes, Doug trabalhou limpando carpetes e mantivemos nossa família unida.

Uma noite, ouvi a van de Doug estacionando na garagem. Ele estava me chamando quando abriu a porta. "Finalmente entendi", disse ele.

Nas horas seguintes, ele me explicou sua vida sob uma nova perspectiva. Esta revelação veio depois de meses de conversa com o Dr. Brown. "Meu pai me amava, mas nunca disse que me amava. Ele não me abraçou. Ele apenas me deu projetos, empregos e responsabilidades. Ele nunca me apoiou, exceto para completar uma tarefa, e isso foi mais um 'ok, bom, aqui está o próximo trabalho para você'. Eu só recebi a aprovação do meu pai para trabalhar e completar trabalhos, então transferi isso para meus relacionamentos ministeriais. Trabalhei muito, mas me comuniquei pouco. Surpreendi meus líderes e às vezes economizei para realizar o trabalho, mas muitas vezes eles não sabiam o que eu estava fazendo ou por quê estava fazendo. A falta de comunicação causou falta de confiança e rompimento do relacionamento. Eu vejo agora".

Earl Tunney era um pai muito comprometido. Ele era um provedor e um homem gentil, mas não uma pessoa afetuosa. Lembro-me de quando Doug entregou sua vida a Jesus pela primeira vez, ele dizia ao pai: "Eu te amo".

"Tudo bem", foi a resposta. Doug começou a abraçar o pai e foi como abraçar uma estátua. Sua linguagem de amor eram atos de serviço e ele servia bem a sua família. Mas a mensagem que Doug recebeu foi: se você quer ser amado, trabalhe duro e entregue um projeto finalizado.

"Quando você vai conseguir um emprego de verdade?", era a pergunta frequentemente repetidapor Earl Tunney. Ele parecia desapontado por Doug ser pastor e não estar no mundo dos negócios ou em alguma outra profissão mais reconhecida.

Como seu pai já estava na casa dos oitenta anos, um amigo da família disse a Doug: "Você sabe o quanto seu pai está orgulhoso de você? Ele se gaba de você o tempo todo! Quando você está viajando, ele nos diz onde você está e o que está fazendo. Ele nunca para de dizer o quanto está grato pelo homem que você se tornou".

"Então, agora o que acontece?" — perguntei, imaginando como o novo insight nos ajudaria a seguir em frente com nossas vidas.

O pastor Ken pediu a Doug que entrasse para outra conversa. "Dr. Brown compartilhou conosco como as coisas estão indo. Os élderes e eu ficamos surpresos com sua resposta aos nossos pedidos. Nós meio que esperávamos que você fosse embora. Nós nos perguntamos se você iniciaria seu próprio ministério. Nosso respeito por você cresceu à medida que vimos sua fidelidade, seu caráter, seu respeito e sua disposição de confiar no Senhor durante este tempo".

Ken então deu a Doug um pedaço de papel em branco. "Se você pudesse ter o emprego dos seus sonhos, qual seria? O que você ama? No que você é melhor? Nos minutos seguintes, Doug escreveu:

Adoro evangelismo e missões. Adoro treinar pessoas para compartilhar sua fé. Adoro fazer a diferença na área pró-vida, inspirando as pessoas a se envolverem. Adoro mobilizar as pessoas para alcançarem suas comunidades com o Evangelho. Sou melhor quando posso equipar as pessoas para o ministério e discipulá-las em sua caminhada com o Senhor.

O pastor Ken leu a lista e assinou o papel. "Bem vindo de volta. Gostaríamos de ter você outra vez em nossa equipe e esta será a descrição de seu trabalho".

CAPÍTULO 41

ESCOLA DE EVANGELISMO E MINISTÉRIO

O pastor Ken abriu um mundo de oportunidades para Doug. Foi uma chance de viver seus sonhos e cumprir o chamado para o qual Deus o havia equipado. O Centro Cristão da Fé tinha recursos financeiros e pessoas que poderiam apoiar e lançar novas iniciativas.

Seu primeiro dia de volta ao trabalho foi tão diferente! Ele trocou terno e gravata por trajes mais casuais. Ele estava fora do horário de trabalho e fora do prédio da igreja. Para Doug, isso significava que ele estava seguindo o cronograma de Deus. Se o seu ministério estiver na área designada, dificilmente vai parecer um trabalho.

No domingo seguinte, ele anunciou um evangelismo para a semana seguinte. Trinta pessoas dispostas e inspiradas compareceram com grandes expectativas. Doug os levou para o centro da cidade de *Manchester*. Oramos pela equipe e eles estenderam a mão para as pessoas nas ruas. Foi um fracasso total. Eles não estavam preparados e lutaram para envolver as pessoas na conversa. Eles ficaram frustrados ao tentar responder às perguntas e encontraram muita rejeição.

Apesar do nosso incentivo, esta experiência diminuiu o entusiasmo. Duas pessoas apareceram para o próximo evangelismo. Era hora de repensar a maneira como estávamos fazendo aquilo.

Os novos cristãos acham muito fácil chegar aos seus familiares e amigos para falar sobre o Evangelho. Os testemunhos são uma forma poderosa de compartilhar as Boas Novas. Infelizmente, após um curto período, eles ficam isolados dessas relações naturais. Os clichês religiosos podem substituir as conversas cotidianas. A distância entre os cristãos e os "perdidos" aumenta. Pode se tornar uma situação do tipo "nós e eles", onde a conexão e a compaixão são perdidas. O evangelismo pode parecer mais um programa sistemático do que um convite a um relacionamento com o Pai.

Quando conversamos com alguns desses mensageiros desanimados, notamos vários obstáculos que os impediam.

O mais comum era o medo: medo da rejeição, medo de ser mal compreendido e medo de dizer coisas erradas. Podemos e devemos superar nossos medos. Muitas vezes são "evidências falsas que parecem reais". O amor perfeito expulsa o medo. É um conforto saber que Deus está conosco quando saímos para compartilhar com os outros; Ele nunca nos deixará.

Para alguns, pensamentos sobre sua inadequação e fracassos invadem suas mentes ao darem o primeiro passo para estender a mão para ajudar outros. Como Deus poderia usá-los quando eles próprios eram tão imperfeitos? *1 Timóteo 1:5,19* fala sobre ter fé e uma boa consciência. As acusações do inimigo podem ser paralisantes. Certificar-se de que seu coração está correto diante de Deus é essencial antes de sair para servi-Lo.

Nossas vidas modernas são muitas vezes tão rápidas e centradas em nós mesmos que perdemos a conexão com as necessidades dos outros. Precisamos ver as pessoas através dos olhos de Deus e com Sua compaixão. Uma oração como: "Pai, quebra meu coração pelo que quebra o seu" nos abrirá à compaixão. Alguns desistiram após o primeiro evangelismo porque não estavam conectados.

Ou até quando lhes faziam perguntas ou às vezes eram desafiados e não tinham as respostas. Era desanimador.

Percebemos que essas questões continuariam a impedir as pessoas de levar o Evangelho. Os evangelistas são verdadeiros presentes visando equipar a Igreja para o ministério. Isto deu origem à ideia de uma Escola de Evangelismo que prepararia os crentes para alcançar outros com o Evangelho.

> *E Ele mesmo deu alguns para serem apóstolos, alguns profetas, alguns evangelistas e alguns pastores e mestres, para equipar os santos para a obra do ministério, para a edificação do corpo de Cristo, até que todos cheguemos à unidade do fé e do conhecimento do Filho de Deus, ao varão perfeito, à medida da estatura completa de Cristo. (Efésios 4:11–13)*

O que deveríamos incluir na escola?

Nossa experiência em JOCUM nos ajudou a identificar as áreas de ensino que seriam mais úteis. O Pai, o Coração de Deus, a Intercessão, um Coração Limpo, a Mensagem do Evangelho, e a Resposta a Perguntas Difíceis eram algumas áreas que sabíamos eram essenciais.

Cada semana partilhávamos uma lição e reservávamos tempo para discussão e oração. Após a quarta e a oitava semanas, levávamos os alunos para atividades locais. Houve um grande entusiasmo. A preparação valeu a pena e muitas pessoas responderam ao Evangelho. O evangelismo final era num final de semana na cidade de Nova York (NYC). Era uma experiência transcultural e um momento para confiar em Deus de uma forma ainda maior.

CAPÍTULO 42

PESSOAS DIFÍCEIS OU COLHEITA ABUNDANTE?

"Você simplesmente não entende como as coisas são aqui. Estas pessoas são mais difíceis do que em outros lugares; elas simplesmente não querem ouvir sobre Jesus".

Ouvimos exatamente esse tipo de comentário em todos os continentes do planeta Terra. Muitas vezes, os crentes se sentem desanimados. Quando desafiados pela Grande Comissão e pela proclamação de Jesus de ir ao mundo e pregar o Evangelho, eles dizem que determinado campo missionário seria uma exceção nesta ordenança devido ao estado dos corações daquelas pessoas. Pensar desta forma poderia ajudar a lidar com o desânimo.

Nossa experiência mostra que há alguns lugares onde há um movimento do Espírito Santo e onde muitas pessoas responderão ao Evangelho. Em outros lugares, há uma luta para conseguir apresentar o Evangelho a uma pessoa.

As pessoas podem parecer duras se houver um véu sobre as suas mentes ou se não tiverem esperança. Às vezes, são afetadas por pressões familiares ou culturais e pelo orgulho, que criam uma barreira ao Evangelho.

No entanto, Jesus disse que a *colheita está madura*. Homens e mulheres estão perdidos sem Ele. Deus abrirá portas nos lugares mais improváveis e difíceis, onde parece impossível alcançar alguém.

CAPÍTULO 43

LIBÉRIA

> *Ao mesmo tempo, rogai também por nós, para que Deus nos abra uma porta à palavra, para anunciar o mistério de Cristo, pelo qual estou preso, para que eu possa esclarecer como devo falar. (Colossenses 4:3–4 NVI)*

Ken Whitten, o diretor missionário de nossa igreja, Centro Cristão da Fé, colocou-se atrás do púlpito.

"Estou muito grato por estar em casa depois das últimas semanas na Libéria", disse ele.

Ken falou com emoção. "Eu esperava que houvesse necessidades no país. Nunca esperei a devastação que esta guerra civil trouxe a estas pessoas. É de partir o coração ver o sofrimento que elas suportaram. Não tenho palavras para expressar o desespero desta nação. Como igreja, devemos responder e fazer o que pudermos para ajudar. Planejaremos outra viagem em breve".

Sabíamos pouco sobre o país. Ken mexeu com nossos corações e começamos a ler tudo o que estava disponível para entender melhor a nação africana. Os Estados Unidos fundaram a Libéria após o fim da escravidão. *(O nascimento da Libéria ocorreu no século XIX em resultado da ação da Sociedade Americana de Colonização, organização criada por*

Robert Finley nos Estados Unidos em 1816, cujo objetivo era levar para a África negros livres ou negros que tinham sido libertos da escravatura). Os navios negreiros a caminho da América e de outras nações foram desviados e enviados de volta para a África. Eles estavam livres. Mas foi uma crise humanitária levá-los de volta às suas casas e famílias. Eles eram de diferentes lugares do continente. O plano era começar um novo país com todas as diferentes tribos.

Eles elaboraram uma constituição, muito parecida com a Constituição dos Estados Unidos. Eles nomearam as principais cidades em homenagem aos líderes americanos. A nação estava cheia de facções e lutas internas tribais. Duas grandes guerras civis dizimaram a nação entre 1989 e 1997. Charles Taylor assumiu o poder em 1997. Os dois anos seguintes foram pacíficos e depois, de 1999 a 2003, 50.000 pessoas morreram. As crianças soldados eram os principais combatentes, cheias de drogas e da promessa de riqueza material se lutassem na revolução. As mulheres trouxeram paz à nação unindo-se para parar a guerra.

Doug juntou-se à próxima equipe na Libéria, junto com o Pastor Ken e Marietta Anderson. Quando o avião pousou em Monróvia, a equipe não sabia o que esperar. O Bispo Reeves e o Pastor Sydney Thomas foram nossos principais contatos e fizeram todo o possível para facilitar o trabalho da nossa equipe.

O comitê missionário da nossa igreja enviou contêineres de 12 metros cheios de suprimentos médicos, provisões e alimentos. Como resultado, eles foram convidados a se reunir com o Presidente do país. A guerra dizimou o hospital JFK e esses contêineres ajudaram a restaurá-lo e torná-lo um hospital funcional.

A equipe ficou com a juíza Ash-Thompson, que foi uma influente líder nacional e educadora. Doug compartilhou seu coração com ela e do desejo de alcançar as pessoas com o Evangelho e treinar jovens líderes. Laura Morgan e Doug faltaram à reunião com o presidente e passaram o tempo ministrando a um pequeno grupo de jovens adultos.

Este grupo aprendeu o drama "Portas" e adaptou-o à sua cultura africana.

Togar Mattias, Alfred Varney e Francis Klafleh faziam parte do grupo. Eles aceitaram o chamado para compartilhar o Evangelho no futuro. Mais tarde, enviamos bicicletas em um navio porta-contêineres, e sua equipe de teatro viajava de vilarejo em vilarejo, apresentando o drama e pregando.

Durante um dos cultos da igreja, Doug perguntou se alguém queria oração. Ele não percebeu que todos sempre queriam oração e toda a igreja fazia fila. Ele orou por cada pessoa que passava por ele até que um menino chamou sua atenção e seu coração.

"Qual o seu nome?" ele perguntou.

"Patrick Whea", respondeu o menino, surpreso com a pergunta.

"Seus pais estão aqui?"

"Não, sou órfão. Eles mataram meus pais na guerra."

"Patrick, Deus falou ao meu coração; Eu serei seu   pai. Vou te chamar de meu filho. Um órfão africano tornou-se parte da nossa família. Nos anos seguintes, tivemos o privilégio de apoiá-lo e ajudá-lo na escola.

CAPÍTULO 44

MALÁRIA

O que estava acontecendo? Fui acordada de um sono profundo com Doug tremendo incontrolavelmente. Ele estava resmungando. Estendi a mão para acalmá-lo e senti sua pele queimando. O que estava errado? Sua voz estava tremendo.

"Tenho tanto frio. Traga-me alguns cobertores. Sua febre estava tão alta que seu corpo tremia.

"Você consegue se levantar?", eu perguntei.

Eu sabia que precisava levá-lo ao pronto-socorro. O medo estava me inundando e Doug não estava sendo racional. Qualquer menção que eu fazia de irmos ao hospital era recebida com uma recusa retumbante. Ao amanhecer, convenci-o a ir comigo ao hospital. Foi uma luta colocá-lo no carro.

"Cuidado, os postes estão batendo no nosso carro!", dizia Doug durante alucinações de postes telefônicos caindo em nosso caminho que enchiam sua mente.

A enfermeira do pronto-socorro do Centro Médico Católico nos conduziu diretamente para a sala de exames, e um médico entrou correndo. Doug estava em estado grave e eles reconheceram isso.

"Você viajou recentemente para fora do país?", perguntou o médico.

Doug não conseguiu responder às perguntas, e então respondi: "Ele voltou da Libéria há quatro dias".

Eles iniciaram uma administração intravenosa de líquidos e o médico foi até o balcão externo. Eu podia vê-lo com um livro de medicina, folheando as páginas. Fizeram um exame de sangue para procurar malária. Foi negativo. Como poderia ser negativo? O pastor Ken também estava viajando para a Libéria e no dia anterior adoeceu com malária e apresentou os mesmos sintomas.

"Não sabemos o que é isso", disse o médico. "Basta descansar e beber líquidos. Não podemos dar-lhe medicamentos contra a malária sem um exame de sangue positivo".

Durante a semana seguinte, ele ficou deitado na cama, com a febre aumentando, exausto. Várias vezes, ele tentou fazer atividades básicas. Ele tentou brincar com nossos filhos no quintal e desmaiou.

O meu conhecimento sobre a malária era inferior ao mínimo. Eu tinha certeza de que meu marido estava sofrendo com isso; então li o máximo que pude sobre o assunto.

A malária é uma doença potencialmente fatal, transmitida pela picada de fêmeas infectadas do mosquito Anopheles. O parasita da malária ataca e destrói os glóbulos vermelhos, que trazem oxigênio e nutrição ao corpo. Todos os anos, mais de 600.000 pessoas morrem devido à doença, 95 por cento delas na África. Existem medicamentos para prevenir infecções. No entanto, os organizadores da viagem não informaram aos membros da nossa equipe que seria importante levar os medicamentos. Foi um erro grave.

Quando Doug finalmente teve energia suficiente para se aventurar, foi ao supermercado local. Foi um alívio para ele estar fora da cama e de casa.

"Deb, tive uma experiência única hoje. Conheci um novo grupo de pessoas na loja. Eu nunca tinha notado eles antes. Os caminhantes lentos! Eu era um deles, apoiado em meu carrinho e demorando enquanto vagava pelos corredores. Eram pessoas idosas ou fisicamente limitadas. Pessoas por quem passei na minha vida apressada antes. Mas hoje eu os notei e tive compaixão por eles".

A passagem bíblica em **2 Coríntios 1:4** diz que consolamos os outros com o conforto que recebemos do Senhor. Doug conseguia se identificar com as limitações físicas de um grupo de pessoas, e Deus colocou um fardo em seu coração para alcançá-los.

Quando voltou para a igreja, Doug recrutou outras pessoas para ajudar a criar um ministério para idosos. Muitas pessoas que tiveram coragem responderam ao chamado, e foi formada uma equipe que se concentrava em ministrar aos internos em lares de idosos. Houve também uma ênfase especial em acomodá-los nas atividades da igreja.

Doug teria uma recaída e depois se recuperaria. Então, em momentos aleatórios, ele teria outro episódio. Durante nove anos Doug sofreu desta doença de forma recorrente. Nós nos perguntávamos se algum dia ele se livraria disso.

A África foi plantada no coração de Doug. A próxima viagem à África estava planejada. Seria uma cruzada nacional para unir as facções, mesmo naquele tempo de guerra. O Presidente da Libéria na época, Dr. Amos Sawyer, pediu que o evento fosse chamado de Cruzada de Reconciliação.

CAPÍTULO 45

CRUZADA DE RECONCILIAÇÕES EM MONRÓVIA

Nosso grupo missionário chamava-se *Reach Out 2000*. Enquanto já preparávamos a segunda viagem missionária à Libéria continuávamos enviando contêineres para aquele país. A Clínica Hitchcock e outras instituições médicas doaram milhares de suprimentos médicos. Compreendemos algumas das situações extremas que o povo liberiano enfrentou devido aos conflitos armados. Monróvia, a capital, não tinha eletricidade nem água encanada. A guerra estava varrendo o campo.

Doug compartilhou com algumas pessoas a seguinte história de sua segunda viagem à Libéria.

Seu avião pousou em uma pista danificada pela guerra. Havia sinais de presença militar por toda parte.

A equipe se reuniu com Peter Jon de Vos, embaixador dos Estados Unidos. Doug sentou-se à mesa ornamentada com a melhor decoração. Foi impressionante. A autoridade e a influência do embaixador vinham da nação considerada a mais poderosa do planeta.

No entanto, Deus falou ao coração de Doug. "Doug, você é meu embaixador. Você representa o reino mais poderoso do universo". Naquele momento, ele teve clareza sobre seu chamado para representar o Rei dos Reis, e essa posição exigia uma integridade ainda maior em sua vida.

A mensagem de Deus de reconciliação para aquela nação foi confiada à nossa equipe.

> *"Ora, todas as coisas são de Deus, que nos reconciliou consigo mesmo por meio de Jesus Cristo, e nos deu o ministério da reconciliação, isto é, que Deus estava em Cristo reconciliando consigo o mundo, não lhes imputando as suas transgressões, e cometeu para nós a palavra da reconciliação. Agora, então, somos embaixadores de Cristo, como se Deus estivesse implorando por nosso intermédio: nós te imploramos em nome de Cristo, reconcilie-se com Deus". (2 Coríntios 5:18-20)*

Nossos amigos, Pastor Sydney Thomas e Bispo Reeves, trabalharam para organizar a Cruzada. A maioria dos líderes cristãos nacionais comprometeu-se a ajudar naquele evento. Muitas pessoas se apresentaram para o treinamento de liderança e evangelismo.

Doug se encontrou com o Presidente Amos Sawyer. A reunião estava inicialmente prevista para ser apenas cinco minutos, mas o Presidente esteva bastante interessado na conversa e o encontro se prolongou por uma hora e meia. Dr. Sawyer disse a Doug que ele estava tendo um episódio de malária. Doug também estava passando por isso e tinha que superar a exaustão todos os dias.

"Rev. Tunney, como devo liderar esta nação? Estamos tão desesperados por um novo começo!".

"Senhor, o melhor conselho que posso lhe dar é ler sua Bíblia e fazer o que ela diz", foi a resposta de Doug. Dr. Sawyer se inclinou para frente e disse: "Sim. E o que você precisa para esta cruzada que você tem planejado?".

O presidente estava muito empenhado em ajudar o nosso time. Ele estava tão convencido de que Deus iria usar aquele momento para unir a nação que comprometeu todos os seus recursos para nos ajudar. Ele cedeu o Salão do Palácio Presidencial para o treinamento de 3.300 líderes. A cruzada de quatro dias seria realizada no Estádio Antoinette Tubman. Foi um evento sem precedentes com o objetivo de mudar uma nação e trazer perdão e restauração.

O treinamento da cruzada reuniu líderes de todas as principais denominações protestantes da Liberia. Os materiais da Escola de Evangelismo tornaram-se materiais para os livros didáticos. Uma das ministrações foi sobre ter um coração limpo para ser usado na obra de Deus.

"Mas numa grande casa não existem apenas vasos de ouro e prata, mas também de madeira e barro, alguns para honra e outros para desonra. Portanto, se alguém se purificar destas últimas, será vaso de honra, santificado e útil ao Mestre, preparado para toda boa obra". (2 Timóteo 2:20–21)

"Agora, o propósito do mandamento é o amor proveniente de um coração puro, de uma boa consciência e de uma fé sincera". (1 Timóteo 1:5)

"... mantendo o mistério da fé com uma pureza consciência". (1 Timóteo 3:9)

> *"... tendo fé e uma boa consciência, que alguns, tendo rejeitado, no que diz respeito à fé, naufragaram". (1 Timóteo 1:19)*

A igreja mantém uma cultura unida através da sua influência na vida do povo, na integridade dos seus líderes e no coração da família. As orações dos santos ajudam a guiar aqueles que ocupam posições de autoridade com honra e sabedoria. Quando a igreja não caminha em total integridade com os princípios da Palavra de Deus, ela perde o impacto da justiça. Há um vazio e o inimigo tentará destruir a estrutura da nação.

A Reach Out 2000 assumiu a responsabilidade de fornecer alimentação aos participantes do treinamento. Muitas pessoas caminharam durante dias para comparecer ao evento e dormiram no chão. Após vários dias de ensino, Doug abordou a mensagem fundamental de santidade na igreja.

"Você é cristão?", ele perguntou. Ele podia ouvir os sussurros de "sim" vindos da multidão. Houve alguns olhares questionadores. Claro que somos!

"Você é um cristão bíblico ou um cristão cultural?", ele perguntou novamente. Naquele momento houve um silêncio. Doug continuou citando um texto da Escritura Sagrada. "A Bíblia diz em Efésios:

> *"Sede, portanto, imitadores de Deus, como filhos amados, e andai em amor, assim como Cristo amou e se entregou por nós como oferta sacrificial perfumada a Deus. Mas entre vocês, como é próprio entre os santos, não deve haver sequer um indício de imoralidade sexual, ou de qualquer tipo de impureza, ou de ganância. Nem deve haver obscenidades, conversas tolas ou piadas grosseiras, que estão fora do caráter, mas sim ações de graças. Pois disto vocês podem ter*

> *certeza: nenhuma pessoa imoral, impura ou gananciosa (isto*
> *é, idólatra) tem qualquer herança no reino de Cristo e de*
> *Deus. Ninguém vos engane com palavras vãs, pois por causa*
> *dessas coisas a ira de Deus está caindo sobre os filhos da*
> *desobediência. Portanto, não sejas participante deles".*
> *(Efésios 5:1-7 NTLH)*

"Você tem uma influência significativa se tiver uma vida santa. Esta nação precisa de homens e mulheres íntegros e de caráter santo se quiser encontrar a cura da destruição que está atingindo este país", disse Doug.

E ele continuou: "Quem tem vivido uma vida sem compromisso com Deus – em pecado sexual, traição, mentira ou assassinato deve se arrepender para que suas vidas estejam corretas diante de Deus e, assim, ajudar sua nação a alcançar a cura".

O Espírito Santo estava tocando as almas daqueles líderes, e eles clamaram, arrependendo-se dos pecados de suas vidas e dos pecados da nação. Por mais de uma hora, os gritos continuaram. O som era tão intenso que Doug teve que tapar os ouvidos. Pastores e líderes choravam pelos pecados mais horrendos.

Doug foi questionado muitas vezes sobre o que contribuiu para a crise na Libéria. Esta foi uma das razões implícitas. Como pode Deus abençoar uma nação quando a Sua Igreja se corrompeu de tantas maneiras?

Depois do arrependimento vem a liberdade e a alegria do Senhor. Os africanos dançaram com alegria e Doug dançou com eles, celebrando a sua liberdade e libertação.

Quando Doug perguntou aos liberianos o que iria unir as pessoas naquele tempo de guerra, a resposta esmagadora foi um jogo de futebol. A equipe procurou vários times de futebol conhecidos no país, mas nenhum se dispôs a participar. Eles consideravam isso muito perigoso. O time de pessoas com deficiência visual concordou em jogar contra o time das pessoas com mobilidade reduzida . A bola tinha um sino dentro e alguns homens ficavam ao lado das traves com tacos para o auxiliar o time dos cegos. Muitos dos jogadores do outro time foram feridos na guerra. Alguns deles usavam muletas e alguns tiveram que se arrastar na terra para chegar à bola. Todos eram atletas habilidosos e jogavam apesar das suas deficiências.

Nossa equipe se reuniu com os 3.300 dirigentes no estádio, que estava lotado. Houve mais de 10.000 participantes em cada um dos quatro dias. O total durante os quatro dias foi de 50.000 pessoas, e 5.500 pessoas aceitaram Jesus pela primeira vez. Houve um grande mover de Deus. Os liberianos iniciaram centenas de igrejas na semana seguinte.

CAPÍTULO 46

CRUZADA DA EQUIPE DE PODER

A Cruzada *Reach Out 2000* na Libéria despertou uma ideia para Doug. "O que traria as pessoas para ouvir o Evangelho?", foi a pergunta que veio a mente dele antes de marcar a reunião. O jogo de futebol entre os times dos cegos e das pessoas com mobilidade reduzida foi um componente essencial do evento em Monróvia.

Se tivéssemos um evento evangelístico em *Manchester, New Hampshire,* que tipo de programa atrairia uma multidão? O pastor Ken sugeriu John Jacobs e o Time de Poder. Eles realizariam reuniões motivacionais nas escolas, completadas com atividades de demonstração de força e, depois, convidariam os alunos para um evento noturno onde o Evangelho poderia ser apresentado.

Assumir tal projeto estava além de nossas habilidades. Então desde o início sabíamos que precisávamos de uma grande equipe. As muitas escolas de evangelismo que tínhamos feito em igrejas por todo o estado tornaram-se agora o grupo de recrutamento para conseguir voluntários para ajudar.

Sabíamos que a oração era essencial para o sucesso deste evento. A oração foi a primeira coisa! Doug formou uma equipe de oração de pastores que eram seus amigos para apoiá-lo 24 horas por dia, 7 dias por semana. Este grupo tornou-se a *New Hampshire Pastor Alliance.* As pessoas oraram e isso colocou as coisas em movimento.

As igrejas se inscreveram para ajudar com logística, publicidade e voluntários no local do evento. Cada igreja se comprometeu em receber ofertas para apoiar a cruzada. Assinamos um contrato para a arena de gelo. A lista de materiais por si só era esmagadora. Centenas de blocos de cimento e blocos de gelo gigantes tiveram que ser comprados. A Equipe de Poder iria quebrá-los durante as atividades noturnas de demonstração de força. Foram necessários doze conjuntos de algemas. John Jacobs fazia três demonstrações todas as noites quando falava sobre o poder de Deus para quebrar as correntes do pecado.

Mais de 150 igrejas estiveram envolvidas e mais de 300 pessoas nos ajudaram em todas essas áreas. O governador Steve Merrill concordou em comparecer. Cathy Burnham, uma conhecida âncora de notícias e entretenimento da estação de televisão *WMUR*, seria o mestre de cerimônias.

O Time de Poder tinha um excelente programa para escolas e dezoito instituições inscreveram-se em assembleias escolares. A diocese católica juntou-se a um programa nas prisões realizado pela *Trinity High School* em *Concord*, e a *WMUR* transmitiu esses eventos escolares pela televisão e os disponibilizou a todas as escolas do estado.

Divulgamos bastante o programa com escolas realizado pelo Time de Poder.

"Onde quer que eu vá, no bebedouro ou na sala de reuniões, as pessoas falam sobre o próximo evento do Time de Poder", disse um voluntário.

Foi um mover de Deus. Todos os dias aconteciam pequenos e grandes milagres. Houve portas abertas, doações, conexões e corações abertos. Um telefonema aconteceu. Estávamos ligando para empresas para pedir doações e nossa voluntária discou o número errado quando tentava entrar em contato com o distribuidor da Coca-Cola na cidade.

"Olá, é do escritório da Coca-Cola?", perguntou ela.

"Não, este é um telefone pessoal. Por que você está ligando?

Essa ligação "equivocada" terminou com a voluntária compartilhando o Evangelho e a pessoa se rendeu a Jesus.

Foi uma onda, um mover de Deus. Pessoas de muitas igrejas unidas com um único propósito estavam compartilhando o evangelho, alcançando os jovens e trabalhando juntas para impactar todo o nosso estado.

Depois de todo trabalho e orações, abrimos as portas na primeira noite. Cinco assembleias escolares aconteceram durante o dia. As mensagens motivacionais inspiraram os alunos. Já havia uma multidão enorme esperando para entrar e quando a arena de gelo foi inaugurada, já estava lotada.

John Jacobs fez uma apresentação do evangelho e centenas de pessoas responderam ao chamado. Todas as noites acontecia a mesma coisa. Mais de 20.000 pessoas participaram dos quatro programas noturnos, e mais de 3.000 se apresentaram para receber Jesus.

Foi o maior evento cristão na história de *New Hampshire*, energizando a igreja e tornando Jesus famoso em todo o país.

CAPÍTULO 47

MILAGRE NA FONTE DE ÁGUA NA ROMÊNIA

"O Cordeiro venceu!"

16 de dezembro de 1989 foi o dia em que o povo romeno saiu às ruas de *Timisoara (Romênia)*, para resistir ao regime comunista de *Nicolae Ceaușescu*. Durante quarenta e dois anos, ele oprimiu a nação com força militar brutal. O governo racionou alimentos durante muitos meses e agora não havia pão. Embora os agricultores tivessem cultivado as colheitas, o governo exportou o produto para outras nações. As pessoas estavam morrendo de fome enquanto Ceaușescu construía outra mansão para ele.

A *Piata Victoriei*, ou Praça da Vitória, fica no centro da cidade. Uma fonte elegante fica no meio, com edifícios do velho mundo alinhados na rua e a catedral ortodoxa na extremidade. Foi ali que a revolução começou.

Eles enfrentaram os manifestantes com força militar e muitos morreram. Os soldados mataram crianças e mães nos degraus da Catedral. As pessoas comuns lutaram com facas e armas feitas de utensílios domésticos contra tanques e metralhadoras. Os soldados eram parentes das pessoas que morriam nas ruas. Finalmente, os militares se recusaram a atacar o povo. A Praça da Vitória era um lugar sagrado onde muitos deram suas vidas, na esperança de libertação.

Nossos amigos romenos nos contaram a história. "Quando os soldados depuseram as armas, sabíamos que Deus estava do nosso lado e que haveria liberdade. Muitos discípulos secretos de Jesus oraram por este dia durante anos. Eles colocaram faixas escritas à mão nas janelas que diziam: 'O Cordeiro venceu'. A liberdade chegou à nossa terra".

Em 1991, Doug foi com uma equipe para *Timisoara*. As necessidades sociais que a nação enfrentava comoveram seu coração. A taxa de aborto era uma das mais altas do mundo e, embora as pessoas fossem livres, faltava esperança para o futuro.

Ele levou uma equipe para a Praça da Vitória e compartilhou o Evangelho com uma multidão que se reuniu para assistir a uma peça evangelística chamada "Doors". A Dra. Elizabeth, diretora do Hospital Pediátrico de Timisoara, encontrou Jesus naquele dia nas ruas. Ela teve um encontro genuíno com o Senhor e tornou-se uma discípula dedicada e uma amiga de confiança. A Praça da Vitória foi um lugar de revolução política. De forma mais significativa, foi um lugar onde os romenos ouviram o Evangelho.

Doug compartilhou com os líderes da igreja na cidade e os encorajou a defender a vida, criando centros de gravidez em crise. Os centros floresceram e trouxeram esperança para muitas famílias, fornecendo apoio e recursos práticos para jovens grávidas.

Vários anos depois, voltamos à Romênia com uma equipe de jovens do Projeto *Joshua Generation* (Geração Josué). Levamos remédios e suprimentos para o Hospital Pediátrico da Dra. Elizabeth. Nossos adolescentes fizeram uma oferta para comprar aparelhos de ar condicionado para bebês doentes na unidade de cuidados intensivos.

As igrejas locais forneceram alojamento e refeições. Nos contaram que a situação estava diferente e que o governo estava reprimindo os grupos que iam para a Praça da Vitória, inclusive, as licenças para o local foram negadas. As igrejas solicitaram permissões especiais em outros parques para que a nossa equipe fizesse evangelismo. No entanto, os locais de encontro estavam vazios.

Doug perguntou se era possível ir à Praça da Vitória e os nossos anfitriões responderam que estavam certos de que a polícia impediria se tentássemos fazer alguma coisa no local. Os crentes que experimentaram o sabor da liberdade estavam novamente vivendo com medo.

"Essa praça é um lugar sagrado, amigos. Foi aí que a sua nação começou a busca pela liberdade e onde muitas pessoas vieram a Cristo. Sentimo-nos chamados a compartilhar o Evangelho onde as multidões se reúnem. Eu entendo suas preocupações. Continuaremos como jocumeiros e iremos sozinhos para que vocês não tenham problemas", disse Doug.

Esse foi um passo ousado. Preparamos os alto-falantes e fomos para a praça. Nossos anfitriões ficaram em oração e gratos por compreendermos as preocupações deles. Nossas camisas vermelhas da equipe de 25 pessoas tinham o logotipo da JOCUM. Enquanto caminhávamos pela praça até a fonte de água as pessoas nos observavam e imaginavam o que estava para acontecer.

No caminho, um senhor romeno que caminhava pela praça nos parou. Ele estava vestido informalmente com shorts e uma regata. "Olá, jocumeiros!", ele falou em inglês. "É muito bom conhecê-los aqui hoje. Minha filha foi para uma ETED no Egito há vários anos". Seu sorriso amigável e seus modos eram tranquilizadores.

Meu coração estava acelerado. Todos os avisos cautelosos estavam passando pela minha mente. Eu estava levando adolescentes para uma situação em que não podia garantir a segurança deles.

Uma multidão se juntou em volta do nosso grupo enquanto montávamos nossos alto-falantes externos. "Boa tarde, senhoras e senhores. Nós somos da América e hoje queremos compartilhar uma mensagem com vocês através da música, da dança e de uma peça de teatro", Doug falou. Os adolescentes começaram a dança de rua para atrair mais gente.

Dos quatro cantos da praça, a polícia começou a se mover em nossa direção. Eles se aglomeraram em volta de Doug e, por meio de nosso intérprete, solicitaram para ver a nossa permissão. "Você deve parar imediatamente!".

A equipe continuou dançando. A polícia estava dizendo enfaticamente a Doug para ir embora.

Então nosso novo amigo romeno, que havia nos dado uma saudação poucos minutos antes, entrou no meio da conversa. Ele falou em romeno. A polícia ouviu e liberou. O chefe de polícia entregou-lhe um diário de bordo com aparência oficial. Ele tirou do bolso um selo de metal, carimbou o livro e assinou-o. Ninguém falou uma palavra. Nosso amigo romeno devolveu o livro e toda a polícia se dispersou.

"Agora, meus amigos, vocês estão sob minha autoridade. Por favor, preguem o Evangelho".

Uma enorme multidão que estava em volta do nosso grupo parecia abalada com os acontecimentos e Doug os convidou a aceitar Jesus como seu Salvador e a se ajoelharem na rua. Mais de 100 pessoas se ajoelharam e começaram a orar seguindo nosso intérprete. "Pai, viemos até você hoje como pecadores que precisam de perdão".

Nosso amigo romeno assistiu com um amplo sorriso de aprovação enquanto as pessoas oravam para entregar seus corações ao Senhor.

"O que aconteceu aqui?", perguntei a ele depois. "Quem é você e que autoridade você tem para nos ajudar?".

Ele respondeu: "Esta manhã eu estava em meu escritório no prédio do governo e perguntei a Deus sobre Seu plano para o meu dia. Sou o diretor da divisão de Direitos Humanos aqui. Passei muitos anos na prisão por causa da minha fé e agora tenho uma posição influente no governo. Senti Deus me mandando trocar de roupa, dar um passeio pela *Vitória Square*, e levar meu selo oficial caso eu precisasse. Quando vi sua equipe com as camisas vermelhas – um pequeno grupo de jocumeiros – percebi que Deus me enviou aqui para ajudá-los a compartilhar Jesus. Eu sou a única pessoa nesta cidade que poderia ter lhes dado aprovação para se apresentar aqui hoje".

"O Cordeiro venceu!"

Coragem não é ausência de medo; é dar um passo de fé apesar do medo.

CAPÍTULO 48

GERAÇÃO JOSUÉ

"Meu filho está longe de Deus; você pode orar por ele?". É claro que eu poderia orar, mas aquele pedido de um amigo que estava com o coração partido me fez parar e pensar sobre os outros jovens que conhecíamos da nossa igreja. Vários outros pais manifestaram preocupações semelhantes sobre seus filhos adolescentes.

O *Faith Christian Center* (Centro Cristão da Fé) era nossa megaigreja em crescimento. Havia cinco pastores e um ministro de jovens. Todas as semanas o grupo de jovens ficava lotado. Retiros e eventos especiais aconteciam regularmente. A maioria dos jovens frequentava a *Faith Christian Academy,* a escola fundada pela nossa igreja.

Os jovens tinham à sua disposição todos os recursos que precisavam, inclusive, financeiros. E, pelo menos superficialmente, parecia que havia uma atmosfera saudável para o crescimento espiritual. O que estava faltando?

Fiquei preocupada com as famílias que compartilharam seus corações conosco. Mas eu estava mais preocupada com a possibilidade de algum dia ser eu quem pedia a mesma oração pelos meus próprios filhos. O que eu poderia fazer para ajudar nossos meninos em sua fé?

Uma palavra que compartilhei com aqueles outros pais e mães foi: "Sentir culpa e vergonha por seus próprios erros do passado ou por achar que falharam na educação de seus filhos apenas tornará mais difícil alcançar o coração deles. Essas emoções profundas podem fazer com que vocês se afastem ou tentem controlar seus filhos".

Adão e Eva foram colocados num ambiente perfeito com um pai perfeito, Deus. Não houve más influências e todas as necessidades foram atendidas. No entanto, o inimigo atingiu os dois quando os levou a desconfiar do caráter de Deus.

Quando penso em todos os erros que cometemos como pais, incluindo muitos dos quais não tínhamos consciência, fico preocupada. No entanto, confiamos no cuidado e no amor de Deus pelas nossas famílias. Fazemos o melhor que sabemos; colocamos nossos filhos em Suas mãos.

Minha oração foi: "Deus, do que esses adolescentes precisam?".

"O que você precisa?", foi o pensamento que me veio à mente.

O que eu precisava? Eu precisava de um encontro com Deus, de intimidade com Ele e de conhecê-Lo pessoalmente. Eu precisava de amigos — verdadeiros crentes que me encorajassem e caminhassem comigo nas dificuldades da vida; amigos que me levantariam e orariam por mim. Eu precisava de um propósito em minha vida. Queria ser um instrumento nas mãos do Senhor para alcançar e servir outras pessoas e fazer a diferença.

Se os jovens precisavam disso, então eu podia perceber que não estávamos alcançando este objetivo nos programas e nos eventos da igreja. Os jovens eram espectadores. Eles precisavam entrar no jogo e experimentar a verdadeira fé por si mesmos.

Ver uma necessidade nem sempre é um chamado, mas para mim foi um chamado à ação. Isso era também sobre os meus filhos.

Compartilhei minha ideia de um programa de verão com outros pais. Poderíamos reunir uma equipe de jovens e deixá-los experimentar o toque de Deus, adoração, fazer amigos e divulgar o Evangelho.

Quinze adolescentes, amigos dos meus filhos, se apresentaram para fazer parte do primeiro grupo, o projeto piloto. Um amigo de um amigo desenhou o logotipo das camisas. Outra mãe criou algumas danças, sem importar que a maioria daqueles adolescentes não estava acostumada a dançar. Eles aprenderam a peça de teatro "Doors" (Portas).

Passamos uma semana treinando aqueles adolescentes e, depois, haveria uma semana de evangelismo. Planejamos um dia divertido em um parque de diversões no meio do nosso treinamento. Foi por isso que Sean apareceu. Várias semanas antes, ele havia orado para começar sua vida como crente. Ele nunca tinha lido a Bíblia. Sua família havia acabado de dar o primeiro passo ao ir à Igreja. Ele estava no time de beisebol com nossos filhos.

Doug abriu a semana de treinamento falando sobre ter momentos de silêncio e ouvir a voz de Deus. O grupo teve um momento de buscar ao Senhor e esperar em Sua presença. Quando voltaram ouvimos pela primeira vez muitos deles falarem sobre Deus ser real para eles. Eles pediram oração por cura e por outras coisas em suas vidas. O perdão foi dado por muitos erros. Eles estavam encontrando Deus.

O Pastor Mason, de *Wellsville, Nova York*, concordou em receber nossa equipe para um evangelismo. Ele nos recebeu e nos conduziu em um momento de adoração. Então ele nos disse para estarmos atentos ao inimigo. Era um subúrbio tranquilo, mas o Pastor Mason nos alertou que havia muita guerra espiritual.

Cuidado com o diabo!

Depois daquela terrível introdução antes do evangelismo, muitos adolescentes estavam prontos para que seus pais os buscassem. Um dos líderes em idade universitária teve de ser persuadido a não pegar o primeiro ônibus de volta a *Manchester*. O objetivo do pastor Mason era fazer com que o grupo de jovens se concentrasse e percebesse que era um negócio sério trazer um programa gospel para aquela região, mas ele transmitiu medo na maioria do nosso grupo.

A manhã seguinte começou com um momento de silêncio. Depois, Sean falou.

"Posso compartilhar algo importante?".

"Com certeza", assegurei-lhe. No entanto, estava preocupada com o que ele tinha a dizer.

"Tive um sonho de Deus e é sério", começou Sean.

Como você responde a isso? É a mesma coisa quando alguém diz: "Deus me falou para fazer isso". Se você questionar, você vai contra Deus ou está colocando em dúvida a integridade da pessoa. Se você seguir a revelação divina deles, não sabe aonde ela poderá levar ou quais consequências resultarão.

Quinze adolescentes ficaram imediatamente em silêncio e se inclinaram para ouvir sobre o sonho de Sean. Depois que o pastor Mason incutiu neles o temor de Deus, ficou óbvio que estavam prontos para ouvir a revelação.

"Sonhei com um posto de gasolina".

Seguro o suficiente, pensei.

"E era um posto de gasolina Quick Fill".

Sem problemas, novamente pensei.

"E a palavra morte estava escrita no posto de gasolina".

Foi então que um suspiro coletivo percorreu a sala. O que isso poderia significar?

Minha opinião era que Sean tinha uma imaginação fértil. Fingi que o que acabara de acontecer não tinha acontecido. Mudei de assunto e torci para que, quando as luzes fossem apagadas à noite, não tivéssemos quinze adolescentes tendo seus próprios sonhos estranhos.

Estávamos prontos para sair para nosso primeiro dia de evangelismo de rua. Tínhamos treinado duas danças de hip-hop com adolescentes que não estavam acostumados com aquele tipo de música. Havia muito entusiasmo, mas não muito ritmo. O drama "Doors" estava pronto. Todos tinham um livro sem palavras para compartilhar o Evangelho.

A primeira parada foi para abastecer as vans. Lá estava o posto de gasolina do sonho de Sean. Quando os jovens leram a placa do posto de gasolina, houve uma reação nervosa e excitada.

Quick Fill...O quê? O sonho de Sean?

Antes que pudéssemos dizer-lhes para ficarem na van, eles já estavam saindo, conversando rápido e tentando juntar as pistas do sonho. O atendente estava bombeando gasolina.

"Olá, senhor, nós somos a Geração Joshua", proclamou Sean. "Qual o seu nome?".

"Lucky!", o atendente surpreso respondeu.

E Sean continuou: "Ei, eu tive um sonho. Eu vi um posto de gasolina e a palavra 'morte' escrita nele".

Naquele momento, Lucky parou de bombear gasolina. "O que? Bem....", sua voz tremia e lágrimas rolavam de seus olhos a cada piscada. "Minha esposa morreu há cinco anos e meu coração está partido".

Esse foi o sinal para os jovens entrarem em ação.

"Lucky, podemos orar por você?". Imediatamente, Lucky assentiu e quinze pares de mãos se estenderam para orar e levar esperança para aquele homem com o coração triste.

"Senhor, por favor, toque em Lucky. Você nos enviou aqui para dizer a ele que o ama".

Lucky estava soluçando e todos os adolescentes também choravam. "Deus vai curar você", disseram eles.

Doug perguntou a Lucky se ele sabia de algum lugar onde poderíamos marcar um evento para a noite seguinte. Do outro lado da rua havia um bar com estacionamento. Doug perguntou ao proprietário se poderíamos realizar uma reunião comunitária no local. A resposta foi positiva. Lucky nos ajudou a arrumar as cadeiras e sentou-se na primeira fila. Ele havia convidado todos os clientes que passaram o dia em seu posto de gasolina, e o estacionamento estava lotado.

Após a apresentação da peça evangelística "Doors", Doug convidou a multidão para receber Jesus. Lucky foi o primeiro a levantar a mão e orar com os jovens.

O evangelismo rendeu os primeiros frutos. Foi um modelo para as próximas missões juvenis. Aqueles jovens ganharam intimidade com Deus e grandes amigos e, também, foram despertados para a obra evangelística.

CAPÍTULO 49

Intimidade Com Deus

O foyer da nossa igreja estava cheio de sacos de dormir e malas. Trinta adolescentes estavam esperando o fim do culto para que pudessem partir com o grupo da Geração Josué para *Atlanta, Geórgia*. Nós nos encontraríamos com 9 mil adolescentes de todo o mundo em uma reunião da JOCUM chamada *Target World*, antes de um evangelismo marcado para acontecer nas Olimpíadas de 1996.

Apesar dos porteiros da igreja terem feito com que eles se calassem, eles continuavam fazendo muito barulho. Quem poderia culpá-los? A expectativa pela viagem vinha crescendo há meses.

Para Doug e eu aquela viagem tinha um significado pessoal. Antes do evangelismo em Atlanta, passaríamos uma semana em *Concord, New Hampshire*, nas instalações onde tínhamos iniciado nossa jornada missionária há dezessete anos.

Aquele tempo que passamos na base da JOCUM em 1979 mudou nossas vidas. Anos depois, aquela propriedade foi comprada por uma igreja local. Iniciar a viagem pela *Mountain Road* já trazia uma nova onda de lembranças muito significativas. Lembrei-me de Deus nos aproximando mais um do outro, e nos aprofundando na Bíblia e nos aprofundando em conhecê-Lo.

Na nossa Escola de Treinamento e Discipulado em 1979, Ramona Mush, uma de nossas professoras, falou-nos sobre intimidade com o Senhor. Ela nos desafiou a buscar a Deus, não pelo que poderíamos obter Dele, mas para conhecê-Lo e amá-Lo de todo o coração.

A mensagem de Ramona desafiou Doug e o inspirou a buscar o Senhor de uma nova maneira. Ele quis compartilhar sua experiência comigo.

CAPÍTULO 50

SAPATOS TAMANHO 11

Fiquei atenta enquanto Doug detalhava a incrível experiência que teve após a conversa com Ramona durante nossa ETED, em 1979. "Desde o primeiro dia em que compartilhei a Palavra de Deus, preguei sobre se apaixonar por Jesus. Fui motivado pelo meu compromisso de amar a Deus e encorajar outros a fazer o mesmo, mas o que Ramona ensinou foi diferente. Foi mais um convite à amizade e ao companheirismo com Deus", disse ele.

E continuou: "Após a reunião, fui para o vasto campo atrás do prédio da JOCUM, e o local acabou virando uma espécie de capela externa".

A Nova Inglaterra (Região dos Estados Unidos que abrange cinco estados: Connecticut, Maine, Massachusetts, New Hampshire e Rhode Island), é sempre deslumbrante, afirmou Doug. "Estava um dia lindo; o céu era de um azul profundo e as árvores pareciam uma paleta de tinta nas mãos de um artista. Enquanto corria para o campo, o ar fresco soprou em meu rosto".

"A presença de Deus estava lá. Era um solo sagrado. Comecei a cantar e dançar, adorando de todo o coração. E então foi como se o céu se abrisse e eu pudesse ver uma beleza celestial ofuscando as cores do outono. Outro mundo se abriu diante de mim, cheio de plantas e árvores. Havia cores que eu nunca tinha visto antes. Eles eram translúcidos, vívidos e bonitos. Eu sabia que era um vislumbre do céu. Eu estava em solo sagrado e Deus estava lá comigo", disse Doug.

"Foi tão inacreditável para mim! Um pensamento me ocorreu e me fez congelar. Espere até ver como é o céu! Seria mais lindo que o outono em *New Hampshire*, mais lindo que minha imaginação podia pensar e mais deslumbrante do que eu jamais poderia imaginar com meus olhos naturais".

E Doug continuou: "Eu fiquei sem palavras. Fiquei parado na presença de Deus. Doug, você está impressionado com essa beleza", eu ouvi. "Espere até ver tudo o que tenho para você no céu!". Ouvi o Senhor me perguntar: "O que você quer, filho?", e traduzi esta pergunta para "O que você precisa?". Aprender a pedir a Deus desejos em vez de necessidades físicas ainda não havia me ocorrido".

"Olhei para os meus pés. Meus sapatos estavam gastos e rasgados e minhas meias estavam para fora. "Senhor, preciso de sapatos".

"Certa vez, Salomão pediu sabedoria em resposta a uma pergunta como esta. Pedir sapatos mostrou o quanto eu era jovem no Senhor e o quanto ainda tinha que aprender sobre a provisão de Deus em minha vida", enfatizou Doug.

Mas buscai primeiro o reino de Deus e a Sua justiça, e todas estas coisas vos serão acrescentadas.
(Mateus 6:33)

> *"Eu conheço os planos que tenho para vocês...Vocês Me procurarão e Me encontrarão quando Me procurarem de todo o coração. Eu serei encontrado por você, diz o Senhor".*
> *(Jeremias 29:11-13 BSB)*

"O que deveríamos querer e o que realmente precisamos é o que Deus oferece: o conhecimento do Santo".

E Doug continuou compartilhando sua experiência: "Assim que o pedido do sapato saiu da minha boca, percebi o quão superficial era. Eu me esforcei para montar um pedido de desculpas. O que estava acontecendo no campo naquele dia?".

"Pensei nisso enquanto voltava para o prédio do ministério. Tudo parecia um sonho ou produto da minha imaginação. Enquanto eu caminhava pelo longo corredor passando pelos dormitórios, outro aluno chamou meu nome. Ele estava segurando uma caixa na mão".

"Doug, tenho algo para você", disse ele. "Estive procurando por você. Enquanto eu estava em silêncio, tive o pensamento mais forte de que deveria dar isso a você. Estes são tênis de corrida. Comprei-os para mim e ainda não os usei. Espero que eles se encaixem. Claro, eles devem caber", disse o aluno, sorrindo. "Deus sabe o seu tamanho! Tamanho 11, certo?

"Ao segurar aquela caixa de sapatos nas mãos, percebi que Deus tinha ouvido minha oração no campo".

"Foi chocante, mas foi muito mais do que comprar sapatos novos. Esse dom resultou de uma nova forma de buscar a Deus. Era tudo uma questão de relacionamento íntimo e encontro pessoal. O que vi naquele campo foi real. Deus responderia às minhas orações mais simples, mesmo que elas parecessem menos nobres".

"Jesus cuidou de mim e estava respondendo ao meu amor por Ele. Ele me convidou para uma aventura que agora definiria minha vida".

"Cada vez que eu amarrava aqueles sapatos, isso me lembrava que meu chamado e Sua provisão para mim sempre nasceram da minha amizade com Ele".

"Eu me perguntei se algum dia contaria a alguém sobre o que aconteceu naquela área porque não tinha certeza do que aconteceu. Balançando a cabeça, murmurei: "Pedi sapatos".

"Não sei o que foi mais chocante: conseguir sapatos novos alguns minutos depois de ter orado porque precisava deles ou perceber que Deus falou comigo. O encontro que tive no campo foi real e foi uma janela para a eternidade. E mesmo meu pedido superficial por sapatos era o pedido que um Pai esperaria de um filho, e Ele adorava atender a essa necessidade".

E Doug contou que esta não foi a única vez que Deus respondeu às suas orações sobre sapatos.

"Cresci em Brownsville, uma cidade pequena, rio acima de *Pittsburgh, Pensilvânia*. Os meninos mais velhos da minha vizinhança eram valentões e muitas vezes me agarravam e batiam. Foi um rito de passagem. Éramos pobres e meus pais tinham pouco dinheiro. Minhas roupas e até meus sapatos eram de segunda mão, de primos mais velhos da família". "Senhor, por favor, ajude-me a encontrar meu sapato!", eu lembrei.

"Ganhei meu primeiro par de sapatos novos quando tinha doze anos. Eu tinha um par de sapatos que era todo meu. Eu me senti muito orgulhoso e grato. Um dia, andando pela vizinhança, os meninos mais velhos me agarraram e me jogaram de um lado para o outro. Eles atiraram em mim com uma arma de ar comprimido. Fiquei apavorado. Eu consegui me soltar e corri. Eu me encontrei em um campo com grama que cobria minha cabeça.

Quando parei de correr, recuperei o fôlego. Olhei para baixo e vi meu pé descalço. Eu havia perdido um dos meus sapatos novos em algum lugar durante minha fuga. Fiquei tão triste por ter perdido algo muito especial. Esta foi a minha primeira lembrança de orar, pedindo a ajuda de Deus em minha vida. "Por favor, Deus, me ajude a encontrar meu sapato. Enquanto caminhava pelo campo, parecia que estava sendo puxado para uma direção específica, e lá estava meu sapato. Esta foi a primeira vez quando menino que eu tive certeza que Deus era real e que Ele responderia às minhas orações", concluiu Doug.

(Doug contou sua incrível experiência e agora voltemos àquela manhã em 1996...)

O culto de adoração começou. No hall de entrada, os adolescentes faziam tanto barulho que competiam com o serviço. Minha vizinha, Karyl Cohen, chamou minha atenção na primeira fila. Ela deu um pulo e saiu. Quando a porta se fechou atrás de mim, me perguntei o que a fez sair. Eu esperava que não fosse uma emergência familiar. Seja qual fosse o motivo, era óbvio que algo estava acontecendo.

A igreja orou por nossa equipe e nos enviou com sua bênção. As vans estavam todas lotadas de bagagens e jovens entusiasmados.

Karyl entrou, estacionou o carro na frente do nosso trailer e correu até mim. "Estou tão feliz por ter voltado a tempo, Doug", disse ela. "Deus falou comigo durante o culto e eu tive que sair. Deus falou: 'Vá comprar os sapatos mais caros para Doug Tunney'. "Então, estes são da Macy's e são os sapatos de couro italiano mais caros da loja. Não sei porque, mas Deus disse que você saberia o que isso significa. Espero que eles se encaixem. Adivinhei o seu tamanho, número 11!".

CAPÍTULO 51

ALEGRAI-VOS COMIGO

Os verões na Transilvânia são extremamente quentes. As últimas três semanas fazendo evangelismo na Romênia foram muito mais quentes do que o habitual. E nossa equipe avançou e levou o Evangelho às ruas, das praças das grandes cidades às pequenas aldeias.

Não estávamos apenas com calor; estávamos exaustos. Estávamos descansando em um orfanato construído em uma colina com vista para a cidade de Deva. O cheiro do jantar sendo preparado encheu o ar. As vozes alegres das crianças enchiam o pátio.

O diretor do orfanato acrescentou uma bela piscina à propriedade. No entanto, o sistema de filtragem não estava funcionando. A água era de um verde escuro, cheia de algas e vários insetos. Isso não pareceu incomodar os órfãos. Eles entravam e saíam com muita alegria, parecendo não se importar com o estado da água. Sabíamos que era proibido se quiséssemos evitar contrair germes.

Tivemos mais um evangelismo à noite. Os adolescentes deram tudo de si durante várias semanas e olhavam para mim com olhos de saudade de casa. Eles já tinham histórias suficientes para contar aos amigos e familiares. Eles tiveram um relato incrível de centenas de pessoas que oraram com eles para fazer de Jesus seu Salvador e Senhor. Eu vi isso neles; estavam com os tanques vazios e sem motivação para terminar mais uma apresentação. Meu tanque também estava vazio.

A equipe sentou-se ao lado da piscina verde.

Eu falei: "Há uma novidade e uma aventura que você experimenta em um trabalho evangelístico quando você vê as pessoas responderem ao Evangelho. Seu foco pode estar nas necessidades das pessoas ao seu redor ou na sua própria necessidade de dar aos outros. No entanto, isso não me ajuda a dar mais um passo para terminar este último evangelismo. Não posso fazer isso por eles e nem posso fazer isso por mim".

Houve muitos acenos e alguns suspiros vindos da equipe.

"Jesus compartilhou uma linda história em Lucas 15 que fala sobre um filho perdido. Ele deixou sua família, exigiu sua herança, desperdiçou sua fortuna e acabou falido e sem teto. Muitas vezes chamamos esse relato de 'o filho pródigo', eu disse.

E continuei: "O poder dessa história, porém, vem através do olhar do pai que viu seu filho ir embora, sem saber o que aconteceria com ele e com saudade do dia em que retornaria. Enquanto o filho perdido buscava satisfação no mundo, os olhos do pai nunca se desviavam do caminho de sua casa. Ele esperou, com saudades do filho. É doloroso para seu coração ver alguém que você ama partir sem saber onde estará, o que está fazendo ou mesmo como está.

"Essa história é tão real para nós porque tínhamos um filho perdido e nossos corações ansiavam por ele todos os dias.

"Doug se casou e se divorciou em menos de um ano, quando tinha 19 anos. Ele teve um filho, Brian. Depois de muitas batalhas legais pela custódia, Doug finalmente conquistou seu direito legal como pai. Infelizmente, cada visita terminava em conflito e gritos hostis por parte do seu filho de quatro anos. Ele gritava e dizia coisas como: 'Eu te odeio; Eu não quero ver você!'".

"Cada visita intensificava a hostilidade. A decisão mais difícil da vida de Doug foi deixar de visitar seu filho e não destruir Brian em uma batalha invencível. Foi uma liberação de amor. Sua mãe se casou novamente e Doug assinou os papéis da adoção, liberando-o para a família.

"Durante dezesseis anos, não tivemos contato. Todo verão visitávamos os pais de Doug, que moravam a poucos quilômetros da casa de Brian. As viagens pela cidade enchiam nossos corações de solidão. Observávamos os meninos brincando nos campos e nos perguntávamos se seria Brian. O que ele gostava? O que ele precisava? Ele perguntava por nós? Nossos filhos oravam por ele todas as noites. Eles ansiavam por conhecer seu irmão e nós ansiavamos por ter Brian de volta. Se essa dor era real para mim e para os meus filhos, eu podia imaginar como seria para o meu marido!.

"Era meados de junho e eu estava sentada sozinha em nossa casa em *New Hampshire*. Um pensamento mais forte veio à minha mente. Limpe o sótão. Era um dia extremamente quente, como este na Roménia. A sala estava abafada e a poeira enchia o ar enquanto eu arrumava as muitas caixas que estavam armazenadas no local. No momento em que movia uma caixa de papéis velhos, um documento legal de capa azul caiu no chão.

"Os papéis que segurei nas mãos suadas falaram ao meu coração. Brian faria vinte anos em algumas semanas. Eu sabia que era hora de alcançá-lo. Honramos sua outra família e não causamos problemas ao longo dos anos. Essa era a hora de abrir a porta para restaurar um relacionamento.

"Peguei os papéis empoeirados, sentei-me na sala silenciosa e escrevi uma carta. Caro Brian, comecei a escrever. Tanta emoção passou pela minha caneta naquela tarde; sentimentos reprimidos e esperança inundaram meu coração. Guardei aquele bilhete na gaveta da mesinha de cabeceira com uma oração para que Deus encontrasse uma maneira de enviá-lo para ele. Todas as nossas tentativas anteriores de contatá-lo foram rejeitadas. Por isso foi um ato de fé esperar que algum dia ele pudesse ler as palavras que eu havia escrito.

"Dois dias depois, estávamos fora para um dia em família com nossos outros quatro filhos. No caminho para casa, aproveitei a oportunidade e anunciei à família: 'É hora de tentarmos entrar em contato com Brian. Todos devemos escrever cartas, enviar fotos e ver se conseguimos encontrá-lo", eu disse.

"As crianças estavam loucas de expectativa. Elas conversaram sobre o que queriam dizer e quais fotos poderiam enviar ao irmão. Doug sentou-se em silêncio e, depois, falou: "Já se passaram dezesseis anos desde a última vez que vi meu filho. Não consigo ter muitas esperanças". As crianças estavam muito entusiasmadas e escrevemos uma carta de amor familiar para um filho distante, de quase vinte anos.

"As crianças arrastaram nossa caixa de fotos para a sala. Doug e eu nos sentamos em nosso quarto. Com caneta e papel em mãos, ele começou uma carta que carregaria dezesseis anos de saudade e amor. Querido Brian, escreveu ele, e naquele exato momento o telefone tocou.

"'Doug', chamou seu irmão Randy parecendo chateado. 'Tenho notícias muito sérias e ruins para você. Seu filho, Brian, sofreu um terrível acidente de moto. Ele está na UTI e apresenta ferimentos graves. Não tenho certeza se ele está vivo, já que este relatório foi publicado há alguns dias".

"Lágrimas escorreram pelo rosto de Doug. Suas mãos tremiam enquanto ele segurava a caneta e o papel.

"Justamente quando demos um passo para encontrar nosso filho, ouvimos que ele poderia estar perdido para sempre. Então a fé brotou em meu coração. Abri minha gaveta e mostrei a Doug a carta que havia escrito dias antes, talvez no dia do acidente. Deus estava envolvido naquele momento de crise. O que parecia uma tragédia era a oportunidade dada por Deus".

Enquanto eu narrava aquela história familiar para o nosso time, lutava contra as minhas próprias lágrimas. Eu conhecia o poder do amor de um pai e orei para que os jovens que ouviam o relato ao redor da piscina verde escura pudessem vislumbrar o coração de Deus. E continuei relatando a nossa história.

"Ligamos para o hospital e descobrimos que, embora os ferimentos fossem muito graves, ele estava se recuperando e recebeu alta da UTI. Preparamos nossa carta de amor, com fotos de família que contavam nossa história. Cada palavra estava cheia de esperança pelo momento em que o veríamos.

"Nossa carta oferecia um convite para Brian nos encontrar quando visitássemos a casa dos pais de Doug dentro de algumas semanas. Enviamos nossa carta como uma entrega especial para o seu quarto de hospital e esperamos uma resposta, qualquer resposta, mas não houve nada. Silêncio".

"Muitas vezes, nesses dezesseis anos de separação, sofremos com esse rompimento de vínculo, mas nossos sentimentos tiveram que ser deixados de lado. Nossos corações vulneráveis estavam abertos. Chegamos à casa dos pais de Doug com a esperança de que conheceríamos nosso filho.

"Mais tarde naquela semana, fui fazer compras à tarde com nossas filhas. Depois de algumas horas, estacionei na garagem. Ouvi gritos de nossos dois filhos pequenos. Eles gritavam: 'Nós o encontramos!'

"Eles batiam na van enquanto corriam ao lado, pulando, rindo e gritando: 'Ele está aqui. Nosso irmão está aqui".

"Um momento depois, eu o vi. Ele ficou ao lado de seu pai. Parecia que sempre foi assim. Houve lágrimas por todos nós. Brian parecia muito com Doug. Até no jeito de andar. Ele até usava os mesmos sapatos.

"Uma hora antes, Doug atendeu a um telefone de seus pais e disse: 'Pai, o Brian está aqui. Estou no semáforo em Rosco e estou esperando por você. Você pode me buscar?' Aquela viagem foi cheia de esperança e alegria.

"Nossos corações estavam cheios de uma alegria mais profunda do que palavras. Encontramos nosso filho. Um irmão perdido estava em casa! Esse momento foi mais intenso por causa do amor dos nossos filhos pelo pai. Pude entender o pai em Lucas 15 quando ele pede que tragam presentes e preparem um banquete enquanto corre em lágrimas para abraçar seu filho perdido.

"O irmão mais velho nesta história em Lucas 15 não pôde compartilhar a alegria. Ele ardia de raiva e se sentia desvalorizado e esquecido. Ele fez todas as coisas certas em casa, mas sentiu-se injustiçado, pois ele sempre teve zelo pelos bens materiais do pai, nunca gastou a sua herança, e o pai nunca havia lhe feito tamanha festa. Na verdade, se esse irmão tivesse entendido o pai, ele teria ido atrás do irmão perdido e voltado apenas depois de encontrá-lo".

Olhei para nossa equipe e continuei: "Podemos compartilhar o Evangelho por obrigação, rotina ou responsabilidade. Ou podemos compartilhar Jesus com filhas e filhos perdidos porque entendemos o coração de nosso Pai e como Ele deseja vê-los restaurados".

"Esta noite caminharemos até o centro da cidade e faremos nosso último trabalho evangelístico. Você pode não ter força ou desejo de se entregar a isso, a menos que olhe para essas pessoas como amadas por seu Pai celestial e perceba que Seu amor deve alcançá-las por meio de suas palavras e toque. Se você os vir através dos Seus olhos, você compartilhará a alegria e compreenderá que é para Ele que você serve aqui".

Uma tranquilidade tomou conta de nossa equipe. Todos nós tivemos um vislumbre do coração de nosso amoroso Pai. Logo, entramos na praça da cidade e, naquela noite, havia santidade em nosso evangelismo. Não havia nada a provar; não havia necessidade de outra história para contar em casa. Partilhamos por causa da nossa fraqueza e cansaço e por causa do nosso amor pelo nosso Pai. E esse amor mudou todos nós para que pudéssemos servir com os olhos voltados para o céu, vendo as pessoas através dos olhos do amor.

"Alegrai-vos comigo!" é o tema de Lucas 15, quando o pastor encontra a ovelha perdida, a mulher encontra a moeda perdida e um pai corre para abraçar seu filho perdido.

O evangelismo pode ser uma responsabilidade pesada, a menos que seja uma resposta ao amor de Deus que nos compele a viver essa busca todos os nossos dias. Quando encontramos filhas e filhos perdidos, participamos da festa de boas-vindas com Jesus.

"Alegrai-vos comigo!" é o convite de Deus para que entremos em Sua alegria quando as pessoas forem restauradas para um relacionamento com Ele. É a razão pela qual trazemos as Boas Novas a um mundo perdido. Continuamos quando nossos recursos humanos se esgotam e há pouca glória no trabalho. Nosso Pai Celestial anseia pelo retorno de filhas e filhos perdidos, e diremos a eles que o Pai está esperando.

CAPÍTULO 52

DIA DE AÇÃO DE GRAÇAS NA LIBÉRIA

As viagens frequentes de Doug à Libéria aconteciam geralmente em ambientes perigosos. A guerra civil continuava, dificultando os esforços de socorro das nossas equipes do *Reach Out 2000*. A nossa igreja *Faith Christian Center* (Centro Cristão da Fé) continuou a enviar alimentos e a doar suprimentos médicos, e ouvimos muitas vezes que os presentes sustentaram a vida de milhares de famílias liberianas deslocadas. Doug sentiu uma sensação de urgência em continuar essas viagens, mesmo quando muitos expressaram preocupação com sua segurança, inclusive eu. Esta é a história de Doug sobre a incrível orientação, proteção e provisão de Deus na Libéria.

CAPÍTULO 53

POSTO DE CONTROLE 13

"Quem são vocês? Todos, saiam do carro".

Vários integrantes das Forças Armadas da Libéria (AFL), prontos para a batalha, pararam os nossos carros. Eles estavam gritando enquanto corriam em nossa direção. Havia um portão de ferro do outro lado da estrada, no Posto de Controle de *Owens Grove*. Diminuímos a velocidade, paramos e prendemos a respiração.

Nossa equipe do *Faith Christian Center* estava determinada a ir até Buchanan, no condado de Grand Bassa, para compartilhar o Evangelho no dia dois de novembro, Dia de Ação de Graças na Libéria. O país estava no meio de uma guerra civil devastadora que causou muito sofrimento, miséria e abandono.

Os meus amigos africanos compartilharam muitas histórias de barbárie inimaginável que eles testemunharam. Todo mundo tinha uma história que partiria seu coração se você pudesse ouvir. Todos perderam um familiar próximo.

Nossa missão com o *Reach Out 2000* era sediar uma cruzada nacional de salvação e cura. Sydney Thomas, um líder ministerial nacional, foi secretário do comitê diretor da Comunidade Cristã da Libéria.

"Doug, temos grandes necessidades. Os combatentes insurgentes de Charles Taylor estão avançando pelo país, criando terror nas nossas vidas. Nosso povo não tem comida. Eles estão famintos por pão e pela Palavra de Deus. Sua equipe é a única que vem aqui hoje em dia". As palavras de Sydney Thomas revelaram o fardo que ele carregava pelo seu povo, que foi devastado pela guerra.

"Se quisermos partilhar o Evangelho em *Buchanan*, devemos partir muito cedo. O toque de recolher não tem exceções. Ninguém deve sair para a estrada depois do pôr do sol. Ninguém! Os soldados da ECOMOG (Grupo de Monitoramento da Comunidade Econômica dos Estados da África Ocidental), de vários países, estão nos postos de controle ao longo da estrada para *Buchanan*. Eles têm ordens de atirar em qualquer um que infrinja o toque de recolher", explicou Thomas.

Não sou um homem que reage com medo a muitas situações, mas aquele aviso me fez tremer. "Está bem então. Quanto tempo levaremos para fazer esta viagem?", Doug perguntou.

"A viagem deveria levar uma hora, mas levará pelo menos cinco horas por causa dos muitos postos de controle, buracos e trechos destruídos da estrada. Vamos sair às 8 da manhã", disse Sydney Thomas.

Então percebi! Agradeci a Deus por Sua paz que excede nosso entendimento. E entendi o perigo que nos esperava pela manhã.

"Saia do carro AGORA!", os soldados gritaram.

Sydney nos avisou que haveria paradas como essa. Todos saíram dos carros. Eles revistaram nossos carros. Cumprimos todas as ordens sem falar, mas os nossos corações estavam acelerados. Não parecia uma parada de rotina.

Sydney era nosso motorista e respondeu às perguntas. "Somos missionários!". Nenhum de nós tinha certeza se essa afirmação abriria a porta para mais problemas ou nos ajudaria a superá-los. Os soldados exigiram a nossa identificação. Observamos 20 guarda-costas vindo em nossa direção enquanto revistavam nossos passaportes. O General Comandante estava olhando à distância em um posto improvisado.

O comandante parecia ansioso; ele assumiu o interrogatório. "Vocês são missionários? Algum de vocês é pregador? Para onde vocês estão viajando?".

Sydney respondeu novamente: "Sim, eles são missionários que vieram dos Estados Unidos para pregar o Evangelho ao nosso povo. Vamos a *Buchanan* para uma cruzada".

Ao ouvir isso, o comandante respirou fundo e declarou: "Esta é uma resposta de oração! Isto é um milagre".

Todos nós respiramos aliviados. Meu coração ainda batia com uma sobrecarga de adrenalina.

O General revelou que quando se levantou naquela manhã do Dia de Ação de Graças, ele orou a Deus para que enviasse alguém que pregasse aos seus homens no Dia de Ação de Graças. Ele pensou que seus homens estiveram no mato lutando o ano inteiro e deveriam fazer uma pausa de pelo menos uma hora em ação de graças para agradecer a Deus por poupar suas vidas. "Senhor, quem falará com meus homens?", ele orou. Deus falou ao seu coração: "Eu providenciarei um pregador". Ele estava esperando por nós.

Ele olhou diretamente para nós e acrescentou: "Reconheço que seu destino está muito à sua frente e que o caminho é difícil, mas se você não se importa, por favor, poderia dedicar algum tempo para pregar aos meus homens?".

Eu balancei a cabeça afirmativamente. "Estamos muito satisfeitos com a oportunidade de pregar aos seus homens", disse Doug.

O General Comandante ordenou aos homens que fossem à Igreja Batista do outro lado da estrada. Era um edifício marcado pela guerra. Metade da parede lateral foi destruída por um foguete e havia buracos de bala por toda parte. Dos seus bunkers e buracos, 400 homens surgiram dos arbustos. Eles estavam sujos e empoeirados. Todos carregavam armas, prontos para qualquer problema que surgisse.

Dick Aucoin pregou o Evangelho. O Senhor colocou em meu coração uma mensagem para o momento sobre assassinato e matança na guerra. "Na batalha, você pode tirar outra vida para proteger a si mesmo ou a pessoas inocentes, mas muitos homens na guerra tornam-se assassinos, ficam cheios de ódio e matam pessoas inocentes. Você é culpado disso? Apontei para o general. Ele foi o primeiro a responder ao chamado do altar, entregar a vida e pedir perdão. Ele avançou e se ajoelhou no altar. Quase todos os homens o seguiram, equipados para a batalha, e agora se submetiam ao Senhor, que poderia perdoá-los de qualquer pecado horrível.

Continuamos até Buchanan e fizemos um evangelismo durante toda a tarde, com centenas de pessoas respondendo ao Evangelho. Quando começamos a viagem de regresso através de vários postos de controle, os nossos amigos liberianos estavam ansiosos. Compartilhamos a música "Checkpoint, check your heart!" e compartilhamos a comida com os soldados ao longo do caminho. Ao voltarmos para Monróvia, eles nos reconheceram e nos deixaram passar sem parar e, assim, retornamos antes do anoitecer.

Na viagem de volta, Peter, diretor da *Every Home for Christ*, estava comigo. Eu contei a ele essa história e ele questionou. "Isso é inacreditável. Não tenho certeza se confio nesta história.

Paramos em frente à igreja batista e descemos do carro. "Aqui é o lugar, Peter. Deus fez uma coisa incrível aqui. Depois do Dia de Ação de Graças, enviamos Bíblias para serem distribuídas aos soldados".

Nesse momento, uma mulher que estava no mercado próximo me reconheceu. "Ei, você é o homem de Deus que trouxe o Evangelho aos soldados aqui. Esses homens vinham aqui todos os dias para orar. Agora estou pastoreando esta igreja e tenho ministrado a eles".

Peter assentiu. "Que Deus incrível nós temos!".

À medida que a notícia se espalhou por todo o país, o Posto de Controle 13 tornou-se um símbolo para os soldados, pois Deus os viu na crise da guerra e enviou um mensageiro de Deus para compartilhar o Evangelho. "Quando estive na África do Sul, vários anos depois, ouvi esta história. Isto é conhecido em toda a África como um testemunho da provisão e do coração de Deus para levar o Evangelho", afirmou Doug.

CAPÍTULO 54

MEGAN

"Serei o treinador dos seus filhos novamente", disse Dan Lynch quando me telefonou. "Você se lembra de Megan do time na primavera passada? O pai dela acabou de ligar e disse que ela tem câncer. Queremos ter uma angariação de fundos para ajudar com o custo do tratamento dela para o linfoma. É um momento difícil para sua família. Você pode nos ajudar a fazer uma venda de bolos?", perguntou.

Claro, conhecíamos Megan. Ela era uma menina de treze anos, enfrentando um time de meninos de uma liga secundária. A maioria das meninas abandona o beisebol nessa faixa etária, mas ela não se deixaria intimidar pelos rapazes. Ela era uma excelente jogadora e estava confiante em se manter no time. Ela também era uma jogadora de basquete excepcional.

A treinadora explicou que sua família havia perdido o seguro saúde e que a conta de cada rodada de remédios seria de milhares de dólares. Meu primeiro pensamento foi que uma venda de bolos não seria suficiente para suprir a necessidade financeira da família de Megan.

Tínhamos experiência em arrecadar fundos para o ministério do *Centro de Gravidez em Crise* e pensei que algo como uma "Caminhada da Solidariedade" poderia ajudar a arrecadar mais fundos para o tratamento de Megan. Muitos amigos do *Faith Christian Center*, nossa igreja, moravam na comunidade de Goffstown, em New Hampshire, e eu tinha certeza de que eles iriam nos ajudar para conseguir os recursos necessários.

As empresas locais doaram prêmios aos jogadores do time de Megan que arrecadaram mais dinheiro. Foi um incentivo, mas os jogadores estavam altamente motivados para ajudar Megan, sem preocupação com os prêmios. A Caminhada da Solidariedade começaria na escola e terminaria nos campos de beisebol no Dia de Abertura dos jogos.

O Dia de Abertura sempre foi um evento comunitário. Pais e avós enchiam as arquibancadas para torcer pelos seus times. Os jovens ostentavam seus novos uniformes e chapéus coloridos. Aquele ano foi ainda mais significativo para todos nós, pois estávamos apoiando Megan na luta pela vida.

Fiquei grata pela oportunidade de me conectar com os outros pais e mães. Foi um desafio entrar na comunidade. Os habitantes da Nova Inglaterra fazem amigos lentamente. Estivemos em todos os jogos e treinos do ano anterior, mas não fomos incluídos nas conversas dos pais nas arquibancadas. Eles nos reconheceram, mas deixaram claro de que éramos novos integrantes e ainda levaria algum tempo para sermos totalmente incluídos na comunidade.

No entanto, isso mudou quando estávamos preparando a Caminhada da Solidariedade. Todos estavam prontos para ajudar Megan. Eu me perguntei o que o Senhor havia planejado para aquela época?

Megan já havia começado o tratamento e fiquei muito feliz por ela estar forte o suficiente para se juntar a nós no campo. Ela estava frágil e precisava de ajuda para andar. Uma bandana cobria sua cabeça calva, mas sua personalidade corajosa ainda brilhava. Ela sentou-se conosco, observando os jogadores coloridos entrarem em campo no final da caminhada. Eles estavam lá por ela.

Doug procurou Ed, o presidente da liga infantil. "Temos um cheque de US$ 12 mil para Megan. Quando entregarmos a ela o cheque nós poderíamos orar por ela, como comunidade? Porque o dinheiro vai ajudar no tratamento dela, mas só Deus pode tocá-la e trazer cura".

Ed se atrapalhou com as palavras por alguns segundos. "Sim,..., claro,...você pode orar".

Havia 600 crianças da liga e centenas de pais e avós, todos esperando ansiosamente para ouvir o relatório. Megan se aproximou para receber o cheque.

"Estamos muito gratos pela sua participação na caminhada", anunciou Doug. "Temos um cheque de US$ 12 mil para Megan. Vamos nos juntar e orar pedindo a Deus que traga cura a Megan e dê sabedoria aos médicos durante o tratamento?".

Os jogadores baixaram a cabeça, retirando os bonés. Ninguém falou uma palavra. Parecia que todos sabiam que era um momento sagrado.

"Senhor, hoje te pedimos a tua ajuda. Como comunidade, oramos por Megan para que o Senhor traga cura a ela e uma recuperação completa e que o Senhor possa suprir todas as necessidades, incluindo todas as necessidades financeiras", orou Doug.

Ed estava chorando. Ele era um cara rude, não propenso a demonstrar suas emoções, mas estava profundamente comovido. Você podia ouvir soluços por todo o campo. Foi um encontro com Deus que nunca esqueceríamos.

Megan teve uma recuperação milagrosa e, na temporada seguinte, foi a melhor jogadora da região na liga de basquete feminino.

Depois daquela época ficamos conhecidos na comunidade. Muitas pessoas nos paravam no supermercado ou no posto de gasolina e comentavam sobre aquele momento. "Ficamos muito orgulhosos de nossa comunidade por fazer algo positivo. Muito obrigado", diziam.

Dois anos depois, eu estava trabalhando como assistente administrativo no Faith Christian Center. Tínhamos realizado um evento evangelístico e eu estava enviando cartas de agradecimento para aqueles que responderam ao convite: Joe Smith e Mary Jones. Quando peguei o próximo cartão de resposta... Megan!

Olhei para o cartão e os acontecimentos do Dia de Abertura da Liga Infantil passaram pela minha mente. Deus respondeu às nossas orações pela cura de Megan e pela sua vida eterna.

CAPÍTULO 55

UBATUBA

"Amanhã partiremos bem cedo para Ubatuba. A viagem de três horas pelas montanhas é de tirar o fôlego. Vamos orar pela segurança na estrada", disse o líder do Time.

Eu já estava ansiosa com a viagem, lembrando das quatro vezes anteriores em que nos aventuramos na pitoresca cidade litorânea ao sul de São Paulo. Em nossa primeira viagem missionária ao Brasil em 1974, nossa estada em Ubatuba foi memorável por causa da incrível resposta ao Evangelho. Também foi memorável por causa da incrível descida da montanha. As curvas da estrada eram tão acentuadas que apenas os motoristas de ônibus mais habilidosos conseguiam percorrê-las com segurança. Havia muitos trechos de estrada não pavimentados e nenhuma grade de proteção ao longo do caminho. Quando perguntei aos nossos tradutores brasileiros sobre as muitas cruzes que ladeavam as margens da estrada, a resposta deles aumentou a minha preocupação.

"Ah, foi aí que um carro ou ônibus derrapou na beirada", responderam eles. "Às vezes é impossível recuperá-los, então as pessoas colocam cruzes como um memorial".

Eu era a última pessoa no ônibus pela manhã. O banco da frente tinha uma cortina que podia ser fechada para bloquear a visão da estrada. Essa foi minha escolha de assento. O ônibus rangeu, fazendo curvas fechadas. Alguns itens caíram dos espaços de armazenamento superiores. Quando chegamos em segurança no

final daquela descida da montanha, dei um suspiro de alívio. Naquela viagem missionária já tínhamos feito vários evangelismos e foram incríveis. Agora, esperávamos que na cidade turística de Ubatuba seria ainda melhor.

Enquanto dirigíamos pela aldeia, algo estava estranho. Julho era época de férias escolares e as ruas geralmente ficavam cheias de turistas, mas estavam muito silenciosas. Nosso anfitrião, Pastor Paulo, explicou que por causa de uma greve escolar as escolas estavam em funcionamento para reposição das aulas, em vez do intervalo habitual.

Naquela tarde fomos fazer evangelismo na praia, mas estava vazia. As poucas pessoas pareciam estranhamente desinteressadas em conversar conosco. Nosso grupo de vinte e oito pessoas do *Lighthouse* – pequeno grupo de estudo bíblico - estava ansioso por aquela semana desde que conversamos pela primeira vez sobre uma viagem ao Brasil.

"E se não conseguirmos encontrar pessoas com quem compartilhar?", foi a pergunta que ouvimos repetidamente.

"Senhor, o que vamos fazer?", foi a nossa oração. O pastor Paulo pediu desculpas, mas não tinha planos alternativos para a semana.

"Vamos nos vestir para a apresentação da peça Doors. Vamos descobrir o que fazer". Doug parecia ter um talento especial para orientações imediatas em momentos como aquele. Ore enquanto você avança!

Totalmente preparada para a apresentação a equipe de teatro percorreu as ruas vazias.

"Isso não é uma escola?", Doug perguntou, apressando o passo. "Vamos ver se podemos fazer uma apresentação por lá".

Rick e Liz, os principais atores do drama, acompanharam Doug até a secretaria da escola.

"Somos atores da América e queremos apresentar uma peça", anunciou Doug para a diretora que ficou surpresa. Ela perguntou quantas pessoas poderiam assistir ao mesmo tempo.

"Quatrocentas pessoas", respondeu Doug, escolhendo um número aleatório.

A diretora disse que era exatamente o número de alunos da escola! Entramos e eles chamaram os alunos para fora das salas de aula. Apresentamos a peça Doors. Antes que Doug pudesse fazer o convite para aceitar a Cristo, a diretora foi a frente e nossos corações gelaram pensando que ela iria falar algo ruim sobre a apresentação. Mas foi o contrário. Ela gostou do nosso desempenho. A diretora falou que outras duas escolas também se reuniriam naquele local e ela perguntou se voltaríamos no dia seguinte para outra apresentação. Poderíamos ir às salas de aula para falar sobre "nossa filosofia de vida". Estávamos exultantes e preparados.

Quando voltamos no dia seguinte, entramos em cada sala de aula, apresentamos o evangelho aos alunos (por meio de intérpretes) e usando um folheto. Depois fizemos outra apresentação. A professora de uma turma, que usava uma camisa sandinista (comunista), ficou muito falante e agitada, mas os alunos a desafiaram sobre por que deveriam ouvir apenas um ponto de vista. Depois, nosso pequeno grupo conversou com os alunos e eles perceberam que não tínhamos a mente fechada como a professora. Perguntei se poderíamos orar por ela e, como grupo, nós oramos.

Naquela noite, foi realizada uma reunião de professores na escola e contou com a presença de centenas deles. Apresentamos novamente o drama "Doors" e então Doug fez um poderoso convite para a salvação, dizendo aos professores que eles precisavam renunciar a certos pecados e convidando-os a se ajoelharem para receber a Cristo. Quase todas as quase duzentas pessoas que estavam ali aceitaram o convite!

O que torna esta história ainda mais incrível e milagrosa é que ela nunca deveria ter acontecido. A razão pela qual havia menos pessoas nas praias foi o prolongamento do ano letivo devido a uma greve de professores. Pegamos todos os jovens de uma vez! A diretora havia sumido e foi a subdiretora quem nos deixou entrar. Os professores e futuros educadores do Brasil estavam todos no mesmo lugar, por causa da greve.

Nossos anfitriões não conseguiam acreditar que havíamos entrado na escola sem sermos convidados. Eles estavam tentando entrar na escola há dez anos! Quando a diretora (que era adepta da Macumba) descobriu o ocorrido, convocou uma reunião para demitir a vice-diretora.

Mais tarde a vice-diretora nos contou que saiu da reunião para organizar seus pensamentos e que Deus havia falado com ela no banheiro, dizendo que a protegeria. A agenda da reunião mudou quando ela voltou e eles decidiram demiti-la. E ela nem sequer era cristã! A vice-diretora disse que apenas avaliou que a apresentação da peça com pessoas de outro país seria um bom intercâmbio cultural. Claro que Deus a orientou, mesmo que ela não percebesse. E ela era a autoridade na escola naquele momento.

Cerca de 600 pessoas entregaram suas vidas a Cristo nos três eventos realizados na escola. E isso só aconteceu porque Doug se adiantou e deixou Deus dirigir o grupo. Quando nos preparamos e cremos em Deus para coisas impossíveis, centenas, até mesmo milhares de pessoas podem ser levadas a Cristo através do poder do evangelho.

CAPÍTULO 56

CHAVES CULTURAIS

No livro de Don Richardson, *Eternity in Their Hearts,* ele nos mostra que em todas as culturas e grupos de pessoas, Deus colocou nos corações a consciência do seu criador. Eles podem não entender quem Ele é, mas como aqueles que adoram o deus desconhecido na Colina de Marte, haverá um desejo de fazer uma conexão. Existe um código moral dentro de todos os seres humanos. Eles podem não concordar sobre quais de suas ações estão erradas, mas sabem quando algo é feito contra eles.

Já passamos por muitas situações em que, a princípio, conectar-se com pessoas e apresentar Jesus parecia impossível. As barreiras culturais e até linguísticas podem parecer um enorme muro. O segredo é se envolver e ouvir. Busque entender os corações daqueles que você está tentando alcançar. Sempre há uma porta. Às vezes é preciso criatividade. O Espírito Santo trabalhará através de você para alcançá-los.

Levamos uma equipe de amigos da igreja para Taiwan em 1987. Nas reuniões que antecederam nossa viagem, tivemos missionários experientes ajudando a preparar nossa equipe. Seus comentários me surpreenderam.

"Bem vindo a Taiwan. Por favor, não desanime se ninguém se converter após compartilhar o Evangelho de Jesus. Demora em média sete anos para haver uma conversão". Esse único comentário fez com que nossa

viagem de duas semanas parecesse uma grande perda de tempo.

Nosso grupo respondeu com fé e estava preparado para compartilhar Cristo. Steve Braun, um missionário experiente, estava conosco. Ele era um pregador de rua experiente. Apesar de parecer desanimador ouvir que pode levar sete anos para haver uma conversão, oramos com fé pelos frutos de nossa viagem.

Quando desembarcamos na Ásia, nosso anfitrião taiwanês, Pastor Paul, nos levou a uma casa evangelística perto das fábricas da cidade. A igreja local tinha um plano maravilhoso para se envolver com os descrentes, recebendo-os diretamente do trabalho com comida e comunhão. Logo, a sala estava cheia de trabalhadores das fábricas. Uma mulher miúda veio até mim e conversou comigo por meio de um intérprete. A senhorita Min parecia muito interessada em ouvir sobre Jesus. Depois de uma longa conversa, perguntei se ela entendia o que significava seguir Jesus e torná-lo o Senhor da sua vida. Seu rosto sorridente ficou sério e uma expressão de medo tomou conta de seu rosto. "Sim eu faço. Mas eu nunca poderia seguir Jesus; Tenho pavor dos Budas. Eles causariam um desastre em meu caminho se eu fizesse isso". Ela então se afastou de mim, terminou a comida e foi embora.

Com certeza parecia um momento de sete anos quando a noite terminou. Essa foi a experiência da maior parte do grupo. Conversas amigáveis, mas portas fechadas para qualquer menção sobre Jesus. Poderíamos ter apenas desfrutado os passeios turísticos durante o resto da viagem ou pedir ao Senhor uma chave para aqueles corações. Nós oramos.

No dia seguinte, levamos nossa equipe a um parque e uma grande multidão se reuniu para assistir à nossa apresentação da peça evangelística "Doors". Centenas de pessoas assistiram. Quando a peça terminou, Doug pegou o microfone. Quando ele disse olá, TODAS as pessoas foram embora. Essa foi a primeira vez que vimos um grupo saindo rápido depois de uma apresentação na rua. Estava começando a ser desanimador.

Fomos para um outro lugar e aconteceu a mesma coisa. Outra multidão considerável assistiu ao drama e então, num segundo, se dispersou antes mesmo que pudéssemos dizer olá.

Oramos mais. Doug ergueu a cabeça e olhou diretamente para o rosto de um homem. Steve não era um idoso; no entanto, ele estava ficando careca e tinha uma aparência desgastada que acrescentava anos à sua verdadeira idade.

"Steve, ouvi dizer que nesta cultura existe um profundo respeito pelos pais e pelos mais velhos. Você se importaria se o adotássemos como nosso ancião do grupo e convidássemos essas pessoas a ouvi-lo como um sinal de respeito pelos idosos?", perguntou Doug.

Steve riu. Nossa equipe sorriu e o chamou de Pai Steve. Nosso próximo evangelismo começou da mesma forma que os outros. Centenas de pessoas se aglomeraram com curiosidade para ver o que estava acontecendo. A música tocou e os atores ocuparam seus lugares na rua. "Olá amigos. Somos uma equipe dos Estados Unidos e estamos muito felizes por estar com vocês hoje. O ancião Steve está aqui e é um grande amigo. Nós o admiramos com honra como um presbítero. Ele falará com vocês no final do nosso pequeno drama. Por favor, mostre a ele o respeito que lhe é devido e ouça suas palavras".

O drama começou. A multidão estava interessada e assistia em silêncio. A música parou. Ninguém se mexeu. Eu não queria respirar para não assustá-los. Steve pegou o microfone e compartilhou o Evangelho, e muitas pessoas responderam, orando para aceitar Jesus como seu Senhor e Salvador.

Vários dias depois, vi a senhorita Min. Centenas de pessoas se reuniam nos parques ao nascer do sol, antes que o calor chegasse, para fazer exercícios, dançar e visitar amigos. Ela ficou surpresa ao me ver. "Deus deve ter enviado você aqui esta manhã. Não é por acaso que estou encontrando você novamente. Orei para que, se Ele fosse real, eu tivesse outra chance de ver você".

Assegurei-lhe que Jesus a protegeria e a manteria segura. Ela entregou sua vida a Jesus naquela manhã e se juntou à igreja do pastor Paul. Não foram necessários sete anos. Deus abriu um caminho.

CAPÍTULO 57

A MENINA NA CAIXA

Cada viagem missionária à cidade de Nova York era uma aventura. E teve um fim de semana no mês de dezembro que foi memorável. O tempo estava frio e houve uma tempestade de neve. Avisamos aos alunos com antecedência para se agasalharem bem para enfrentar o clima frio. Trudy, uma avó de oitenta anos, apareceu para ajudar, o que foi uma surpresa para todos nós.

Os desafios dos sem-teto, especialmente no inverno, são maiores do que a maioria das pessoas imagina. Se você encontrar abrigo em uma loja ou em uma caixa improvisada, onde você poderia guardar os alimentos ou bebidas sem que congelassem? Onde você encontraria um banheiro à noite?

Nossas vans pararam no *Battery Park*, localizado bem na beira da água do Rio Hudson. O vento chicoteava a neve que caía em camadas pelas passarelas geladas. Nas redondezas temos a o *Castle Clinton,* um monumento histórico construído no início de 1800 com arenito, no formato circular, e conhecido como a primeira estação de imigração americana, anterior à Ilha Ellis. Fica próximo ao cais de onde saem as balsas para o passeio à Estátua da Liberdade. O enorme edifício redondo tem pequenas aberturas onde os moradores de rua se abrigam.

Trudy foi inflexível em ajudar, apesar do frio. Ela encheu os braços com vários cobertores, um pouco de água mineral e um saco de papel com sanduíches. Deixar a bengala para trás não foi a melhor ideia, mas ela estava determinada. Então dois do nosso time seguraram seus braços e a firmaram enquanto ela se arrastava. Os três quase patinaram pela passarela até a primeira porta de papelão.

"Olá, estamos aqui para trazer alguns cobertores e comida. Meu nome é Trudy". Não houve resposta às nossas batidas. Os únicos sons eram o vento chicoteando e nossos narizes fungando.

"Alguém aí?". Nenhuma resposta. Enquanto caminhávamos para a próxima "casa" de papelão, ouvimos o som do papelão arranhando os tijolos. De trás da "porta" surgiu uma mão aberta. Uma voz fraca vinda de dentro gritou: "Por favor, obrigado".

Trudy entregou a comida e os cobertores para essa pessoa anônima que se abrigava atrás do papelão. Oramos por eles, pedindo a Deus que abrisse um caminho para que encontrassem uma vida melhor e ouvissem o Evangelho. Não tínhamos como ajudar além de dar estas pequenas coisas em comparação com a imensa necessidade.

A insistência de Trudy em se aventurar fora do conforto e aconchego da van me surpreendeu. Ela nos contou que aquela noite mudou sua vida e a encheu de um sentimento mais profundo de compaixão. Foi o mesmo para muitos dos membros da equipe. A apatia se transforma em compaixão quando você se aventura para atender às necessidades de alguém. Alguém que você conhece poderia estar nessa situação. Poderia até ser você ou alguém da sua família.

Quando os "perdidos" são os objetos do nosso alcance, isso pode ser desumanizante. Pessoas perdidas têm nomes e histórias. Se quisermos ser mensageiros do amor de Deus, devemos vê-los como são. Em Marcos 24, Jesus tocou os olhos de um cego duas vezes antes que ele fosse restaurado e pudesse ver todos claramente.

Depois do *Battery Park,* seguimos para *Manhattan,* perto do prédio das Nações Unidas. No caminho, notamos o que parecia ser uma pessoa dormindo em um banco coberto de neve, tão imóvel que você poderia confundir seu corpo com uma estátua.

Alguém da equipe questionou: "Isso é uma pessoa? Você acha que eles estão bem? Eles parecem estar tão quietos. Deveríamos parar?

Nesse momento, um homem idoso e trêmulo sentou-se e limpou a poeira dos vários centímetros de neve. Os carros agora buzinavam para que continuássemos andando. A cidade não tem tempo para compaixão. Seguimos em frente, mas lamentamos não ter falado com aquele homem. As oportunidades perdidas permanecem com você.

Desembarcamos das vans que foram procurar vagas de estacionamento, muitas vezes difíceis de encontrar na cidade. As vitrines estavam cheias de arranjos feitos com caixas improvisadas. Alguns foram muito engenhosos na montagem e pareciam como pequenas casas unidas com fita adesiva. Estava congelando, e a neve continuava a cair em flocos gigantes. A cena da neve caindo traz uma espécie de deleite pela sua beleza. Aquela noite nos lembrou que as pessoas que vivem no limite sentem falta da beleza em meio à luta contra o frio que o manto branco traz.

Bati na "porta da frente" de uma casa de papelão. O ocupante criou um lugar único para chamar de lar, com vários quartos. A área estava arrumada.

"Posso ajudar?". Uma linda garota afro-americana de vinte e poucos anos espiou para fora de sua casa. Ela me recebeu com uma voz amigável e um sorriso largo.

"Somos cristãos e temos algumas coisas para lhe dar, se você quiser". Ela recebeu água e sanduíches, mas já tinha cobertores suficientes.

"Você é de uma igreja? Não estou interessada nisso, mas obrigada pela comida. Nossas comidas e bebidas congelam na rua, e muitas vezes sinto fome mesmo com uma pilha de comida aqui dentro", explicou ela.

Agradeci por ela nos receber e depois me virei para seguir em frente.

"Você tem um pedido de oração?", eu perguntei.

Ela balançou a cabeça negativamente, mas depois respondeu: "Tenho um pedido. Estou procurando meu pai. Você pode orar para que eu encontre meu pai verdadeiro? Eu nunca o conheci, mas pensei nele durante toda a minha vida. Como ele é? Por que ele deixou minha mãe? Às vezes me pergunto se ele está aqui na cidade e, talvez, poderia passar por mim em algum momento do dia", disse a jovem.

Ao inclinar a cabeça para orar, estas palavras ecoaram em minha mente: Eu sou o Pai que ela buscou durante toda a sua vida. Estou aqui por ela.

Quando olhei para cima, ela estava olhando para mim, surpresa por eu não estar dizendo nada. "Seu Pai celestial ama você e quer que você saiba que pode conhecê-Lo. Você pode encontrá-Lo agora mesmo".

As lágrimas escorriam por seu rosto, misturando-se aos pesados flocos de neve. Ela começou a orar: "Pai, tenho fugido de você há tanto tempo! Obrigada por enviar esta senhora aqui esta noite para me lembrar que você me ama. Por favor me perdoe. Eu sou sua filha. Eu quero viver para você".

Ela compartilhou comigo que a busca por um pai ausente trouxe amargura ao seu coração. Ela cresceu na igreja quando era uma menina. Ela era contadora e perdeu o emprego meses atrás, e passou pouco tempo entre o último contracheque e ficar sem teto na rua. Tal como o pastor que vai atrás daquela ovelha perdida, o Pai enviou-nos através de uma tempestade de inverno para levar-lhe a sua mensagem de restauração.

Momentos como esse permanecem com você e plantam o desejo de levar a mensagem de mudança de vida a mais pessoas.

CAPÍTULO 58

O NOME DELE ERA ROY

Estávamos preparando um grupo de estudantes da Escola de Evangelismo em *New Hampshire*. Esta escola era uma escola missionária ou uma miniescola de treinamento de discipulado para pessoas da igreja que queriam ser equipadas para compartilhar sua fé. Tínhamos uma equipe maravilhosa que viajaria conosco durante doze semanas, liderando pequenos grupos e auxiliando no apoio e incentivo aos alunos.

Na primeira noite de aulas, Mike se juntou ao pequeno grupo de Linelle, trazendo desde o início uma dinâmica desafiadora. Ele sempre parecia deslocado e fora de assunto. Mike compartilhou alguns dos desafios de sua vida, feridas emocionais de sua viagem ao Vietnã, problemas na vida e terapia contínua para crises graves de depressão. Ele nunca poderia se perdoar pelo que havia feito na guerra, por tirar vidas inocentes em sua raiva. Ele estava deprimido consigo mesmo e com sua vida. Linelle compartilhou conosco suas preocupações de que Mike não estava se conectando nas aulas e parecia não entender o assunto a cada semana.

Depois viria o evangelismo em Nova York. Tínhamos certeza de que isso seria demais para Mike e ficamos chocados ao ver seu nome na ficha de inscrição. Quando ele estava saindo, fizemos uma longa pausa sobre como poderíamos apoiá-lo e não ter problemas na viagem por causa de seus problemas especiais e tendência a se desviar. Era um grupo grande e dividimos os alunos em oito equipes. Colocamos Mike na equipe com o cronograma mais fácil e as situações menos ameaçadoras. No comando estavam líderes muito comprometidos.

O primeiro evangelismo era um momento muito emocionante para os alunos e todos já estavam se acomodando nas vans. Eles tinham todos os suprimentos de evangelização e estavam orando antes de sair. O grupo de Mike retirou-se e suspiramos aliviados, confiantes de que ele estava na melhor situação para aquela noite.

A equipe de Doug foi a última a sair e se dirigiu para um local de difícil alcance. Doug sempre parecia escolher os locais de evangelização mais desafiadores, e naquela noite ele estava trabalhando com o pastor Ron, do Brooklyn. As vans estavam prontas e de repente Mike apareceu vindo do prédio.

"Onde está minha equipe?", ele perguntou. Mike tinha ido fumar na hora errada e perdeu a saída do grupo.

Agora o problema dele se tornou o nosso desafio. Não podíamos deixá-lo sozinho no prédio. Não podíamos levá-lo até a equipe dele. Então, ele entrou na van de Doug. Joanne e Jacob estavam na van e já haviam viajado conosco muitas vezes para Nova York. Havia outros líderes experientes também. Doug certificou-se de que Mike seria cuidado.

Enquanto a equipe descarregava o material de evangelismo das vans, todos ouviram um chamado vindo de uma caixa de papelão – o espaço de moradia de um morador de rua. "Jacob, Jacob... é você?".

Era um homem chamado Roy. No ano anterior, JoAnne e Jacob conheceram Roy em outro bairro durante a entrega de alimentos para moradores de rua de outro ministério. Logo sentiram compaixão por ele. Ele era um veterano que ainda era assombrado por pesadelos do tempo de guerra. Ele morava na rua e eles o procuraram sem sucesso.

Roy disse-lhes que nunca poderia seguir Jesus e que tinha segredos terríveis demais para contar e que tinha ido longe demais para ser perdoado. Ele estava se punindo ao escolher viver sem teto. Seus corações ficaram comovidos por ele e surpresos ao vê-lo novamente em uma parte diferente da cidade com cerca de onze milhões de pessoas. Eles ficaram surpresos por Roy se lembrar deles, até mesmo chamando o nome de Jacob.

"Roy, você se lembrou de nós. Uau, você não sabe quantas vezes oramos por você este ano! Nunca pensamos que veríamos você novamente", disse Jake, surpreso e consciente de que o Senhor estava fazendo algo muito especial naquele lugar. As circunstâncias para encontrar Roy novamente eram tão aleatórias que Deus deve ter trabalhado para trazê-lo de volta à nossa equipe mais uma vez para ele ouvir sobre o amor de Deus.

"Roy, você não percebe que Deus nos enviou aqui novamente para te falar que Ele está cuidando de você? Roy assentiu surpreso. "O que está afastando você do amor de Deus?", perguntaram.

Então, com lágrimas, Roy contou sua história. Há muitos anos, ele era um jovem soldado no Vietnã. Ele viu uma criança correndo em direção a seus soldados com uma bomba amarrada nas costas. Que escolha terrível tirar a vida de uma criança inocente ou tirar a sua própria vida e a vida de outras pessoas. Sua arma respondeu e a criança e a bomba desapareceram. No entanto, aquela imagem, a injustiça, o horror da guerra, tinham devastado Roy de tal forma que ele não conseguia se perdoar. Todos os dias aquela cena se repetia em sua mente, e isso o paralisava.

JoAnne e Jacob ajoelharam-se na calçada ao lado da casa improvisada de Roy e falaram para ele do amor incondicional e do perdão de Deus. Naquele momento eles lembraram de Mike. Era improvável que ele pudesse ajudar, mas eles o convidaram para a conversa.

Ao ouvir a história de Roy, Mike contou sua própria história. Ele falou sobre perdão. Ao fazer isso, uma nova compreensão de sua própria vida veio a ele. A graça e o perdão de Deus foram suficientes e os dois homens encontraram o amor de Deus. Através das lágrimas, eles oraram para receber o amor e o perdão de Deus. Pela graça, eles oraram para serem perdoados e perdoaram a si mesmos.

"Quando você esteve no Vietnã?" Mike perguntou. "Eu também; foi quando eu estava lá".

"Onde você estava?".

"Eu estava apenas alguns quilômetros de você. Que estranho que a gente tenha se conhecido nas ruas de Nova Iorque vinte anos depois. Homens destroçados se encontrando e encontrando o perdão de Deus".

O pastor Ron viu a cena e ouviu a conversa. "Eu também estive no Vietnã. Eu era piloto de helicóptero naquela mesma área e provavelmente transportei vocês dois".

A graça estendida desta forma está além da nossa compreensão. O amor de Deus por um soldado ferido que vive nas ruas de Nova Iorque traz esperança a outro guerreiro destroçado. Eles se encontraram e encontraram o perdão. Deus mostra a eles que nada em suas histórias foi um acidente, até mesmo Mike se perder de sua equipe de evangelismo. Deus o queria. E no seu quebrantamento, Deus iria usar para trazer cura. Essa cura também lavaria seus pecados.

Aquele momento trouxe cura para a vida de Mike de uma forma que anos de ódio por si mesmo e aconselhamentos não conseguiram resolver. Esses três homens abraçados e alegres na esquina eram um testemunho da maravilhosa graça de Deus.

Muitas vezes pensei nesta incrível nomeação divina, percebendo que não é preciso ser perfeito para ser embaixador de Deus; na verdade, é em nosso quebrantamento que Deus nos encontra e, à medida que Sua graça flui através de nós para os outros, essa cura também nos encontra.

CAPÍTULO 59

BÍBLIAS CHINESAS

"Quando chegar à entrada de segurança, tome cuidado para não dizer nada que alerte os guardas".

Não sabíamos qual seria a situação. Os protestos na Praça *Tiananmen* desencadearam uma série de outros tumultos. A resposta do governo chinês foi rápida e devastadora. Os manifestantes foram marcados e presos. Muitos desapareceram sem aviso ou deixar vestígios.

A nossa equipe vinha se preparando para esta viagem há meses, mas a situação na China tinha tomado um rumo mais perigoso. De Hong Kong, enviávamos pequenas equipes, carregadas de Bíblias, para vários pontos. A Igreja clandestina na China estava experimentando um crescimento sem precedentes. Igrejas domésticas com líderes jovens estavam surgindo por todo o país. Os pastores viviam em um ambiente perigoso. Eles precisavam de Bíblias para discipular os novos crentes, mas os líderes comunistas consideravam as Bíblias como pornografia.

Alguns dias antes, instruções especiais foram dadas para nós durante o treinamento. Se conseguíssemos sobreviver com nosso estoque de Bíblias, o próximo passo seria viajar separadamente para diferentes pontos onde entregaríamos nossos pacotes. Os locais de entrega eram conhecidos por entregadores especiais que arriscariam tudo, inclusive suas vidas, para pegar as Bíblias e livros de estudo e distribuí-los às igrejas que aguardavam.

Foi uma operação perigosa – perigosa para os turistas ocidentais e extremamente perigosa para os cidadãos chineses que os retiravam das caixas. Agora, com protestos por todo o país, não tínhamos certeza das dificuldades que enfrentaríamos na fronteira.

Judy, uma senhora membro da nossa equipe, carregava um pacote de Bíblias e tinha a saia cheia do Evangelho de João enfiado nos bolsos costurados em sua saia. Ela estava literalmente revestida da Palavra de Deus. O guarda imediatamente parou Judy e exigiu que ela entregasse o pacote. Ela começou a chorar tão alto que ele ficou com vergonha de tê-la deixado tão chateada. Ela se sentiu humilhada. Para acalmá-la, ele devolveu as Bíblias e a apressou na fila.

Outro membro da equipe tinha um aparelho de som sem a parte interna e cheio de porções da Bíblia. O paletó de Doug também tinha compartimentos especiais cheios das Escrituras Sagradas.

A situação estava especialmente tensa naquela manhã. O calor era sufocante e o traje completo de Doug, cheio de Bíblias, era quase insuportável.

O suor escorria pela sua testa e pelo colarinho.

"Próximo!", o guarda esbravejou, olhos penetrantes em busca de qualquer sinal de problema.

Soldados armados alinhavam-se na passarela acima. Foi tão intimidante!

Doug entregou seu passaporte. "Por que você está vindo para a China?".

"Turismo." Doug foi instruído a dizer apenas o necessário, não oferecer qualquer informação ou agir com nervosismo, e a não comprometer ninguém da equipe, independente do que acontecesse.

O guarda olhou para ele e exigiu: "Dê-me suas Bíblias". Agora ele não estava apenas suando por causa do calor, mas também tremendo por causa de uma combinação de medo e desconhecido.

Atrás dele, na rua, havia um vendedor de sorvete. Era um lugar tão estranho para tomar sorvete, mas era a distração perfeita. "OK. Aqui estão minhas Bíblias. Posso comprar sorvete para você? E para todos os guardas, deixe-me comprar sorvete para vocês. Todos os guardas desceram e se juntaram a Doug para a sobremesa. Durante essa distração, o restante dos mensageiros passou pela fila e entrou na China.

Ao longo da semana seguinte, esta cena foi repetida inúmeras vezes em diferentes postos de controle. Os oficiais pegaram Doug quase todas as vezes, mas a equipe trouxe milhares de Bíblias e livros de estudo.

CAPÍTULO 60

ISSO NÃO FUNCIONA MAIS

Estávamos na Polônia no verão com uma equipe juvenil do Projeto Geração Josué. Enquanto estávamos nos estabelecendo em uma comunidade para fazer um drama de rua e compartilhar o Evangelho, vários Jocumeiros passaram por lá. Eles estavam realizando evangelismo com o programa "Ano com Jesus" e estavam no final da sua estadia na Polônia.

Becky, uma das líderes, me perguntou: "O que vocês vieram fazer aqui?".

Eu disse a ela que faríamos uma mímica de rua apresentando o Evangelho, e depois faríamos um convite e oraríamos com aqueles que respondessem para entregar suas vidas a Jesus.

Ela parecia confusa. "Bem, não acho que isso vai funcionar aqui. Você tem que construir relacionamentos de confiança com as pessoas e ter tempo para compartilhar suas vidas, e quando tiver conquistado o direito de compartilhar, poderá falar-lhes sobre o Senhor. Não acreditamos neste tipo de ministério de rua".

Fiquei surpresa com o comentário dela porque tínhamos passado as duas semanas anteriores fazendo o mesmo ministério em outras cidades e oramos com centenas de pessoas da Polônia e de outras nações europeias para receberem Jesus.

Convidei-a para se juntar a nós e para assistir e ajudar. Ela parecia hesitante e talvez com um pouco de medo de ser associada à nossa equipe, não querendo que fizéssemos mal a ninguém com quem eles compartilhavam o Evangelho. Mas ela se juntou a nós. No final do drama, quando o convite foi feito, muitas pessoas inclinaram a cabeça e oraram em voz alta enquanto o tradutor as conduzia numa oração de salvação e compromisso com Jesus como Senhor e Salvador.

Como era nosso costume, após a oração em grupo, nossa equipe ia até aqueles que haviam orado. Formamos pequenas equipes, repassando o Evangelho usando o livro sem palavras. Becky juntou-se a um dos pequenos grupos e orou novamente com aqueles que responderam positivamente ao Evangelho. As pessoas eram muito sinceras e muitas delas tinham lágrimas nos olhos enquanto oravam em voz alta para receber Jesus.

Becky veio até mim depois e disse como estava surpresa com a resposta das pessoas. Eu disse a ela que o mesmo cenário havia acontecido repetidamente nas últimas três semanas na Polônia. Tive a mesma experiência em todo o mundo.

Becky tinha lágrimas nos olhos. "Deb, estou aqui há quase nove meses evangelizando e meu coração tem percebido as pessoas querendo Jesus. Fiz amizade com muitas pessoas e esperei o momento certo para falar-lhes sobre o Senhor. No entanto, vejo que em apenas algumas horas estas pessoas abriram os seus corações a Jesus. Eu sinto que posso ter perdido muitas oportunidades e agora meu tempo está quase acabando".

Oramos para que Deus abrisse oportunidades para Becky compartilhar com seus amigos poloneses e aproveitar ao máximo as oportunidades que lhe restavam.

Vários dias depois, recebi um e-mail de Becky.

Você se lembra de mim? Uma jocumeira de *Nowy Sqcz*? Depois da nossa conversa, fui para casa e encontrei Mary, com quem fiz amizade no ano passado. Perguntei-lhe se ela queria ouvir o Evangelho. Ela disse sim. E ela respondeu com alegria e orou para receber Jesus.

Aprendi algo. Os relacionamentos são importantes, mas Deus pode abrir uma maneira de contarmos às pessoas sobre o Seu amor no Seu tempo, e devemos sempre procurar uma oportunidade para compartilhar. Oro para que o Senhor me use nos meus últimos treze dias aqui. Eu sempre quis fugir do evangelismo de rua, mas quando vi sua equipe e como vocês se dedicaram para isso, compreendi o quão eficaz pode ser esta estratégia.

Obrigado por me mostrar que as pessoas responderão ao Evangelho se apenas pedirmos. É preciso perseverança em algumas circunstâncias para encontrar corações abertos e fazer com que a mensagem seja compreendida e recebida. Tal como na pesca, existe uma habilidade que é adquirida pelo observar como as pessoas reagem, quais perguntas estão em seus corações, onde estão sofrendo e o que as impede de confiar no Senhor.

Há tanta estática e confusão espiritual que é preciso sabedoria para falar ao coração das pessoas para que possam compreender a mensagem. Jesus pode ser a resposta às nossas necessidades mais profundas, mas cada pessoa está num lugar diferente e tem perguntas e necessidades únicas. Se você tentar responder aquelas perguntas que eles talvez não estejam fazendo, suas palavras irão repercutir neles.

O Espírito Santo é o nosso professor e Ele nos ajudará a ouvir a porta aberta na vida das pessoas.

PARTE SEIS

1997 Nova Direção
YWAM Pittsburgh, Boston, Filadélfia

CAPÍTULO 61

EU QUERO SER SEU MELHOR AMIGO

Se você ler um livro sobre filhos de alcoólatras, vai perceber que tenho a maioria dos traços típicos de uma criança criada por um pai alcoólatra. Eu era reservada. A maneira que eu escolhi para processar a dor foi conviver com o abatimento, a prostração.

Uma exceção a isso foi com a família que formei. Desde o primeiro dia, estive ligada aos meus filhos com um amor profundo. No meu casamento com Doug havia cumplicidade e representava para mim um lugar seguro de paz e amor.

"Simplesmente não sou uma pessoa muito emotiva", eu dizia muitas vezes aos meus amigos, que comentavam o meu distanciamento em muitas situações que mereciam lágrimas. Agia com compaixão; Mas sentia pouca compaixão.

Quando completei quarenta anos, tive uma nova experiência impactante com Jesus. Eu estava lecionando na primeira série e um grupo de mães dos meus alunos me convidou para uma festa de Natal. Elas me surpreenderam com um bolo e presentes. A neve caiu durante nossa reunião, e a volta para casa foi um passeio típico da Nova Inglaterra em estradas geladas. O motorista parou no final da nossa garagem, não querendo entrar na minha pista íngreme e coberta de neve.

Anita, uma das mães, estava sentada comigo no banco de trás do carro. Ela me parou antes de eu sair do carro e disse que queria orar por mim. Eu estava desconfortável, mas eu concordei. "Deus tem uma palavra para você. Ele quer ser seu melhor amigo".

Eu não sabia o que isso significava. Por que Deus diria isso para mim, afinal? Eu já não estava vivendo uma vida comprometida?

Minha caminhada colina acima até nossa casa foi lenta, parando várias vezes para apreciar a beleza ao redor. A lua cheia iluminou o caminho. As árvores dobravam-se, às vezes rachavam, sob o peso da neve que caía. Naquela solidão, aquelas palavras ecoavam na minha mente continuamente: quero ser seu melhor amigo.

Mais tarde naquela noite, tudo estava tão quieto e as palavras tão altas, ainda ressoando em meu coração. Uma sensação quente, quase elétrica, inundou-me. Eu nunca tinha sentido isso antes e não tinha certeza do que estava acontecendo comigo. Acordei Doug e tentei explicar o que havia acontecido comigo. Ele resumiu assim: "Essas coisas sempre acontecem comigo na presença de Deus. Isso é uma coisa normal".

Não era nada normal para mim. Durante três meses, sempre que eu pensava naquele momento ou mesmo nas palavras "melhor amigo", a presença de Deus me inundava-me. Todos os dias, durante todo o dia, e sempre com a mesma mensagem para a minha mente e espírito. Eu estava despertando para um novo lugar na minha caminhada com o Senhor.

Então, um dia, não aconteceu mais. Mas a memória ficou guardada comigo. Nunca soube por que isso aconteceu ou por que terminou, mas sabia que era real.

Vários anos depois, ajoelhei-me no meu quarto, olhando através portas francesas para a bela cena de outono lá fora, e sussurrei uma oração sincera: "Estou de alguma forma desconectada, Senhor. Servirei a Ti todos os dias da minha vida e te obedecerei. Encontro alegria em minha vida de muitas maneiras, mas ainda há um lugar de desconexão. Aceito que as feridas da minha infância possam ter mudado a estrutura das minhas emoções".

"Quando todos ao meu redor estão adorando, eu canto, mas nunca sinto nada. Eu ainda canto, porque você é digno. Adoração é sobre quem Ele é, não como nos sentimos. Quando as pessoas precisam de conforto, eu as seguro em meus braços e faço minha melhor oração pelo Teu terno cuidado com elas, mas muitas vezes fico desapegada delas. Não espero que isso mude algum dia. Talvez eu não tenha fé ou talvez seja apenas o seu plano, mas se for possível, você poderia, por favor, religar meu coração? Trilharei qualquer caminho, confiante de que Tu sabes quem eu sou e estará comigo".

Alguns meses depois, eu estava falando para nossa igreja, uma megaigreja que raramente dava microfone às mulheres. Eu aproveitei a oportunidade para falar sobre ter um relacionamento autêntico com Deus.

"Jesus estará perto de você, conhecendo intimamente suas necessidades e desejos mais profundos. Ele estará com você nas alegrias e tristezas da vida. Você pode alcançá-Lo na tristeza, na alegria, em cada momento". E em algum lugar da mensagem eu compartilhei: "Ele estará com você ao lado do túmulo". Eu não entendi o que estava dizendo, mas logo depois isso se tornou profético, poia lembrei-me da minha oração - se for possível, você poderia, por favor, religar meu coração. Mesmo ao lado do túmulo?".

Deus respondeu à minha oração em 1997 de uma forma que eu nunca teria escolhido. Meu pai morreu em 16 de setembro de 1996. Nossas filhas ficaram noivas no Dia de Ação de Graças. Minha mãe adoeceu em janeiro. Ela morreu em 11 de abril de 1997. Cuidei dela durante as últimas semanas de sua vida, sozinha, exceto pelas enfermeiras visitantes do hospital psiquiátrico que lhe deram banho e grandes doses de morfina. Nossas filhas se casaram em casamento duplo em 16 de maio de 1997 e se mudaram para direções diferentes, longe de mim. Deixamos nossos amigos, nossa casa e o ministério que foi nosso alicerce durante dezoito anos. Mudamos de *Manchester, New Hampshire* para *Pittsburgh*, para a casa de um amigo que estava vazia e esperando para ser vendida. Perdi meus pais, minha casa, meu amigos, nosso ministério e minha unidade familiar. Foi um tsunami emocional.

Lembro-me daquele momento, sentada com minha mãe, frágil, quieta e carente como ela era, eu sabia que tinha uma escolha. Eu poderia lidar com isso com o coração desconectado, mas seria doloroso. Eu poderia fazer o que sabia que deveria: alimentá-la, pentear seu cabelo, cobri-la enquanto ela dormia, ou poderia arriscar e me envolver. Fiz uma escolha naquele dia que permitiu que Deus curasse meu coração partido. Sentei-me na cama com ela, abracei-a durante horas, conversei com ela, orei por ela e me deixei sentir a dor. Foi devastador. Mais tarde, entendi que era a minha cura. Eu havia passado por algum tipo de "transplante" de coração.

Depois de todas as perdas daquele ano, eu estava em *Pittsburgh* com um novo emprego como professora. Durante o tempo de preparação, tentei montar minha sala de aula, mas não consegui encontrar energia para colocar enfeites nos quadros de avisos. Eu apenas sentei lá. Toquei música de adoração para preencher o tempo e percebi que se não conseguia fazer apenas alguma decoração na parede da sala de aula, como encontraria forças para viver minha vida?

Meu amigo John lutou contra uma deficiência imunológica extrema durante toda a vida. Um médico em Boston sugeriu que ele considerasse um transplante de medula óssea para restaurar o sistema imunológico. Ele deu um passo de fé e o processo foi muito difícil. Seu antigo sistema teve que ser completamente destruído para dar lugar a novas células sanguíneas e uma nova vida. O processo foi difícil de acompanhar e, também, muito difícil para ele. Mas no final, seu corpo foi renovado.

A cura emocional às vezes pode ser assim. No meu caso, Deus me conduziu através de uma intensa série de crises até um lugar onde Ele poderia restaurar minha constituição emocional.

No final, eu também fui restaurada a um lugar de plenitude. Cada dia eu estava em um lugar novo, meu cuidado com as pessoas era sincero e com o coração curado. Meu amor por Deus foi mais do que obediência e compromisso, foi com um coração que respondeu ao Seu amor por mim. O Senhor fez o que parecia impossível em resposta à minha oração sincera.

CAPÍTULO 62

1997

`No caminho para o *Target World* (evento que reuniu centenas de jovens) em *Atlanta* com os adolescentes do Projeto Geração Josué, paramos em *Pittsburgh*. Fiquei grata por ter a possibilidade de fazer uma breve visita a meus pais. Nossa casa na cidade de *Webster*, na Pensilvânia, não era chique, mas era o meu lar, lugar onde cresci. Ao chegar na frente de casa, pude ver meu pai sentado na varanda da frente, ligeiramente curvado. Chamei, mas ele não respondeu. Achei que ele estava dormindo.

Meus pais adoravam jardinagem, mas a horta estava desaparecendo. Essa foi a primeira vez na minha vida que vi isso acontecer. Ao longo dos anos, seu jardim foi uma fonte de diversão para ele, e ele cuidou com diligência. Seus tomates cresceram a partir de sementes especiais que lhe foram dadas por um velho amigo italiano. Ele guardava as sementes todos os anos para o plantio seguinte. Muitas vezes recebíamos do meu pai caixas de tomates pelo correio. Era a forma dele expressar amor por nós. Certa vez, ele cultivou um tomate de um quilo e meio e foi notícia em uma revista de jardinagem.

Naquele ano, papai estava fraco demais para plantar, e o espaço vazio do jardim era um dos sinais evidentes de que sua vida estava se esvaindo. Enquanto caminhava pelo caminho ao lado da casa, um aroma familiar encheu o ar: gardênias. A varanda deles era enfeitada com duas gardênias bem grandes. Aquelas lindas plantas com flores eram difícil de crescer. Era o sinal do amor da minha mãe por coisas bonitas.

Ela me recebeu na porta e, após uma saudação, me falou sobre o estado de meu pai enquanto ele estava sentado na varanda. "Não se assuste. É apenas uma progressão da doença. Ele não está sentindo nenhuma dor". O aviso dela não poderia ter me preparado para o impacto de vê-lo ali.

Ele olhou para cima e acenou com a cabeça, reconhecendo-me, mas não disse uma palavra. O dispositivo chamado laringe eletrônica, que ele usava para conversar, estava na mesa ao lado dele. Desde que sua caixa vocal havia sido removida, o dispositivo para falar o fazia parecer um robô. E foi muito difícil levá-lo à garganta. Ao lado havia um livro de palavras cruzadas desgastado e um lápis amarelo número 2, quase todo gasto pelo uso. Ele passava os dias resolvendo quebra-cabeças estúpidos, e sua mente se esvaindo com o passar das horas.

Preenchi o espaço com uma conversa sobre nossa família, como as crianças estavam na escola e meus planos para o verão.

"Suas gardênias cheiram como o paraíso".

Seus olhos entreabertos agora brilharam um pouco. Dizem que os olhos são a janela da alma. Seus olhos estavam vazios agora.

Eu sabia que aquela seria a última vez que veria meu pai. Eu queria lembrar daquele último abraço. Minha mãe me acompanhou até o carro e acenou até que eu desaparecesse de vista.

Em setembro, ela me ligou preocupada. Nossa casa estava cheia de equipamentos de caça e pesca. Havia uma cômoda especial construída por meu avô Daugherty para armas. As gavetas foram forradas com feltro especial. Sua vasta coleção de armas estava armazenada com segurança naquele lugar. Quando a assistente social passou por lá mais cedo, ela avisou minha mãe para retirar as armas de casa, o que ela fez.

No dia seguinte, meu pai ficou furioso e procurou suas armas. A polícia veio e o levou em uma camisa de força para uma enfermaria. Dias depois, meu pai encontrou paz na presença do Senhor. Pensei na fidelidade de Deus em tocar sua vida, no milagre do perdão, da salvação e de um destino mudado.

CAPÍTULO 63

AÇÃO DE GRAÇAS

O Dia de Ação de Graças daquele outono foi um momento muito especial para nossas filhas. Rachel conheceu Aaron na *Concord Christian School* no ensino médio. Ela estava terminando o último ano no *Bentley College*. Aaron pediu várias vezes a Doug sua bênção para que eles ficassem noivos. Chuck conheceu Bethany na Universidade de Boston e agora estava terminando seu último ano antes de ingressar no Corpo de Fuzileiros Navais. Ele também pediu a Doug que abençoasse o noivado. A resposta para os dois jovens foi: "Ainda não".

Fiquei impressionada com a paciência deles. Amávamos os dois rapazes e estávamos gratos por nossas filhas os terem encontrado. No Dia de Ação de Graças, Doug sentiu paz ao receber os dois rapazes na família. Minha mãe estava ouvindo ao telefone quando eles pediram elas em casamento oficialmente na sala de jantar antes de servirmos o peru.

Foi um momento de alegria para minha mãe após a morte do meu pai. Ela ansiava pelo casamento. Fizemos a viagem de volta ao *Mon Valley* para passar o Natal. Ao longo de todos os nossos anos de viagens e mudanças, o Natal foi sempre uma época para a família e nunca deixamos de passá-lo naquele lugar.

CAPÍTULO 64

NATAL

Minha mãe parecia muito sentimental durante a visita. Morar sozinha estava afetando-a de uma forma que eu não conseguia expressar em palavras, mas eu sabia que algo além da dor estava acontecendo com ela.

A véspera de Natal sempre foi um momento de abrir os presentes dos avós, mas naquele ano a mamãe sentou todos os netos.

"Esses meses têm sido difíceis e percebo ainda mais agora o quão especiais vocês são para mim. Quero que vocês recebam algo da minha casa. Vocês podem escolher qualquer coisa, grande ou pequena. Algo que te lembre de estar comigo e com o vovô, algo da sua infância".

Com isso, nossos filhos foram passear pela casa. Eles eram atenciosos e quietos. "Vou levar este baú de cedro! Isso me lembra de estar aqui", Betânia falou. Rachel escolheu a cadeira de balanço de vime onde minha mãe a segurou muitas vezes. Jeremy escolheu uma bugiganga para cachorro que estava posicionada na estante. Douglas pegou um quebra-nozes de metal em forma de cachorro. Não creio que alguém tenha pensado em valor; eles pensaram em memórias.

Depois que voltamos para casa após aquela viagem, liguei para mamãe e percebi que ela parecia estar com um forte resfriado. Fiquei preocupada com a possibilidade de ter transmitido a ela um vírus. Alguns dias mais tarde, liguei e ela parecia mais fraca. No meio da ligação, houve um estrondo e depois o som de algo batendo na parede.

"Mãe, você está bem?"

Não houve resposta. Liguei para minha amiga, Donna Britt, e ela foi até lá para ver como mamãe estava. Donna a encontrou desmaiada no chão com o telefone pendurado e batendo na parede. Uma ambulância veio e a levou ao hospital.

Voltamos para a Pensilvânia. Foi gripe? Derrame? A viagem de doze horas desde *New Hampshire* deixou muito tempo para especulações. Corremos pelo Hospital *Mon Valley* e encontramos o quarto onde mamãe estava internada. Ela estava dormindo e parecia frágil e cansada. A enfermeira nos disse para esperar que o médico chegaria a qualquer momento.

Quando ele entrou na sala, a médica estava lendo os relatórios do laboratório no prontuário. Então ele olhou para cima e gritou: "Ah, não. Estela. Como isso pode ser?". Ele imediatamente a reconheceu. Minha mãe o chamava pelo nome; ele era o oncologista que cuidou do meu pai poucos meses antes.

"O que há de errado, doutor? Estou com um caso grave de gripe?".

Ele engoliu em seco e respirou fundo. "Não, querida senhora. Isto não é gripe. Você tem câncer de pulmão em estágio quatro, e isso está em suas costelas. Sinto muito". Ele tentou conter as lágrimas, mas elas estavam escorrendo por seu rosto.

Foi um diagnóstico que nenhum de nós esperava. Posteriormente, nos informaram que não havia tratamento possível e que a doença estava tão avançada que ela só tinha alguns meses de vida. Eu ficava com ela durante o dia e meus irmãos ajudavam na troca à noite. Ela estava lutando com as notícias e as escolhas que tinha que fazer.

"Eu quero estar em casa", ela implorou.

Então, nós a levamos para casa para suas últimas despedidas.

Passei as semanas seguintes com minha mãe. Aqueles momentos íntimos de cuidado com ela me levaram a um lugar de profunda tristeza, mas também de restauração. Aqueles dias foram um presente do céu para nós duas.

> *Minha estrutura não estava escondida de você quando fui criado no lugar secreto, quando fui tecido nas profundezas da terra. Teus olhos viram meu corpo informe; todos os dias que me foram ordenados foram escritos no teu livro antes que um deles existisse. Quão preciosos são para mim os Teus pensamentos, Deus! Quão vasta é a soma deles!*
> *(Salmos 139:15–17 NVI).*

No seu funeral, havia muitas pessoas que eu nunca tinha conhecido.

"Como vocês conheceram minha mãe?" Eu perguntei pra eles.

"Ela era minha amiga e me ajudava a escolher presentes na loja da Farmácia Central".

"Sua mãe orou por mim quando meu marido estava doente e eu estava no corredor de uma loja escolhendo cartões".

"Quando ouvi o testemunho de sua mãe, decidi me tornar cristão. Fiquei cheio do Espírito Santo quando ela orou comigo nos fundos da loja de presentes".

CAPÍTULO 65

JOCUM PITTSBURGH

Disseram-me para nunca tomar uma decisão importante na vida durante uma crise, mas às vezes a turbulência obriga você a escolher. Após o casamento duplo de nossas filhas, nos encontramos com o pastor Ken Anderson. Todas as mudanças nos fizeram refletir sobre o que queríamos fazer no próximo capítulo de nossas vidas. Vovó Daugherty, mãe da minha mãe, tinha noventa e quatro anos. Havíamos vivido longe de *Mon Valley*, Pensilvânia, durante dezoito anos e sentimos que era hora de voltar para casa por um período.

Não havia um plano ou cronograma; nós apenas sabíamos que era um novo capítulo para nós. Nos 16 anos anteriores, tivemos o privilégio de treinar e mobilizar muitos cristãos para partilharem a sua fé. O Corpo de Cristo trabalhou em parceria com os Centros de Gravidez em Crise, a Marcha pela Vida e a Marcha por Jesus. A Cruzada da Equipe de Poder também conseguiu reunir todo o estado para um evento. Tínhamos uma paz profunda ao perceber que nosso tempo em *New Hampshire* estava terminando.

"Pastor Ken, foi um privilégio servir com você durante todos esses anos", disse Doug. "Depois de perder os pais de Deb e das muitas mudanças que aconteceram em nossa família com o casamento de nossas filhas e a conclusão de muitos projetos, estamos orando para voltarmos para a área de Pittsburgh para estarmos mais próximos de nossas famílias. Nós não temos um cronograma em mente".

O pastor Ken pareceu surpreso e sua resposta foi muito abrupta. "Tudo bem, fazemos nosso orçamento anual em julho e você receberá seu último cheque no final do mês". Isso selou nosso cronograma; partiríamos em julho. Durante as últimas semanas de vida de minha mãe, foi uma das poucas vezes em minha vida que precisei de um pastor. Aquelas semanas solitárias sentada sozinha, sentindo falta da minha família e lutando contra a dor, estavam além do que eu conseguia suportar. Doug mantinha nossa família unida em *New Hampshire,* mantinha os meninos na escola e ajudava nos planos de casamento das meninas. Ele se esforçava para ajudar o pastor Ken, mas também precisava de apoio.

Meu amigo Tom Murphy, um presbítero de nossa igreja, ligou durante aqueles últimos dias para minha mãe. Ele cuidou de nós e expressou sua preocupação. "O pastor ligou para você?".

"Ainda não", respondi.

Cinco minutos depois, o telefone tocou novamente. "Olá, Deb, é o pastor Ken. Queria ligar e orar por você".

Fiquei grata pela ligação, embora soubesse que Tom o havia incentivado a entrar em contato.

Tudo estava normal quando voltei ao meu trabalho no escritório da igreja após o funeral da minha mãe. Eu dediquei doze anos da minha vida para servir na igreja como professora na escola cristã, líder no comitê de tomada de decisão e uma esposa de pastor. Fiquei me perguntando como, depois de todo aquele investimento, eu não estava no radar do pastor quando mais precisei. Não sei o que esperava naquela primeira manhã de volta, mas meu mundo virou de cabeça para baixo e meu coração estava partido. Parecia que ninguém estava ciente disso.

Dediquei minha energia e tempo mais criativo porque acreditava no que estávamos fazendo como igreja. Percebi que servir em uma megaigreja é parecido com estar envolvido em um negócio. Sua contribuição é valorizada, mas você é mais um parceiro do que parte de uma família. Aceitei, não com raiva, mas com tristeza.

Ao longo dos anos, fiz parte de muitos grupos cristãos menores que eram como uma família: *California Fellowship, Power Group e Lighthouse*. Esses grupos eram muito unidos e havia amor e compromisso. Eu estava errada ao pensar que o *Faith Christian Center*, nossa igreja, era a mesma coisa.

Era muito grande para ter esse tipo de amizade tão próxima.

Isso me ajudou a entender a reação do pastor Ken e como ele foi prático ao nos mandar embora. Também me ajudou a ver que Deus estava nos guiando, embora eu ainda estivesse muito frágil.

Doug e eu nos sentamos e ficamos sonhando sobre o que o futuro tinha reservado para nós. "O que Deus nos preparou para fazer? O que está em nossos corações?".

A primeira coisa que tive certeza foi que não trabalharia em um ministério de megaigreja. Eu precisava de comunidade. Eu também tinha certeza de que o ministério com o qual me sentia mais à vontade era o de JOCUM, embora nossa partida em 1981 tenha sido difícil. Tínhamos mantido relacionamentos com os líderes e havia amizades genuínas ali.

Ligamos para Dave Adams, diretor da JOCUM na região do Nordeste americano, e solicitamos uma reunião. Na balsa de Connecticut para Nova York, planejamos o que estava crescendo em nossos corações. "Dave, gostaríamos de abrir uma base de JOCUM na área de Pittsburgh". A ironia não passou despercebida a Dave. Dezoito anos antes, ele fez parte da equipe de liderança que nos pediu para deixar a missão. Agora, ele foi o líder que nos acolheu de volta. Era família.

Nossa próxima ligação foi para o pastor John e Sandy Derrico, que eram ministros da Igreja Centro Cristão, em Pittsburgh desde 1998. Doug foi ordenado por ele em um culto antes de partirmos para a Europa em 1979. Eles eram amigos para o resto da vida! Tinham uma história compartilhada e uma profunda confiança um no outro. O Pastor John nos acolheu e ofereceu um espaço na igreja para iniciar a JOCUM na propriedade. Barry e Terri Zungre souberam que estávamos indo para Pittsburgh e nos ofereceram para pousar na casa deles até encontrarmos um lugar para morar. Sua amizade e apoio foram essenciais para este próximo capítulo. Tínhamos um local e tínhamos relacionamentos. Isso faz parte do pilar para o pioneirismo de um novo ministério.

CAPÍTULO 66

ISRAEL

Para muitos cristãos uma viagem a esta nação histórica está na sua lista de desejos. Permite-lhes caminhar por onde Jesus andou e ver os lugares mencionados na Bíblia. A viagem missionária da nossa Escola de Treinamento e Discipulado em 2002 para Israel foi uma viagem única para todos nós.

Doug teve o privilégio de ter nossos dois filhos, Douglas e Jeremy, com ele nesta viagem. Esta é a história dele e é incrível.

Durante os meses de preparação, nossos funcionários e alunos ouviram vários "especialistas" sobre como fazer evangelismo em Israel. Eles memorizaram passagens do Antigo Testamento. Esperávamos convencer o povo judeu de que Jesus era o Messias. Nossa equipe estava pronta para conversar, confiante de que poderia compartilhar o Evangelho. No entanto, os nossos treinadores especializados nos alertaram para termos baixas expectativas, porque as pessoas não estavam abertas ao Evangelho.

Imediatamente, a equipe percebeu que essa abordagem não estava funcionando. Embora a maioria do povo judeu tivesse uma forte identidade cultural com Israel, o conhecimento das Escrituras Hebraicas era muito limitado. Na verdade, eles poderiam ser identificados como não-espirituais. Muitos diziam ser ateus. Após vários dias de luta, a equipe teve que reavaliar como testemunhar em Israel. As conversas pareciam

aquelas de Paulo na Colina de Marte, em vez de Pedro pregando às pessoas religiosas de seu tempo.

Poucas pessoas queriam ouvir naqueles primeiros dias, então todas as noites a equipe fazia um balanço. Eles discutiram qual abordagem seria útil até mesmo para conversar com as pessoas sobre coisas espirituais. A apologética parecia ser uma chave para estabelecer um fundamento para a fé.

Disseram-lhes que qualquer reunião de rua causaria uma forte resistência, até mesmo uma resposta perigosa. "Você não pode fazer isso aqui".

Quando nossa equipe orou, a palavra do Senhor foi: "Você DEVE fazer isso aqui, de forma aberta e corajosa".

O drama "Doors" ajudou a iniciar conversas. A apologética lançou as bases para conversas sobre fé. Os testemunhos pessoais abriram a porta para a apresentação do Evangelho.

"Jesus foi uma pessoa histórica. Ele caminhou por essas ruas e afirmou ser o Messias e Deus. Eu experimentei um relacionamento pessoal com ele e ele mudou minha vida".

Logo, o Espírito Santo estava trabalhando para abrir os corações para ouvir as Boas Novas. Todos os dias, as pessoas oravam para aceitar e confiar em Jesus como seu Senhor e Salvador. Nas ruas de todas as grandes cidades, a equipe se apresentou e compartilhou o Evangelho.

Ouvimos falar de um pastor de *Donora*, uma pequena cidade no *Vale Mon*, que tinha uma igreja filipina num bairro de prostituição em Tel Aviv. Esse local foi palco de muitos bombardeios e ataques terroristas. Ele convidou nossa equipe e Doug sentiu em seu coração que deveríamos ir.

"Eu sei que este é um dos lugares mais perigosos. Eu vou hoje à noite, mas quero dar toda a liberdade para vocês decidirem se querem ir ou ficar. Você não será considerado inferior se decidir ficar", Doug disse.

Todos se aproximaram, apesar do medo real e afirmaram: "Iremos com você".

A cena lá fora era pior do que qualquer reportagem. Os terroristas explodiram muitos dos edifícios. Detritos enchiam as ruas. As pessoas nas ruas falavam oito línguas. Tínhamos tradutores e dividimos a multidão em grupos para ouvir o Evangelho. Depois do drama "Doors", oramos com muitas pessoas. O pastor tinha uma igreja clandestina; estava literalmente no subsolo.

Amanda, uma estudante, proclamou: "Enfrentamos o medo de frente e o medo fugiu!". Ela nos disse que ficou profundamente afetada pela coragem dos outros Jocumeiros, do pastor e dos corações abertos das pessoas que encontramos lá.

Poucos dias antes do Natal, ouvimos um boato de que o canal de televisão CNN iria instalar câmeras em Belém na véspera de Natal. Naquela época, eles só haviam permitido a entrada de árabes na cidade. Então Doug e a equipe entraram pela porta aberta no local de nascimento de nosso Senhor.

Um ônibus escolar os pegou. Estava cheio de outros crentes e, no caminho pelas ruas, Doug olhou para cima e viu que havia armas antiaéreas nos telhados. Enormes fotos de Yasser Arafat cobriam os edifícios. As conversas no ônibus eram sobre o que eles esperavam fazer quando estivessem na cidade: caminhadas de oração e oportunidades para tirar fotos.

Doug falou: "Vamos apresentar o Evangelho e pregar ali mesmo nas ruas". Nossa equipe ouviu um suspiro coletivo ao redor do ônibus.

"Senhor, você está louco. Você não pode fazer isso. Você vai começar um motim e talvez levar um tiro". Aquelas objeções apenas reforçaram a determinação de Doug.

"Você pretende pregar na rua?", um passageiro perguntou. "Todas essas pessoas falam árabe!".

Doug respondeu: "Sim, vamos fazer isso, mas não temos um tradutor para o árabe".

O homem respondeu: "Eu falo árabe. Eu vou traduzir para você. Se você for louco o suficiente para fazer isso, ficarei ao seu lado".

A multidão se juntou quando o drama "Doors" começou. Eles estavam tão perto que a equipe mal tinha espaço para se mover. A Organização para a Libertação da Palestina (OLP) estava policiando a área e veio ver o motivo da agitação. Eles se posicionaram para nos dar espaço e afastaram a multidão de homens palestinos.

"Jesus disse: Eu sou o caminho, a verdade e a vida", Doug gritou pelo sistema de som.

A multidão ficou quieta para ouvir mais. Nosso novo tradutor de árabe gritou mais alto que Doug.

"قال يسوع أنا الطريق الحق والحياة."

"Ninguém vem ao Pai senão por meio de Jesus". Doug continuou a mensagem e apresentou um convite ao Evangelho. "Se você deseja receber Jesus como seu único Salvador, levante a mão". No meio da multidão, homens levantavam as mãos. Parecia que a coragem que viam um no outro os encorajava. Os soldados da OLP moveram-se rapidamente no meio da multidão e baixaram as mãos.

A equipe tinha caixas de Bíblias em árabe no ônibus, e Doug se aproximou do capitão da OLP e perguntou: "Temos livros grátis para distribuir, você pode nos ajudar?". Ele concordou, sem perceber que eram as Escrituras Sagradas, e 600 homens receberam Bíblias.

Nosso Salvador veio àquela aldeia como um bebê recém-nascido e, 2000 anos depois, veio ao coração dos homens que ouviram falar Dele pela primeira vez.

CAPÍTULO 67

EVANGELISMO EM NOVA IORQUE

"Você está se sentindo bem?" — perguntei a Doug. Ele parecia extremamente exausto e confuso em sua mente. No caminho para casa depois de fazer algumas compras de última hora para nossa viagem missionária a Nova Iorque, ele parecia dirigir de forma errada. Ele estava mais lento que o normal; virou à esquerda saindo da faixa da direita e até parou em um semáforo que ficou verde por quase um minuto.

Seria uma malária recorrente novamente? Ele sofreu muitas recorrências da doença durante nove anos. Tudo começou durante sua primeira viagem missionária à Libéria.

Vários médicos não conseguiram diagnosticar. O parasita só foi visível em um exame de sangue no auge da infecção. Todos os resultados de laboratório foram inconclusivos. Reconheci os sintomas: exaustão, dificuldade para decidir, febre, dores e dificuldade para respirar.

Durante a noite, a mesma febre que eu já conhecia e calafrios começaram. Devíamos partir pela manhã com uma equipe da Igreja Assembleia de Deus Walnut Grove. Era um tempo prático após uma Escola de Evangelismo de oito semanas. Eu questionei se ele conseguiria se dar bem com a equipe, mas ele recusou qualquer ideia de ficar para trás. Felizmente, parecia uma das recorrências mais brandas da doença.

No caminho para Nova Iorque, ele dormiu a maior parte do tempo. Expliquei antes de sairmos que ele não estava se sentindo bem e que sabíamos o que estava acontecendo. Fiz isso para que a equipe não ficasse muito focada nele. Doug estava determinado a participar tanto quanto pudesse.

O fim de semana foi repleto de pessoas compartilhando o Evangelho. Trabalhamos com ministérios estabelecidos em Nova Iorque, e a nossa equipe teve muitas oportunidades de pôr em prática as coisas que aprenderam nas aulas de formação em evangelismo. Muitas pessoas responderam recebendo Jesus. Doug se esforçou ao máximo e tentou participar, mas sofria o tempo todo.

"Há quanto tempo Doug está tendo esses ataques?", Mary perguntou no caminho para casa. Dei a ela uma breve explicação do que havia acontecido.

"Estou surpresa que isso nunca tenha sido diagnosticado e tratado. Meu marido e eu éramos missionários e tivemos malária. Os sintomas que você descreve são consistentes com esta doença. Tenho certeza de que meu marido poderia ajudar".

Ela me deu as informações do consultório do Dr. Markle e Doug foi vê-lo vários dias depois. Ele explicou a Doug como era difícil detectar o parasita da malária num exame de sangue e que era compreensível que ele não tivesse sido diagnosticado até então. Ficamos aliviados por ter um médico com experiência em reconhecer e tratar a infecção. Quando a medicação prescrita terminou, ficamos aliviados porque Doug não teria que sofrer com isso novamente.

CAPÍTULO 68

LIBÉRIA EM 2003

Quando nossa equipe da Escola de Treinamento e Discipulado da JOCUM Pittsburgh estava orando sobre onde ir para seu tempo prático de evangelismo, a Libéria surgiu no momento de intercessão. Entramos em contato com nosso amigo, Pastor Sydney Thomas, e ele concordou em nos ajudar. A equipe e os alunos ficaram entusiasmados com a oportunidade. Nosso filho, Douglas e seu amigo, Mark Cornacchione, eram alunos daquela ETED.

Desde o momento em que ouvi falar disso, fiquei preocupada. As viagens anteriores de Doug aconteceram durante a guerra civil, e o país ainda era instável, com Charles Taylor ainda tentando dominar o país.

O plano era usar o drama "Doors" nas ruas durante o dia e exibir o Filme Jesus nos campos à noite. Um engenheiro desenvolveu uma tela de quatro metros e meio que poderíamos desmontar e carregar em uma bolsa de hóquei. Um gerador e uma câmera de vídeo nos permitiriam projetar na tela, e as pessoas poderiam ver de ambos os lados, dobrando a capacidade para multidões.

Antes da viagem, os obreiros e os alunos lutavam com as finanças necessárias para a viagem. Orávamos todos os dias para que os recursos chegassem mas, uma semana depois, ainda precisávamos de US$ 22 mil. Foi um momento preocupante. Teríamos que cancelar a viagem. Enquanto eu trabalhava no escritório de contabilidade, um de nossos alunos entrou e confidenciou que tinha fundos para cobrir o déficit. Seu coração generoso e sua disposição de doar me surpreenderam. Mas hesitei em deixá-lo fazer aquilo. Deus sempre tem o que precisamos para realizar Sua obra. A luta para ter fé nas finanças faz parte de aprender a confiar no caráter de Deus e estar disposto a fazer o que pudermos em cada circunstância. Eu disse a ele para esperar e ver. Agradeci-lhe pela sua disponibilidade. Os recursos vieram de diversas fontes e todos foram fornecidos antes da saída da equipe. O total de $ 22.000!

O evangelismo foi o mais frutífero que já havíamos experimentado. Durante o dia, multidões assistiam ao drama "Doors" e respondiam à mensagem. À noite, a equipe montava a tela no meio do campo e milhares de pessoas se reuniam para assistir à história de Jesus. Na cena da crucificação, a equipe pausava o filme e Doug fazia um convite. Milhares responderam em cada apresentação. Vinte e duas mil pessoas entregaram seus corações a Jesus durante esse evangelismo incrível! Foi exatamente o valor total dos recursos pelos quais confiamos que Deus iria prover nas últimas semanas.

De volta a *Pittsburgh*, continuamos a receber relatos do movimento surpreendente do Espírito Santo para levar as pessoas à salvação. Continuei preocupada com a segurança do meu marido e filho. Doug voltou uma semana antes da equipe. Quando fui buscá-lo no aeroporto, descobri que meus maiores medos haviam se tornado realidade. Ele saiu da alfândega e parecia tão frágil que mal conseguia andar.

"Quero ver meus pais", ele pediu. Fiquei hesitante, mas ele insistiu em ir do aeroporto até a casa dos pais. Quando entramos, ele abraçou a mãe e o pai, quase desmaiando, e murmurou: "Leve-me ao consultório do Dr. Markle".

"Há quanto tempo você está doente?", perguntei. Fiquei muito preocupada. Eu já o tinha visto com malária muitas vezes, mas isso parecia muito pior do que outros momentos. Ele estava doente há mais de uma semana, mas sobreviveu por causa do trabalho ministerial que estava acontecendo.

Quando entramos na sala do Dr. Markle, ele imediatamente chamou uma ambulância e a enfermeira iniciou uma intravenosa. Nos três dias seguintes, Doug ficou quase sem vida na cama do hospital, com a febre aumentando ao longo do dia. A medicação parecia não estar ajudando. Todos os muitos artigos que li sobre a malária ser uma assassina ressoavam como um alarme em minha mente. Fiquei preocupada com a viagem desde o início. Doug tinha acabado de ser tratado de uma infecção recorrente de malária, mas esta era uma nova, possivelmente uma cepa diferente.

"Dr. Markle, ele vai ficar bem, certo? A medicação que você está dando a ele pode curar isso, não é verdade? Eu não deveria estar preocupada, certo?". Minhas palavras estavam cheias de ansiedade e eu esperava por uma garantia que esperava que o médico pudesse me dar.

"Encontramos o parasita no exame de sangue e podemos confirmá-lo como malária", respondeu ele calmamente. "Estamos tratando-o com todos os medicamentos disponíveis. Ele está recebendo excelentes cuidados. Então, estamos fazendo tudo que é possível pela medicina para ele. Quando vou para casa à noite, minha esposa, Mary, e eu passamos um tempo de joelhos, pedindo a Deus que traga cura para ele. Nossa confiança está no Senhor". O semblante calmo e as palavras de esperança do Dr. Markle me ajudaram a respirar.

Minha confiança também estava no Senhor, mas eu também sabia que as coisas nem sempre funcionam como você ora e espera. Na manhã seguinte, Doug respondeu e pôde conversar comigo. Soubemos que a medicação preventiva que a equipe tomou era para quem mora no interior e tem exposição prolongada. A droga não era para viagens missionárias de curto prazo e nossa equipe não estava adequadamente protegida.

O telefone do quarto de hospital de Doug tocou. Foi um telefonema de emergência do pastor Sydney Thomas, da Libéria. "Lamentamos informar que o seu filho, Douglas, está gravemente doente com malária. Ele está na melhor clínica, e nós estamos dando-lhe o melhor tratamento médico possível disponível aqui na Libéria. Ele não tem respondido à medicação, e por isso estamos muito preocupados".

Meu marido estava se recuperando e nosso filho poderia morrer em outro país. Meu coração batia tão rápido que eu quase conseguia ouvi-lo. Oramos no Hospital McKeesport e, ao mesmo tempo, Mark e a equipe oravam com nosso filho. Quando Mark viu Douglas, ficou chocado com sua condição. Sua febre estava aumentando e seu corpo estava descolorido, ficando com uma espécie de amarelo que surge quando os órgãos param. A resposta imediata da equipe foi clamar ao Senhor por misericórdia.

"Senhor, por favor, salve a vida dele", oramos. Às vezes, orações desesperadas são tudo o que você pode oferecer. O suporte intravenoso que continha os fluidos para Douglas estava rotulado como "Doado pela Clínica Hitchcock, New Hampshire". Fazia parte dos suprimentos médicos que a Clínica Hitchcock havia contribuído muitos anos antes e foi enviado em um contêiner pela nossa igreja *Faith Christian Center*.

Imediatamente, Douglas sentiu a força retornando ao seu corpo. O toque curador de Deus o estava restaurando. Em poucas horas, ele estava mostrando sinais de recuperação. Felizmente, ele não teve nenhuma recaída. A fé cristã não significa que você esteja isolado de problemas. Deus se importa, e podemos ter certeza de que Ele ouve nossas orações e responderá com grande compaixão às nossas necessidades.

CAPÍTULO 69

BOSTON

Ramona Musch, Diretora da JOCUM na região do Nordeste americano, foi fiel em reunir os líderes para momentos de encorajamento e visão para o nosso distrito. Tivemos o encontro em 2005 em Nova Yorque. Foi inspirador nos reunirmos com os outros líderes de base. Em nossos momentos de oração, orávamos por novas bases. Mencionamos Boston. Na verdade, sempre mencionávamos Boston nas reuniões. Houve quatro, talvez cinco tentativas anteriores de iniciar JOCUM naquela cidade. As equipes pioneiras oraram e trabalharam para construir uma rede e pediram a Deus Seus planos para alcançar Boston, capital do Estado de Massachusetts.

No caminho para casa, conversamos sobre isso. JOCUM Pittsburgh estava estabelecida. Estávamos confiantes de que a equipe continuaria a treinar novos missionários para alcançar a comunidade e enviar equipes ao redor do mundo. "Eu me pergunto quem Deus enviará para Boston. Acho que é hora de isso acontecer".

Os pioneiros teriam que estar prontos para enfrentar um local tão desafiador. Eles precisariam ser experientes e determinados. A Região conhecida como Nova Inglaterra, que incluia o Estado de Massachusetts, era um lugar desafiador para iniciar novos ministérios. Ouvimos falar de muitos que foram para Boston com recursos financeiros e grandes visões mas, fizeram as malas um ano depois porque chegaram a conclusão que era muito difícil.

Ser pioneiro em Boston seria um desafio. Seria preciso uma combinação especial: rede de amigos, apoiadores financeiros e intercessores. Sabíamos disso porque moramos em New Hampshire por dezoito anos – New Hampshire também fazia parte da região chamada Nova Inglaterra - . O eventual líder teria que compreender a cidade e ter um coração voltado para as necessidades do povo. Doug trabalhou em Boston por muitos anos em nosso negócio de limpeza e orou pelas ruas, pedindo a Deus que atuasse na cidade. À medida que continuávamos a identificar quem poderia ser chamado, equipado e preparado para fazer isso, olhamos um para o outro.

"Acho que somos nós!"

Foi isso. Sabíamos que tínhamos uma nova missão. Durante os meses seguintes, fizemos diversas viagens a Boston. Oramos no *Common*, um parque público, com os outros líderes da Região da Nova Inglaterra, que agora nos apoiavam totalmente no nosso novo desafio.

Durante esses momentos de oração, encontrei este versículo que descreve David.

> *"Então respondeu um dos moços, e disse:*
> *Eis que tenho visto a um filho de Jessé, o belemita, que sabe*
> *tocar e é valente e vigoroso, e homem de guerra, e prudente*
> *em palavras, e de gentil presença; o Senhor é com ele".*
> *(1 Samuel 16:18)*

O versículo ganhou vida para mim. O Senhor estava nos dando o foco. Ele traria jovens como David: artistas, músicos, guerreiros, comunicadores e pessoas carismáticas. E o Senhor estaria com eles.

Oramos sobre quem convidar para nossa equipe pioneira.

Imediatamente pensei em Jessi Welsh (agora Cieply). Ela era uma de nossas amigas mais próximas e fazia parte da liderança da JOCUM em Pittsburgh. Vários verões antes, ela esteve comigo em uma viagem a Boston para procurar igrejas anfitriãs para o Projeto Geração Josué. No sentamos em uma cafeteria no Parque *Common* depois de compartilharmos no Templo *Tremont,* uma igreja Batista. Jessi olhou pela janela para a rua movimentada e o parque.

"Sabe, tenho uma sensação sobre este lugar. Posso me ver morando aqui". Me perguntei se Deus estava falando com ela sobre a cidade, mas agora acreditava que ela faria parte da equipe. Ela era uma seguidora de Jesus como descrito em *1 Samuel 16:18.*

"Com certeza, eu irei", foi sua resposta entusiasmada.

Nosso filho Jeremy e Kandia tinham se casado recentemente. A resposta inicial deles não foi sim, mas eles concordaram em orar. Quando Gwen Bergquist, uma amiga da família, tinha perguntado a Jeremy muitos anos antes sobre seu futuro, a resposta dele foi: "Eu amo evangelismo, missões, viagens e coisas novas". Deus o havia preparado. Kandia era uma artista e dançarina formada em ministério. Ela era apaixonada por ver as artes no ministério. Quando eles finalmente decidiram dizer sim, eu sabia que nossa equipe seria forte.

Jessica Kopacz era natural da Nova Inglaterra e tinha excelentes habilidades organizacionais. Ela havia trabalhado com a *Child Evangelism Fellowship* (Aliança Pró-Evangelização das Crianças*).* Ela estava pronta para uma nova aventura e queria estar mais perto de sua família.

Em 6 de outubro de 2006, nossa van de mudança superlotada saiu de nossa garagem na *Finley Road, em Belle Vernon,* Pittsburgh e seguiu para Boston.

CAPÍTULO 70

A CADEIRA

Cinco equipes tentaram criar raízes na JOCUM em Boston. Mark e Donna Britt, nossos amigos, passaram vários anos construindo relacionamentos e estabelecendo uma rede de intercessão para uma base de treinamento missionário. Ficamos gratos pela boa vontade e conexões do tempo que passaram em Boston. Eles prepararam o caminho para nós. No entanto, sabíamos que seria mais desafiador para nós.

Quando amigos e estranhos ouviam falar do nosso plano de nos mudarmos para Boston, muitas vezes comentavam com uma preocupação cautelosa sobre quão difícil era começar novos ministérios por lá.

"Oh, as pessoas são tão difíceis lá".

"As igrejas geralmente não abrem espaço para recém-chegados".

"Você conhece a reputação que a Nova Inglaterra tem de ser uma assassina de ministérios?".

"É tão caro viver por lá! Não se surpreenda se você não conseguir fazer isso!".

Ouvimos diferentes versões dessas observações de muitas pessoas. Isso me lembrava do relato na passagem da Bíblia em Números 13, quando os dez espias voltaram de uma viagem de reconhecimento de quarenta dias à Terra Prometida. Mesmo que a terra estivesse fluindo leite e mel, eles foram tomados de medo diante dos gigantes.

> *"Porém, os homens que com ele subiram disseram: Não poderemos subir contra aquele povo, porque é mais forte do que nós. E infamaram a terra que tinham espiado, dizendo aos filhos de Israel: A terra, pela qual passamos a espiá-la, é terra que consome os seus moradores; e todo o povo que vimos nela são homens de grande estatura. Também vimos ali gigantes, filhos de Anaque, descendentes dos gigantes; e éramos aos nossos olhos como gafanhotos, e assim também éramos aos seus olhos".*
> *(Números 13: 31-33)*

O medo distorce a realidade. Sim, haveria desafios pela frente, mas a perspectiva do gafanhoto estava longe da realidade.

Aqueles espias tinham visto a libertação milagrosa do Egito através do Mar Vermelho. Deus havia prometido uma herança para eles na Terra Prometida. No entanto, esses relatórios refletiam que o seu foco estava na sua força e não no Senhor.

Calebe e Josué viram o desafio através de lentes diferentes. Sim, havia gigantes. "Devemos tomar posse da terra. Podemos conquistá-la! Calebe proclamou diante da adversidade. Ele estava confiante no Senhor que os havia chamado e que prometeu estar com eles.

Deus honrou a fé deles e, quarenta anos depois, Ele os conduziu à sua herança. Nós nos concentramos no chamado de Deus e confiamos em Sua capacidade de abrir um caminho para nós, mesmo com os desafios que temos pela frente.

Nosso primeiro desafio foi encontrar moradia para nossa equipe. Esse foi um gigante significativo. Os custos de habitação em Boston eram dez vezes mais elevados do que em *Mon Valley*. Ler os classificados de aluguel trouxe um certo choque para nós. Precisávamos do primeiro e do último mês de aluguel e de uma caução na assinatura do contrato de locação.

Nossos amigos, Harry e Barbara Shepler, nos receberam para ficar em sua casa, a cerca de uma hora de Boston. O resto da equipe também encontrou um grande apartamento fora da cidade. Isso nos deu espaço para respirar e tempo para encontrar um lugar mais razoável e economizar os fundos necessários para nos mudarmos para a cidade. Oramos, planejamos e fizemos muitas viagens pela cidade.

Barry e Terri Zungre eram amigos de longa data que estiveram em nosso *Grupo de Poder* trinta anos antes. Barry era proprietário de uma empresa em Pittsburgh. Eles foram missionários da JOCUM na Holanda. O compromisso deles de estar conosco nos encorajou.

"Estou com você em todo o caminho nesta aventura. Eu sei que você vai conseguir, de alguma forma. Você está determinado e sei que Deus o chamou". Essas palavras de encorajamento foram repetidas para nós muitas vezes.

"Você deve primeiro servir e não procurar liderar", foi a palavra que Doug disse em um de nossos momentos de oração. Então, procuramos maneiras de servir. Linda Clark, uma das reconhecidas guerreiras de oração da cidade, nos convidou para ir à sua casa. Ela estava fazendo as malas para se mudar, mas arranjou tempo para nos receber e nos encorajar. "Obrigada por vir à minha cidade. Nós precisamos de você aqui. Você é bem vindo nesta cidade!". Ela orou por nós e ofereceu sua amizade.

Ao nos despedirmos, Doug perguntou: "Há algo que possamos fazer para ajudá-la?".

"Sim, como você pode ver, estou me mudando. Minha família mora aqui há décadas e nosso sótão está lotado. A maior parte precisa ser descartada. Seria maravilhoso se você pudesse me ajudar", respondeu ela.

Nossa equipe passou a semana seguinte no sótão dela. Linda nos incentivou a levar qualquer coisa de valor que precisássemos. Quando a última caixa foi levada para a rua para ser recolhida, sabíamos que o nosso tempo tinha sido um serviço espiritual. Tínhamos um novo amigo e servir era a nossa vocação. Guardamos três caixas de vime marrom, que para nós seriam uma lembrança daquela época.

Depois de vários meses, demos um novo passo e nos mudamos para uma casa grande. O aluguel duplo e a segurança custaram cada dólar que tínhamos como equipe, e por muitas razões, não era um lugar de longo prazo para a JOCUM ser plantada. O aquecimento no primeiro andar não funcionou e o proprietário não respondeu aos nossos muitos pedidos de reparação. Nos sentimos como os "congelados escolhidos"!

Doug estava sempre atento a móveis ou ferramentas deixadas na calçada. Esta era uma cidade universitária, com pessoas movendo-se frequentemente. Quando as pessoas saem da cidade, muitas vezes deixam itens úteis para outras pessoas pegarem na calçada. Garimpar esses itens era um hobby para ele.

"Confira o que encontrei hoje!", ele exclamou enquanto arrastava a cadeira de balanço verde mais feia da nossa van. "Mal posso esperar para terminar isso! Vê esse arranhão? É carvalho branco".

Revirei os olhos e dei um suspiro profundo. Primeiro, era um item desnecessário. Segundo, era feio, com muitas camadas de tinta. O acabamento de cadeiras não estava em nenhum lugar de nossa lista de prioridades. Doug nunca havia reformado uma cadeira em sua vida.

"Isso vai ser lindo. Apenas espere!". Esse foi seu último comentário antes de partir para a Loja *Home Depot* para conseguir as ferramentas e os produtos químicos para restaurar a cadeira.

Enquanto ele carregava seu carrinho com itens para repintura de cadeiras, um idoso o parou e perguntou se ele sabia repintura de pisos.

"Sim, eu restaurei muitos andares. Aqui estão as coisas que você precisa".

Um minuto depois, ele fez a mesma pergunta a Doug. Desta vez, Doug encheu seu carrinho e lhe desejou boa sorte.

"O que você quer dizer?", o homem gaguejou. "Você pode explicar isso de novo? Meu nome é Mike".

"Você veio para servir!", foi o pensamento que veio à mente de Doug.

"Tudo bem, Mike. Qual piso você precisa pintar?". Mike explicou que tinha um imóvel alugado e estava tentando reformar o piso, mas não sabia como fazê-lo. Doug o seguiu até casa e se ofereceu para fazer o trabalho sozinho. Sem custo.

Sem custo parecia bom para Mike. Então Doug passou a semana seguinte removendo, lixando e repintando o piso. "Tudo pronto, Mike. Quando alguém se mudará para sua casa?".

"Ah, ainda não tenho ninguém. Você está procurando um lugar? Mike também tinha outros dois apartamentos e alugamos os três. O preço era um terço do que pagávamos e três vezes o tamanho. Nossa primeira Escola de Treinamento e Discipulado (ETED) aconteceu naqueles apartamentos. "Você veio para servir" foi a porta para nossa primeira presença geográfica em Boston. A cadeira foi reformada e foi um lembrete especial para nós da fidelidade de Deus quando cumprimos Sua Palavra.

CAPÍTULO 71

TESTEMUNHO NO RESTAURANTE

"Loren Cunningham está vindo para Boston. Você pode marcar algumas reuniões para ele?", perguntou sua assistente. E, claro, dissemos que sim. Seria uma honra tê-lo em nossa cidade. Quando perguntamos se ele poderia nos ajudar com uma arrecadação de fundos, ele disse que sim!

O *Union Oyster House* é o restaurante mais histórico de Boston, localizado na *Freedom Trail,* um caminho de 4 km de extensão que atravessa Boston e passa por 17 locais importantes para a história dos Estados Unidos. Reservamos o *Heritage Room.* Loren daria uma breve mensagem e compartilharíamos a visão da JOCUM Boston. Cada um dos trinta e cinco assentos estava ocupado por novos e velhos amigos.

"Você vai precisar de três cestos", instruiu Loren para a oferta. "Um para promessas, um para cheques e um para dinheiro". Sabíamos que as nossas caixas de vime eram os recipientes perfeitos para receber esta primeira oferta de lançamento do ministério.

"Basta perguntar ao Senhor quanto Ele gostaria que você ofertasse". Loren encorajou nossos convidados. Os minutos seguintes foram tranquilos enquanto, um por um, nossos convidados traziam suas oferendas para os três cestos. Contamos dez mil, vinte, sessenta, até noventa mil! Ficamos surpresos com tanta generosidade. Houve uma oferta de Loren e dos seis membros da nossa equipe. Estávamos nisso juntos.

Fomos chamados para Boston. Haveria muitos gigantes pelo caminho, mas não éramos gafanhotos; éramos servos e missionários guerreiros confiando em Deus a cada passo do caminho.

CAPÍTULO 72

RECOMEÇO

Já se passavam muitos anos desde que estivemos dirigindo pela *South River Road, em Bedford, New Hampshire*. Havia novos edifícios ao longo do caminho e sinais diferentes. Esse foi o mesmo caminho que fizemos durante doze anos de nossas vidas. O *Faith Christian Center* e a *Faith Christian Academy* (FCA) foram o nosso lar. Os amigos e colegas de ministério de lá fizeram parte de um capítulo precioso de nossas vidas. Nossa viagem foi cheia de sentimentos nostálgicos e sentimentais.

De 1985 a 1997, nossas vidas estiveram centradas naquele lugar. Lecionei na primeira série da FCA e servi como assistente administrativo do pastor John Fortin. Doug era pastor associado e ministro de evangelismo. Nossos filhos estudavam lá e nossas meninas jogavam basquete no time do ensino fundamental. Jeremy estava na primeira série da minha sala de aula, a quarta sala no corredor dos fundos.

Nossa conexão com a igreja *Faith Christian Center* começou em 1984, quando estávamos construindo uma rede para estabelecer o *Centro de Gravidez em Crise* em *Manchester*. Conhecemos novos amigos que gostavam de questões pró-vida, e muitos deles frequentavam a igreja lá. Nosso primeiro grande passo com o Centro de Gravidez em Crise foi distribuir literatura por toda a cidade de Manchester — em todas as casas. Foi uma tarefa monumental e só seria possível com centenas de voluntários dispostos e vindos de muitas igrejas. A maioria deles da igreja *Faith Christian Center*.

O pastor Ken foi um dos principais pastores que apoiou o projeto e seu incentivo nos ajudou a alcançar toda a cidade. Nos tornamos membros do *Faith Christian Center* e servimos na equipe. Doug teve o maior avanço de sua vida quando o pastor Ken ordenou que ele procurasse aconselhamento. Dr. Sam Brown ajudou-o a entender as dificuldades em ambientes ministeriais. Como resultado, o pastor Ken o acolheu de volta a um cargo na equipe, e esse foi o início de anos de ministério frutífero. Ken foi um líder essencial em nossas vidas e abriu portas de influência para nós. Ele era nosso pastor e nosso amigo.

No final de um dos meus dias de ensino em 1996, passei pelo escritório da igreja. Uma das intercessoras da igreja estava lá. Sempre gostei de nossas breves conversas sobre o que Deus estava falando com ela a respeito do ministério.

Perguntei a ela: "O que Deus tem dito a você esses dias?"

Nossas conversas geralmente eram alegres, positivas e edificantes, mas aquela foi muito diferente. Ela olhou para mim, hesitante em falar.

"Você quer saber?", ela perguntou. Eu não tinha o hábito de fazer perguntas se não esperasse uma resposta, mas o comportamento dela me preocupou.

"Claro, sempre quero ouvir o que você tem para compartilhar".

Ela disse: "O Senhor trará julgamento a esta igreja. Esta igreja será humilhada, mas não destruída. Haverá um realinhamento e não sobrará um tijolo em cima do outro do prédio físico da igreja". Suas palavras foram quase sussurradas e sua voz tremia. Suas bochechas rosadas estavam vermelhas de emoção e lágrimas escorriam de seus olhos. Ela pegou um diário e leu dois trechos da Escritura Sagrada: Jeremias 49:15–16 e Obadias 2–4.

> *Pois, eis que eu te farei pequeno entre os pagãos, e desprezado entre os homens. Tua terribilidade, enganou-te, e o orgulho de teu coração, ó tu que habitas nas fendas da rocha, que ocupas a altura da colina. Embora eleves teu ninho tão alto como a águia, dali te derrubarei, diz o SENHOR.*
> *(Jeremias 49: 15-16) King James*

> *Eis que te fiz pequeno entre os pagãos; tu és muito desprezado.*
> *O orgulho do teu coração te enganou, vós que habitais nas fendas das rochas, cuja morada está nas alturas; vós que dizeis no seu coração: Quem me derrubará ao chão? Embora se exalte como águia; e ainda que se ponha teu ninho entre as estrelas, dali te derrubarei, diz o SENHOR.*
> *(Obadias 1: 2-4) King James*

Fiquei ali por vários minutos, sem saber como responder àquela palavra poderosa. "Talvez isso seja algo que você deva contar ao pastor Ken", encorajei-a. Ela me garantiu que sim e, com os olhos fechados, ficou em silêncio.

Que significado isso poderia ter?, eu refleti para mim mesmo. Emma não era conhecida por exagerar ou manipular. Ela era uma serva fiel e dedicada do Senhor.

Quando contei a Doug sobre minha conversa com ela, ele também ficou pasmo. Não parecia corresponder ao que sabíamos sobre a igreja que amávamos. Nossa igreja estava crescendo e com crentes comprometidos com Jesus. Os anciãos eram homens íntegros e tínhamos o maior respeito por eles e confiávamos na liderança deles.

Não compartilhamos aquilo com ninguém. Parecia haver muito mais nesta história, se a mensagem dela fosse verdadeira. Embora tivéssemos essa informação, Deus deve ter tido motivos para nos manter fora do que estava acontecendo.

Muitas coisas preocupantes aconteceram no ano seguinte, antes de partirmos para retornar às nossas raízes em *Pittsburgh*. Doug discordou de algumas decisões do Pastor Ken. Isso provocou algumas conversas difíceis e um adeus não tão caloroso quando partimos em julho de 1997.

No entanto, o nosso amor pelo Pastor Ken era profundo e a nossa gratidão pela sua amizade e investimento nas nossas vidas será sempre valorizada.

Ouvir sobre a morte inesperada de Ken vários anos depois partiu nossos corações. Ele foi uma figura muito importante em nossas vidas, e Deus o usou para abrir muitas oportunidades para nós.

Após a morte de Ken, o estado de *New Hampshire* propôs construir uma ponte de *Bedford*, através do rio, até o Aeroporto Internacional de *Manchester*. O plano era construir a ponte perto da propriedade da *Faith Christian Academy* (FCA), mas uma reviravolta surpreendente aconteceu.

No inverno de 1980, um grupo de águias voltou para seu ninho perto do rio *Merrimack*. A igreja *Faith Christian Center* foi inaugurada em novembro de 1980 na mesma época. As águias foram listadas como ameaçadas de extinção em *New Hampshire*. Nenhuma das aves produziu descendentes com sucesso no estado durante trinta anos. Em agosto de 1990, as águias criaram seus dois primeiros filhotes em mais de quatro décadas. O novo ninho foi construído quase diretamente no caminho da estrada de acesso ao aeroporto.

A questão da proteção das águias ameaçadas mudou o plano do governo e, em 2003, o estado assumiu o domínio eminente e redirecionou a ponte de acesso diretamente através da propriedade da igreja *Faith Christian Center*. Embora as águias nunca tenham retornado ao ninho que mudou o plano, o prédio da Faith Christian Center foi totalmente arrasado. A nova estrada de acesso tomou o seu lugar.

As decisões do pastor Ken e o seu falecimento prematuro trouxeram uma crise na igreja. Conflitos e diversas divisões afetaram nossa outrora renomada igreja em Bedford. Muitas congregações menores nasceram em toda a área e floresceram, afetando positivamente a área da Grande *Manchester*. Houve relacionamentos rompidos entre os líderes. No entanto, muitos líderes não mediram esforços para fazer as pazes e perdoar uns aos outros. Infelizmente, alguns dos membros fiéis ficaram feridos ou desiludidos com todos aqueles desafios. Eles se afastaram da igreja e alguns se afastaram até de sua fé.

Aquelas palavras que Deus humilharia, mas não destruiria, ainda estavam em meu coração. Enquanto dirigíamos pela *South River Road*, fiquei pensando em tudo isso. Só Deus sabe como aquilo tudo se encaixa e estou contente em confiar tudo isso a Ele e à Sua graça, sabendo que mesmo quando coisas difíceis acontecem, há sempre uma palavra redentora que Deus está realizando na vida de todos os envolvidos. Não entendo o "porquê", mas confio no "quem". Sou grata pela certeza de que Deus está trabalhando e sou muito grata pelos homens e mulheres que lideraram o caminho naquele momento, com integridade e amor.

Doug saiu da estrada na rampa de acesso. Ficamos ali sentados em silêncio.

Não havia a menor evidência na paisagem de que outrora existiu um edifício que funcionasse como um farol de fé para a comunidade. Compartilhamos algumas lembranças — os cultos de adoração, as viagens missionárias, a feira de Natal, as crianças brincando no estacionamento, minha sala de aula e as milhares de pessoas que iniciaram sua caminhada de fé no santuário.

O prédio se foi e as memórias ficaram no passado, mas o que Deus fez em nossas vidas naquele lugar durará para sempre. Eu tinha uma nova promessa em meu coração – uma oração de bênçãos para as muitas igrejas que começaram como brotos frescos daquele lugar e um anseio para que as ovelhas perdidas encontrassem o caminho de volta à fé e à restauração. Continuo pedindo a Deus pela restauração do propósito DEle para a bela igreja na propriedade, que outrora trouxe esperança e vida a muitos. Deus mesmo renovará, confirmará, fortalecerá e estabelecerá Sua Igreja – Sua noiva.

E o Deus de toda a graça, que em Cristo os chamou à sua eterna glória, depois de vocês terem sofrido por um pouco, ele mesmo irá aperfeiçoar, firmar, fortificar e fundamentar vocês.
(1 Pedro 5:10) Nova Almeida Atualizada

CAPÍTULO 73

MOMENTOS NA CASA DA ÁRVORE

> *"O que você faz deste momento muda tudo. E se o caminho*
> *que você escolher se tornar uma estrada? O terreno que você*
> *ocupa se torna sua casa. O vento está forte, mas a pressão*
> *diminuiu. Vou mandar a chuva para onde quer que formos".*
> *– Trecho da música The Voyage (A Viagem), Amanda*
> *Cook.*

"Eu desisto", murmurei no escuro enquanto estava sentada na casa da árvore no crepúsculo de uma noite de inverno. A chuva gelada caiu sobre mim, caindo em cascata sobre meus óculos. Meu moletom vermelho estava encharcado. Subi neste pequeno espaço escondido para ter um momento de desespero sozinha no meu quintal.

Já tinha passado dezoito meses desde que o Corpo de Bombeiros de *Somerville* tinha notificado que não poderíamos mais usar o prédio do ministério para treinar estudantes e abrigar nossos obreiros. Eles rescindiram nosso habite-se até concluirmos todas as reformas. Os líderes da escola e os alunos mudaram-se para uma igreja local. Alguns obreiros se mudaram para nossa casa. Vivíamos no limite, ciganos sem casa. JOCUM Boston era um ministério "sem casa".

Vários dias antes, fiz uma pausa para saúde mental. Dei uma volta pela vizinhança e me encontrei na Estrada Interestadual 93 em direção ao norte. Fiz uma ligação rápida para minha filha.

"Pensei em passar por aí para fazer uma visita", eu disse a ela, não importando que a viagem de quatro horas não fosse um destino do tipo visita. Ela não perguntou, mas sei que ela se questionou em que estado de espírito eu estava ao dizer "passar por aí".

Parei no Walmart no caminho e comprei alguns itens essenciais, pijama e uma muda de roupa. Quando ela me cumprimentou na porta, não houve menção ao motivo de eu ter uma sacola em vez de uma maleta. Ela não perguntou. Eu não elaborei.

Essa visita me proporcionou uma pausa na pressão do pioneirismo e do fracasso iminente. Minha viagem de volta para casa foi tranquila, repleta de músicas de adoração e vistas da bela e pitoresca zona rural de *New Hampshire*. Entrei no estacionamento em frente à minha casa. Suspirei. Olhei para a janela panorâmica da minha casa. As pessoas lotavam a sala; os obreiros e os alunos estavam todos lá. Uma onda de desesperança tomou conta de mim. Por quanto tempo mais eu poderia suportar as pressões financeiras da reforma? Por quanto tempo mais eu teria nossos obreiros e alunos ocupando nosso próprio espaço? Tínhamos apenas um quarto para chamar de lar, com pessoas ocupando todos os outros cômodos da nossa casa, dia e noite.

Passei pela porta de entrada, direto pelo pátio lateral, e entrei na casa da árvore das crianças. EU

estava me escondendo, correndo e desistindo.

Dramático? Sim. Essa não foi a primeira vez que fiquei com vontade de desistir, mas foi o pior momento. Se fracassássemos, todos aqueles amigos dedicados que lotavam a minha sala não teriam para onde ir e o ministério teria entrado em colapso.

Esse momento mudou tudo. Ali, no escuro, reafirmei meu compromisso com o Senhor.

Deus nos levou a Boston e nos deu uma área geográfica para nosso trabalho lá. Cada sacrifício valeu a pena pelo sonho que Ele plantou em nossos corações. O Espírito Santo me encontrou lá com esperança. A fé cresceu em meu espírito. Minha resposta à escuridão foi: "Meu Deus pode nos libertar, mas mesmo que não o faça, escolho segui-Lo e não ceder à pressão".

Meu encontro na casa da árvore tornou-se um marco, um lembrete do fiel encorajamento de Deus. Logo viramos uma esquina e, em poucas semanas, recebemos nossa licença de ocupação da cidade e voltamos para o prédio. Desde então, centenas de missionários foram treinados lá e dezenas de milhares ouviram o Evangelho.

O peso de acumular problemas em sua vida pode parecer insuportável e intransponível, e sua esperança desaparece. A fé é impossível sem esperança. Concentre-se na montanha e haverá uma montanha de desespero que tentará te quebrar.

Sua resposta nestes tempos estabelecerá padrões que serão gravados em seu caráter, incorporados em seu coração e gravados em sua identidade. Se seus olhos olharem para as colinas de onde vem seu socorro, você verá o propósito de Deus. A esperança surgirá em você como um padrão de expectativa contra a torrente de desânimo. Força, resistência, disposição para se envolver e desejo de proclamar sua confiança na fidelidade de Deus fluirão através de você.

Momentos como esses na casa da árvore definirão sua vida. Deus irá encontrá-lo lá.

"Sadraque, Mesaque e Abede-Nego responderam e disseram ao rei: "Ó Nabucodonosor, não precisamos responder-te sobre este assunto. Se for esse o caso, o nosso Deus, a quem servimos,
é capaz de nos livrar da fornalha ardente, e Ele nos livrará da tua mão, ó rei. Mas se não, fique sabendo, ó rei, que não

*serviremos a seus deuses, nem adoraremos a imagem de
ouro que você ergueu".
(Daniel 3:16–18)*

CAPÍTULO 74

DEIXANDO PARA TRÁS DE NOVO

"Vamos para a Filadélfia", anunciei com os olhos entreabertos antes que o amanhecer aparecesse no horizonte. Doug acordou com a minha voz, assustado com as palavras. "O que você acabou de dizer?", perguntou ele.

Minhas palavras me surpreenderam e me assustaram. Assim que a névoa se dissipou, percebi o que acabara de anunciar e para quem havia anunciado. Doug era a versão cristã de *Indiana Jones*.

Meu parceiro na vida e no ministério estava sempre pronto para a próxima aventura. Se existe um gene do medo no DNA humano, Deus o deixou fora do projeto de Doug. Nossas aventuras nos levaram aos confins da terra, literalmente. Nossos votos de casamento sobre doença ou saúde, mais ricos e mais pobres, melhores ou piores, também poderiam ter incluído "em qualquer lugar, a qualquer hora, por qualquer meio!".

Jurei segui-lo, como Ruth disse a Noemi.

> *Rute, porém, respondeu: "Não insistas comigo que te deixe e não mais a acompanhe. Aonde fores irei, onde ficares ficarei! O teu povo será o meu povo e o teu Deus será o meu Deus!*
> *(Rute 1:16 NVI)*

O Senhor me inspirou com essas palavras muitas vezes e nós respondemos à Sua orientação. Arrumei minhas malas e lembrei que tinha chamado de "lar" muitos lugares nos últimos cinquenta anos. Nós moramos em casas que amei e às vezes me despedi antes de estar pronta para seguir em frente.

Decorei uma casa de fazenda, morei em um castelo na Alemanha, morei em nossa própria casa em New Hampshire, peguei um apartamento emprestado em Amsterdã e fiz uma moradia em uma tenda em Atenas. Em dezoito meses, nos mudamos doze vezes antes de nos estabelecermos para criar nossa família em *Goffstown, New Hampshire*.

Nunca me acostumei a abandonar casa, lugares familiares ou pessoas que preencheram nossas vidas. Eu sabia o que significava ouvir a voz de Deus e saber que Ele tinha novas atribuições para nós. Cada movimento foi uma aventura e uma alegria, com um lado de tristeza por ter deixado tanto para trás.

Jesus compreendeu o custo de partir e fez uma promessa consoladora a Pedro.

Respondeu Jesus: "Digo-lhes a verdade: Ninguém que tenha deixado casa, mulher, irmãos, pai ou filhos por causa do Reino de Deus deixará de receber, na presente era, muitas vezes mais, e,
na era futura, a vida eterna".
(Lucas 18:29,30 NVI)

Ele também deixou o céu para viver no planeta Terra com um propósito eterno. Cada vez que eu dava adeus a uma vida para abraçar uma nova, eu sabia que por Deus valia a pena e que de alguma forma equilibraria a balança do sacrifício, mas desta vez foi diferente.

As mudanças aos vinte anos são emocionantes; aos quarenta nem tanto, mas as mudanças aos setenta... Bem, não é este um momento da sua vida em que você pode tirar férias e tomar chá gelado com os amigos, conversar sobre a família e pensar como é bom não ter que trabalhar tanto?

Apenas sair a palavra "Filadélfia" da minha boca pareceu um grande erro, mas já tinha dado com a língua nos dentes, por assim dizer. Indy, também conhecido como Douglas Warren Tunney, tinha ouvido falar e estava pronto para assumir uma nova missão.

Este momento fatídico aconteceu no outono de 2018, enquanto estávamos em uma conferência de JOCUM com representantes de várias bases do Nordeste americano. Foi o sinal verde para Doug e ele começou a contar às pessoas. "Estamos pensando na Filadélfia!". Eu gostaria que o tempo tivesse uma seta reversa ou um botão "excluir esta cena".

Vários dias depois, confessei-lhe minha falta de entusiasmo. "Lembra daquele momento 'Vamos para a Filadélfia'?". Doug olhou-me com um olhar vazio e um leve aceno de cabeça. "Bem, retiro isso. Não sei o que me levou a dizer isso, mas tenho 100 por cento de certeza de que NÃO foi uma mensagem do céu", eu completei.

Aprendi muitas coisas em minha vida sobre como vencer uma conversa. O trunfo final e o fim de uma conversa é "Deus me disse!" ou "Deus disse não". Num segundo, qualquer ideia de se mudar para Filadélfia foi esmagada.

Fiquei aliviada ao fechar aquela porta e trancá-la.

No verão de 2019, Mark Cornacchione, diretor da base da JOCUM em Pittsburgh, e um amigo próximo nos ligou. Doug estava com ele no viva-voz. "Então, na Filadélfia, tem uma igreja brasileira que tem propriedades e quer saber se JOCUM tem interesse. Você quer dar uma olhada?, Mark perguntou.

Doug disse que sim, e o tempo todo eu balançava a cabeça dizendo NÃO!

Várias semanas depois, estávamos esperando do lado de fora da propriedade da igreja *Bethel International Missions Center,* localizada na parte nordeste da cidade da Filadélfia, esperando o Pastor Paulo para nos mostrar o local. A propriedade era um antigo clube de natação que foi transformado em uma enorme casa. Era um lindo prédio com suíte de hóspedes, duas cozinhas, chuveiros e grandes salas de reuniões. Houve uma conexão imediata com o pastor Paulo e sua esposa Janet, e eles nos convidaram para ficar em seu quarto de hóspedes e tirar algum tempo para ver se Deus estava nos direcionando para nos mudarmos para Filadélfia.

Vivemos longe das nossas famílias durante a maior parte de nossa vida de casados. Começar a base da JOCUM em Boston tornou-se mais fácil e prazeroso porque nosso filho Jeremy e sua esposa, Kandia, foram conosco e, assim, podíamos ver suas filhas regularmente. Douglas e Amanda estavam na Ásia. Rachel e Aaron estavam no Texas. Bethany e Chuck estavam na Pensilvânia. Jennifer, Evan e Miranda moravam perto de Pittsburgh. Sentimos falta deles o tempo todo. Eu não estava disposta a me despedir das quatro meninas Tunney em Boston.

Durante aquelas semanas verificando o terreno da propriedade da igreja *Bethel* eu estava pegando o Megabus de ida e volta para Boston. Passava uma semana na Filadélfia e uma semana em Boston.

Este foi outro momento que recordei do meu encontro com Deus na casa da árvore. Tempos de entrega aos planos de Deus são difíceis para o coração, até que você consiga entregar-se à vontade DEle, lembrando-se de Seus propósitos fiéis e amorosos. As pilhas de memórias das passagens em Josué 4 eram lembretes do caráter de Deus. Eu não estava pronta para uma nova vida, mas parecia que havia uma nova vida sendo preparada para nós.

Uma tarde, Doug me ligou da propriedade da igreja brasileira. "Você nunca, em sua imaginação mais incrível, adivinhará o que aconteceu comigo. Meu amigo Jimmy Terry me apresentou a um pastor na parte noroeste da Filadélfia. O Bispo Grannum e o seu filho, o Pastor Andrew, mostraram-me um edifício vazio, e podemos ficar com ele se fizermos a renovação. Lembra daquela oração de que lhe falei? Deus, você faria o impossível e o inacreditável pelo Reino de Deus e pela JOCUM na Filadélfia? Isto é inacreditável", disse Doug.

A primeira vez que Doug me levou ao campus da Igreja *New Covenant*, pensei que fosse um sonho. A propriedade de 44 acres (quase 18 hectares) parecia um cenário de Nárnia. Havia edifícios monumentais que pareciam castelos. Tinha um lindo campo central cheio de imponentes carvalhos. *Eagle One* foi o prédio oferecido à JOCUM. O Bispo Grannum disse: "Ouvi dizer que a JOCUM gosta de consertar edifícios. Nós temos um que precisa muitos reparos".

O prédio era um desastre! Não havia aquecimento nem eletricidade. O encanamento não funcionava.Havia uma cozinha industrial e um elevador, mas nenhum deles funcionava. Este prédio abandonado já serviu como sede da Escola para Surdos da Pensilvânia. Doug viu isso como uma resposta à sua oração. Para mim era como uma montanha que eu não tinha certeza se conseguiríamos enfrentar.O potencial do prédio era inacreditável, assim como o necessário para torná-lo habitável. Minha mente administrativa calculou que nos custaria pelo menos meio milhão de dólares,mais a mão de obra para consertá-lo e torná-lo funcional.Minhas idas a Boston pararam abruptamente com a proibição de viajar para Boston e o bloqueio na Filadélfia por causa da COVID 19. O bloqueio provocado pela epidemia da COVID deu a Doug uma oportunidade incrível de ter um projeto para trabalhar todos os dias. *Eagle One* se tornaria o lar da JOCUM Filadélfia.

Os dezoito meses seguintes foram verdadeiramente inacreditáveis. As finanças chegaram. Depois de alguns meses, pequenas equipes de voluntários conseguiram se juntar a Doug nas reformas. Os primeiros obreiros da JOCUM Filadélfia se juntaram a nós. Aos poucos, os quartos foram pintados e acarpetados. Houve um dia inacreditável quando a energia elétrica foi totalmente restaurada e conseguimos ligar as luzes da cozinha e o elevador funcionou.

Fizemos nossa casa em uma das alas do prédio. Eu moro em um castelo. Os cervos visitam nosso quintal todas as noites. Aos poucos, fui deixando de ficar agarrada em minha vida em Boston e abracei nosso novo lar. Os sentimentos de perda foram substituídos por uma nova expectativa de que Deus tinha um plano para nós na Filadélfia. Ele sempre tem um plano em cada novo capítulo da nossa vida.

Todas as nossas experiências anteriores – equipamentos, podas, lições, dificuldades e vitórias – nos prepararam para este momento.

Este livro começou com uma história de pular pedras. O Mestre toma nossas vidas em Suas mãos, como pedras bem desgastadas, e as lança pelas águas da vida. Cada impacto envia ondas para praias distantes, deixando uma marca do Seu propósito. Nenhuma de nossas experiências foi desperdiçada. O Senhor esteve conosco a cada minuto deste novo capítulo.

Muita coisa mudou em minha vida desde os dias em que fui para a faculdade, irritada com as circunstâncias e desatenta às promessas que minha mãe e eu havíamos feito a Deus em minha juventude. Muita coisa mudou na vida de Doug desde os dias em que ele teve sua vida transformada e seguiu um caminho alternativo. Desde então, nossa jornada de fé e ministério tem me mostrado o verdadeiro significado de viver para a glória de Deus.

CAPÍTULO 75

AUTOESTRADA

Kennywood é um parque de diversões histórico perto de *Pittsburgh*. Um dos brinquedos preferidos das crianças era a Autoestrada. Carros de aparência antiga percorrem uma rota de quilômetros sobre pontes e passagens subterrâneas. Há um volante, um pedal do acelerador e um freio. Parece bastante autêntico. Os jovens motoristas têm uma sensação de controle enquanto dirigem pela estrada. O controle real que eles têm é muito limitado.

"Posso dirigir?", perguntou meu filho, entrando no carro. Eu balancei a cabeça. Em um minuto, o atendente liberou o carro que era controlado pela pista do meio. Embora o carro se movesse sozinho, meu filho estava com o pedal no chão e girando o volante em cada curva da estrada. Algumas vezes ao longo do caminho, ele ficou ansioso e começou a se debater entre o freio e o acelerador. O volante estava girando, mas o carro se movia de forma constante em um ritmo já definido para ele. A velocidade era controlada por um programador que impunha limites de segurança a cada movimento.

Quando chegamos à zona final e o carro parou, meu filho olhou para mim com orgulho e realização.

"Eu sou um ótimo piloto, certo?".

Mais uma vez, balancei a cabeça com um sorriso. Eu não queria dizer a ele que havia um plano maior definido para sua viagem e que sua contribuição era simplesmente entrar no carro e permanecer no carro.

Nossa caminhada com o Senhor é muito parecida com isso. Quando entramos no carro no dia da salvação, colocamos as mãos no volante e pisamos no pedal. Nossa jornada nos levará por curvas e túneis e, às vezes, por lugares assustadores, e podemos pensar que temos que assumir o controle e que tudo depende de nós. Quando chegam esses momentos de ansiedade, precisamos apenas ficar no carro. Nosso Pai Celestial conhece o caminho em que estamos e Ele está lá.

CAPÍTULO 76

LIÇÕES DA JORNADA

Disse ele aos israelitas: "No futuro, quando os filhos perguntarem
aos seus pais: 'Que significam essas pedras?
(Josué 4:21 NVI)

Ao longo deste livro, partilhamos histórias das nossas vidas – memórias, marcos e registros que apontaram para a missão da nossa vida: **conhecer a Deus e torná-lo conhecido**. Ao longo do caminho, aprendemos lições de vida essenciais que nos prepararam para cada novo capítulo. E isso, muitas vezes, nos fortaleceu, nos corrigiu, nos inspirou e   nos ajudou a focar nossas vidas. Eram pedras memoriais para nos lembrar da confiabilidade de Deus.

Muitas vezes, amigos e conhecidos observam a nossa vida exterior e não percebem a jornada interior. Certa vez, um amigo me disse que eu tinha uma "família inteligente", referindo-se ao programa de televisão dos anos 1960, *Leave It to Beaver*. A comédia mostra uma família perfeita, onde todos estão bem e tudo sempre dá certo.

Isso não poderia estar mais longe da realidade de viver para Jesus. Houve desafios e desvios, bem como tristezas, ao longo do caminho. Cometemos erros. Enfrentamos decepções. Vivemos nossas vidas dependentes de Jesus, confiando em Seu caráter e enraizados em Sua amizade. Deus prometeu em *Jeremias 29:13–14 que se O buscarmos de todo o coração, O encontraremos.*

- **Descobrimos que Ele é nosso Pai** conforme *Lucas 15*, quando nosso filho Brian foi restaurado para nós depois de dezesseis anos. Conseguimos entender por que o céu se alegra quando um cordeiro perdido é encontrado. Nossa família experimentou a alegria profunda e avassaladora de um pai segurando um filho que voltou para casa.

  A família é uma prioridade para Deus. O ministério era uma conseqüência do lar e não tinha a intenção de competir com a família. Estabelecemos limites para proteger nossos filhos e garantir-lhes que sempre os colocaríamos em primeiro lugar. Mesmo quando o ministério ou a comunidade pareciam exigir o nosso tempo ou atenção.

- **Descobrimos que Ele é nosso Consolador** em momentos de tristeza. Algumas pessoas que estimamos nos deixaram cedo demais. Dissemos adeus aos outros com muita frequência.

  Muitas vezes pensei em Jesus no túmulo de Lázaro, chorando com Maria e Marta. Ele sabia que um grito despertaria seu amigo em um momento. Lázaro seria desembrulhado com uma nova vida. Mesmo assim, Ele se identificou com a dor da morte, da desilusão e do desapontamento. Sentimos Seus braços ao nosso redor e Suas palavras de compaixão nos momentos mais difíceis.

- **Descobrimos que Ele é nosso Redentor** quando Ele nos procurou e nos levou à salvação. Ele me encontrou sentada em um auditório assistindo o Musical "Hair" e encontrou Doug de joelhos em seu quarto. Jesus veio buscar e salvar os perdidos, e não há dúvida de que Ele veio por nós, implacável em seu amor por nós.

Nossas vidas continuaram a mudar à medida que crescemos em nosso conhecimento sobre Deus. A realidade de um cristão é de glória em glória.

- **Nós O encontramos como nosso Provedor** à medida que as nossas necessidades foram satisfeitas – desde o pão nosso de cada dia até à cura, novos amigos e lugares para chamar de lar. Ele nos mostrou que nos conhecia intimamente quando forneceu bonecas para nossas filhas na Grécia, sapatos para Doug e quando um marinheiro africano nos ofertou o que precisávamos para voltar para casa depois de um ano na Europa.

Aprendemos que a necessidade não é o chamado. Mas para onde Ele conduz, haverá provisão. Em nossa primeira viagem ao Brasil, Earl Tygert nos disse: "Vocês estão confiando em Deus para conseguir milhares de dólares para esta viagem; chegará o dia em que vocês confiarão em Deus para centenas de milhares de pessoas realizarem o ministério para o qual Ele vai chamá-los!" Essas palavras foram proféticas para nossas vidas.

- **Nós O encontramos como nosso Guia**, iluminando nosso caminho e nos mostrando o próximo passo.

Aprendemos a ouvir Sua voz nos momentos de silêncio. Reconhecemos portas abertas, corações abertos e portas de oportunidade para o Evangelho. Às vezes, entramos no desconhecido apenas para perceber que Ele havia preparado o caminho à nossa frente. Uma porta fechada se abriu para uma faculdade diferente na minha vida, e Doug estava esperando lá. Uma porta fechada no navio da JOCUM nos levou a novas aventuras na Holanda e na Alemanha. Aprendemos a descansar nas respostas de Deus às nossas orações por orientação. Ele sempre teve um caminho claro pela frente.

- **Nós O encontramos como nosso Conselheiro** quando enfrentamos conflitos com outras pessoas e em nossos próprios corações.

Viver para Jesus não nos livrou do estresse interno e externo. As lutas nos purificaram à medida que as impurezas do nosso caráter vieram à tona. O Senhor sempre providenciou conselheiros sábios para nos ajudar no caminho de perdoar e reconhecer áreas em nós que precisavam de cura ou compreensão mais profunda. Pam me ajudou a perceber a necessidade de perdoar meu pai. Dr. Sam ajudou Doug a entender as raízes da motivação no ministério. Muitos outros amigos e líderes ministeriais trouxeram clareza aos nossos conflitos e ajudaram-nos a crescer.

SOBRE A AUTORA

Debra Tunney é professora, palestrante feminina, mentora e idealizadora de ministérios. Suas viagens missionárias a levaram a mais de 20 nações nos cinco continentes.

Tem bacharelado em educação pela Universidade da Califórnia, na Pensilvânia. Seu treinamento ministerial foi na Universidade das Nações (JOCUM).

Nos últimos 50 anos, Debra serviu ao lado do marido Doug, sendo pioneira em muitos ministérios, incluindo os Centros de Gravidez em Crise – Rede de Cuidados - em *Manchester e Nashua*, em *New Hempshire*, o projeto Geração Josué para adolescentes, e a Escola de Evangelismo e Ministério. Eles fundaram Jovens Com Uma Missão (JOCUM) em Pittsburg, Boston e Filadélfia, no estado da Pensilvânia, Estados Unidos.

Sua paixão é encorajar os crentes a encontrarem o propósito dado por Deus e ajudar a orientar jovens líderes a cumprirem o chamado de levar o Evangelho à sua geração.

A passagem bíblica em 3 João 1:4 diz: "Não tenho maior alegria do que esta, de ouvir falar de meus filhos andando na verdade".

Os Tunneys têm quatro filhos casados e 16 netos. Eles chamam a cidade da Filadélfia de seu lar e atual chamado ministerial.

www.ingramcontent.com/pod-product-compliance
Lightning Source LLC
Chambersburg PA
CBHW060409130626
46555CB00005B/2009